铁路运行安全视频监控图像智能分析理论方法及应用

秦　勇　柳青红　谢征宇　曹志威　吴云鹏　贾利民/著

中国铁道出版社有限公司

2024年·北　京

内 容 简 介

本书主要阐述了典型恶劣天气条件下铁路周界入侵目标识别、铁路典型基础设施缺陷图像智能识别、铁路沿线雪情与地质灾害图像分析判识、车站客流图像分析统计等核心模型方法，以及在此基础上构建的铁路视频物联网监控平台关键技术与系统应用等内容；深入探讨分析了利用图像智能分析方法保障铁路运行安全的重要作用和前沿发展，旨在为建立基于人工智能的铁路沿线视频监控图像分析技术体系提供理论方法支撑。

本书可供铁路运营安全监测领域的工程技术人员、科研与行业管理人员阅读，也可供高校师生学习参考。

图书在版编目（CIP）数据

铁路运行安全视频监控图像智能分析理论方法及应用/秦勇等著. —北京：中国铁道出版社有限公司，2024. 9

ISBN 978-7-113-31171-1

Ⅰ. ①铁… Ⅱ. ①秦… Ⅲ. ①铁路车辆-安全监控系统-图像处理-研究 Ⅳ. ①U298. 3

中国国家版本馆 CIP 数据核字（2024）第 081002 号

书　　名：铁路运行安全视频监控图像智能分析理论方法及应用
作　　者：秦　勇　柳青红　谢征宇　曹志威　吴云鹏　贾利民

责任编辑：聂宏伟　李纯一　　　**编辑部电话：**（010）51873024
封面设计：高博越
责任校对：刘　畅
责任印制：樊启鹏

出版发行：中国铁道出版社有限公司（100054，北京市西城区右安门西街 8 号）
网　　址：http://www. tdpress. com
印　　刷：北京盛通印刷股份有限公司
版　　次：2024 年 9 月第 1 版　2024 年 9 月第 1 次印刷
开　　本：787 mm × 1 092 mm 1/16　**印张：**11. 75　**字数：**251 千
书　　号：ISBN 978-7-113-31171-1
定　　价：85. 00 元

前　言

近年来，随着视频图像人工智能分析技术的显著突破和铁路视频监控系统的大规模应用，铁路视频监控图像智能分析逐渐成为保障铁路行车安全的核心技术，并可应用在沿线、车载、空中机器人等多方位视频监控采集系统中，对线路周边环境、基础设施服役状态和移动装备健康状态进行可视化的智能分析预警，大范围超视距保障列车运行安全。

随着我国高铁建设运营规模的不断扩大，沿线复杂动态的周边环境、频发的自然灾害以及基础设施性能劣化等多方面风险因素给我国高铁运营安全带来了严峻挑战。传统的人防、物防以及被动式安全防护手段难以全面应对这些挑战，迫切需要建立基于实时监控预警的主动安全防护技术体系，特别是要将先进的人工智能手段和铁路沿线大规模视频监控相结合。

基于以上行业迫切需求和重大问题挑战，本书提出并创建了以铁路沿线周界入侵、基础设施缺陷和突发自然灾害为识别目标的视频监控图像智能分析理论方法体系，为建立铁路运行主动安全保障新模式提供了理论方法支撑。相关研究工作得到了国家自然科学基金重点项目“高速列车运行风险评估及调控基础理论与方法”，国家重点研发计划项目子课题“京张高铁运营安全风险预警理论”，中国国家铁路集团有限公司科研项目“灾害监测技术研究——铁路综合视频智能识别测评技术及标准研究”“高速铁路防灾系统综合检测关键技术研究——高速铁路防灾系统提高可靠性技术研究”等纵向课题的持续支持，取得了一系列科研成果，其中部分成果获得了中国铁道学会铁道科技奖、国际发明金奖等科技奖励，指导了近二十名该方向硕博士研究生，为行业技术发展和人才培养作出了积极贡献。

本书共六章。第一章介绍铁路视频监控及图像智能分析技术的发展现状，第二章介绍典型恶劣天气条件下铁路周界入侵目标识别方法，第三章介绍铁路典型基础设施缺陷图像智能识别方法，第四章介绍铁路沿线雪情与地质灾害图像分析判识方法，第五章介绍车站客流图像分析统计方法，第六章介绍铁路视频物联网监控平台关键技术与系统应用。

衷心感谢科学技术部、国家自然科学基金委员会、交通运输部、中国国家铁路集团有限公司、京张高铁公司、京沪高铁公司、北京交通大学轨道交通控制与安全国家重点实验室、北京交通大学铁路运营主动安全保障与风险防控铁路行业重点实验室的支持和资助。在研究过程中，还得到了北京交通大学研究生彭怀军、杨靖凡、贾星威、于杭、高阳、李永玲、崔京、李美洁、闫香玲、吴剑凡、任伟涛的帮助，在此一并表示诚挚的感谢！

限于作者水平，书中难免存在疏漏和不足之处，恳请读者和同行批评指正。

秦　勇

2024 年 7 月于北京

目　录

第一章　绪　论 …… 1

第一节　铁路运营安全视频监控需求与技术发展 …… 1
第二节　轨道交通图像智能分析方法发展 …… 9

第二章　典型恶劣天气条件下铁路周界入侵目标识别方法 …… 16

第一节　高铁周界图像增强方法 …… 16
第二节　基于沿线固定监控视频的铁路周界入侵目标检测方法 …… 34
第三节　基于车载环境感知视频的异物入侵检测方法 …… 60

第三章　铁路典型基础设施缺陷图像智能识别方法 …… 90

第一节　基于 Rail-ShadowGAN 的高铁周界图像去阴影方法 …… 90
第二节　铁路线路钢轨典型小目标缺陷图像识别方法 …… 97
第三节　铁路接触网典型小目标缺陷图像识别方法 …… 113

第四章　铁路沿线雪情与地质灾害图像分析判识方法 …… 128

第一节　铁路沿线雪情图像分析方法 …… 128
第二节　铁路地质灾害图像检测分析方法 …… 149

第五章　车站客流图像分析统计方法研究 …… 155

第一节　车站客流图像分析统计方法 …… 155
第二节　车站客流统计实际案例——车站客流安全状态智能感知系统 …… 165

第六章　铁路视频物联网监控平台关键技术与系统应用 …… 169

第一节　铁路视频物联网监控平台总体架构 …… 169
第二节　铁路视频物联网多传感器感知与互操作技术 …… 170
第三节　铁路视频图像质量在线诊断与评定技术 …… 174
第四节　铁路视频物联网监控平台及其应用系统 …… 176

参考文献 …… 180

第一章 绪 论

铁路是国民经济大动脉和综合交通运输骨干，近年来在规模和质量上发展成效显著，特别是我国高速铁路建设取得了举世瞩目的成就。截至2023年底，全国铁路营业里程达15.9万km，其中高铁4.5万km。目前，我国已成为世界上高速铁路发展最快、路网规模最大、运营速度最高、运营场景最丰富的国家。然而，沿线周边环境复杂，自然灾害频发，基础设施载荷重、服役时间长等多方面风险因素给我国铁路（高铁）运营安全带来了严峻挑战。为应对这些挑战，迫切需要利用人工智能、物联网、大数据等新兴赋能技术，构建全天候、全方位、智能化、可视化的新一代铁路（高铁）行车安全保障系统。

近年来，人工智能视频分析方法得到了显著突破，大大促进了基于视频的智能化应用的快速发展。视频监控图像智能分析方法与技术已成为新一代铁路行车安全保障系统的核心技术，并应用在沿线、车载、空中机器人等多方位视频监控采集系统中，对周边环境、基础设施服役状态和列车装备健康状态进行可视化的智能分析预警，大范围超视距保障列车运行安全。

第一节 铁路运营安全视频监控需求与技术发展

随着我国高速铁路大规模建设和投产应用，与铁路运营安全相关的监测系统和配套设施也逐步完善，相继建设并应用了铁路综合视频监控系统、高速铁路周界入侵报警系统、高速铁路自然灾害及异物侵限监测系统、高速铁路供电安全检测监测系统、线路障碍自动监测报警系统、铁路车辆运行安全监控系统、列车自动防护系统等，覆盖了铁路工务、电务、供电、客运、货运、车辆、通信、车务、机务等各运营指挥和生产作业区间，我国庞大的高速铁路网井然有序、安全高速、稳定可靠运营离不开以上系统的保驾护航。以上系统应用将铁路运行环境、基础设施、列车车辆、牵引供电等专业日常巡检任务由室外转至室内，一定程度上减轻了人工室外作业强度，提升了铁路列车运行安全保障的自动化水平。然而，目前大部分视频图像主要依靠人工判读，视频分析的智能化程度还有待提升。

一、铁路运营安全视频监控相关系统及应用现状

1. 运行环境监测与检测

(1)铁路综合视频监控系统

①系统构成和功能

铁路综合视频监控系统是根据铁路行车指挥、生产组织、客货运输服务、作业监控、抢险救

援以及治安防范等需要，应用视音频监控、通信、计算机网络、云计算、云存储等技术，构建的具有视音频数据采集、传输、交换、控制、显示、存储、处理功能的监控系统。视频监控系统由视频节点（包括视频核心节点、视频区域节点、视频接入节点）、前端设备（包括摄像机、网络视频录像机等设备）、网络设备和视频终端（包括管理终端、用户终端）组成。视频监控系统接口包括A、B、C、E、H接口，其中，A、C、E是视频监控系统内部接口，B、H是视频监控系统外部接口。系统逻辑结构及接口如图1-1所示。

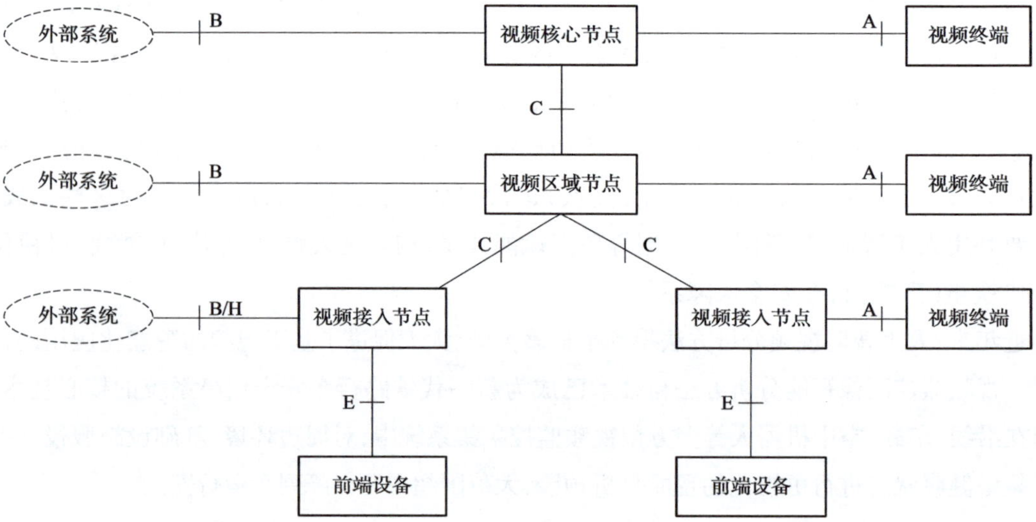

图1-1　综合视频监控系统逻辑结构及接口

②系统部署情况

《高速铁路安全防护设计规范》（TB 10671—2019）规定，高速铁路视频监控应覆盖车站、区间、设备机房，各场所的覆盖范围见表1-1。

表1-1　高速铁路视频监控覆盖范围

序号	监控场所	覆盖范围
1	车站	车站咽喉区、站前广场、进出站口、停车场进出口及落客区、验证口、安检区、检票口、售票区、候车区、楼扶梯、垂直电梯、站内天桥和地道、站台等
2	区间	公跨铁桥梁、隧道洞口、桥梁救援疏散通道、治安防范重点地段及其他需要重点监控的区域
3	设备机房	通信、信号、信息、牵引供电、电力机房内外

（2）高速铁路周界入侵报警系统

①系统构成和功能

高速铁路周界入侵报警系统对高速铁路沿线桥头、隧道口、路基路段等易进入区段的人员穿越、翻越、破坏等入侵行为进行监测，及时、准确向相关部门发送报警信息，对报警信息进行处置，保障列车运行安全。周界入侵报警系统采用监测中心、现场监测设备两级架构。现场监测设备根据实际情况配置，对非法入侵行为实现实时监测、判识、报警，准确提示入侵位置，联动摄像机实现远程监控，供相关部门快速掌握现场情况。监测中心以铁路局集团公司为单位设置，对管辖范围内现场监测设备发送的报警信息、设备状态信息等进行采集、处理、汇总、统计分析，并对辖区接入设备进行统一配置管理。周界入侵报警系统采用铁路数据通信网承载，系统架构如图 1-2 所示。

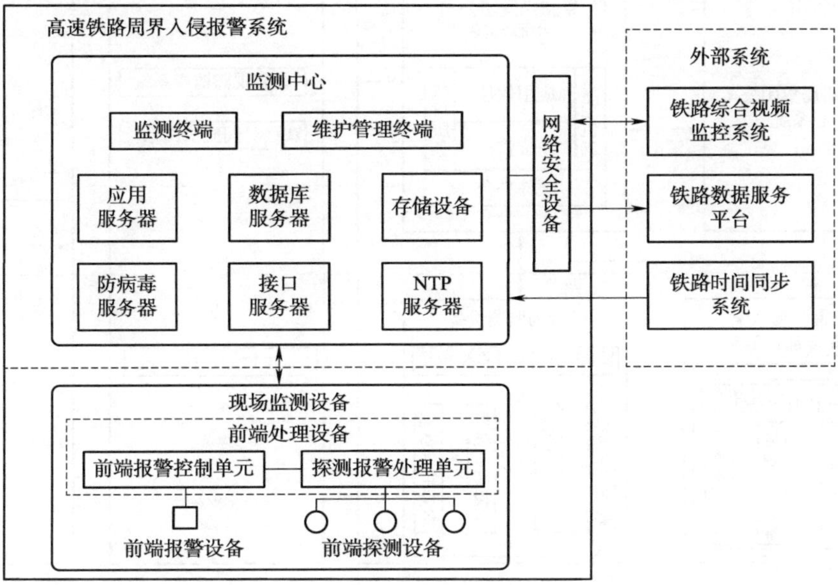

图 1-2 高速铁路周界入侵报警系统架构

②系统部署情况

高速铁路周界入侵报警技术应用研究始于 2014 年兰新铁路二线试验。近年来，北京、广州、上海局集团公司等单位组织开展了京石、武广、海南东环、沪杭等线路的周界入侵报警试点工程及安防相关应用，试验监测手段包括带模式识别的视频监控、振动光纤、电子围栏等。银西高铁工程项目中，陕西段西安北、咸阳北、礼泉南等车站站区部署了周界入侵报警系统，用于防范站区的非法入侵行为。

(3)高速铁路自然灾害及异物侵限监测系统

高速铁路自然灾害及异物侵限监测系统采用铁路局集团公司中心系统、现场监测设备两级架构，实时采集高速铁路沿线的风、雨、雪、地震及异物侵限现场数据，接收既有灾害监测系统、邻局中心系统信息及地震、气象等相关部门系统信息，进行数据分析及处理，为运营管理提供报警及预警信息，系统架构如图 1-3 所示。其中，异物侵限监测对象主要为上跨高速铁路的道路桥梁落物，通过监测异物侵限监测点双电网的实时状态，发现异物侵限灾害并报警，当单电网断开时发出设备故障报警，当双电网断开时发出异物侵限灾害报警。

(4)线路障碍自动监测报警系统

线路障碍自动监测报警系统是运用激光扫描技术对轨面上方一定高度进行实时扫描，可监测轨面以上 70 mm、投影长度不小于 200 mm 的障碍物，发现障碍物并自动报警。系统由现场设备和监控中心组成，现场设备包括数据采集装置、数据处理装置、数据传输装置、报警装置，实现数据的采集、分析判断、数据通信和声光警示；监控中心包括服务器、监控终端等，实现现场设备参数设定、状态监测、报警信息处理等功能。系统架构如图 1-4 所示。

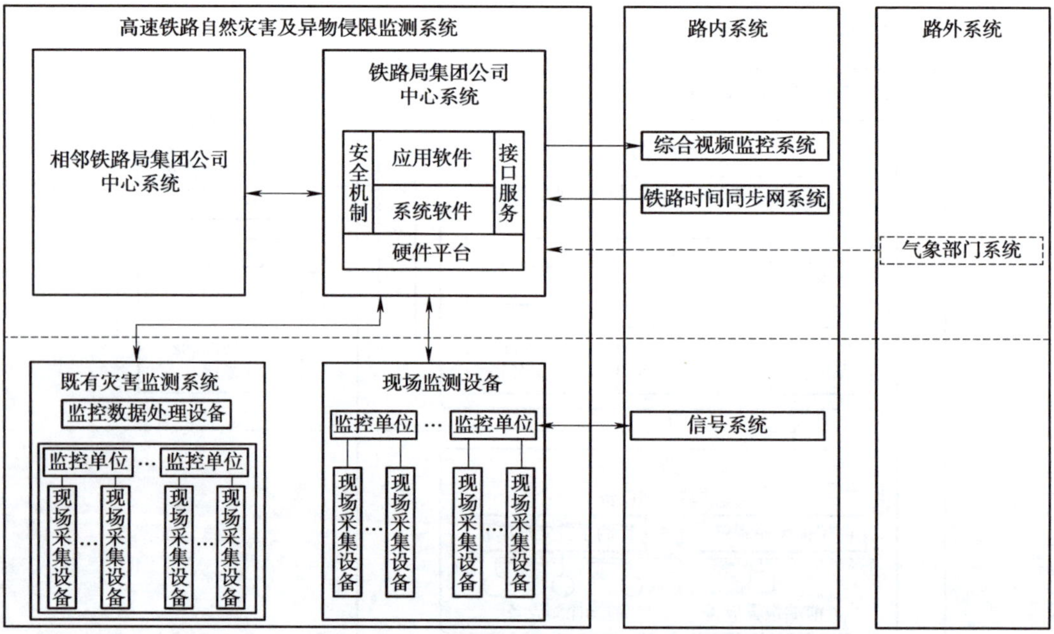

图 1-3　高速铁路自然灾害及异物侵限监测系统架构

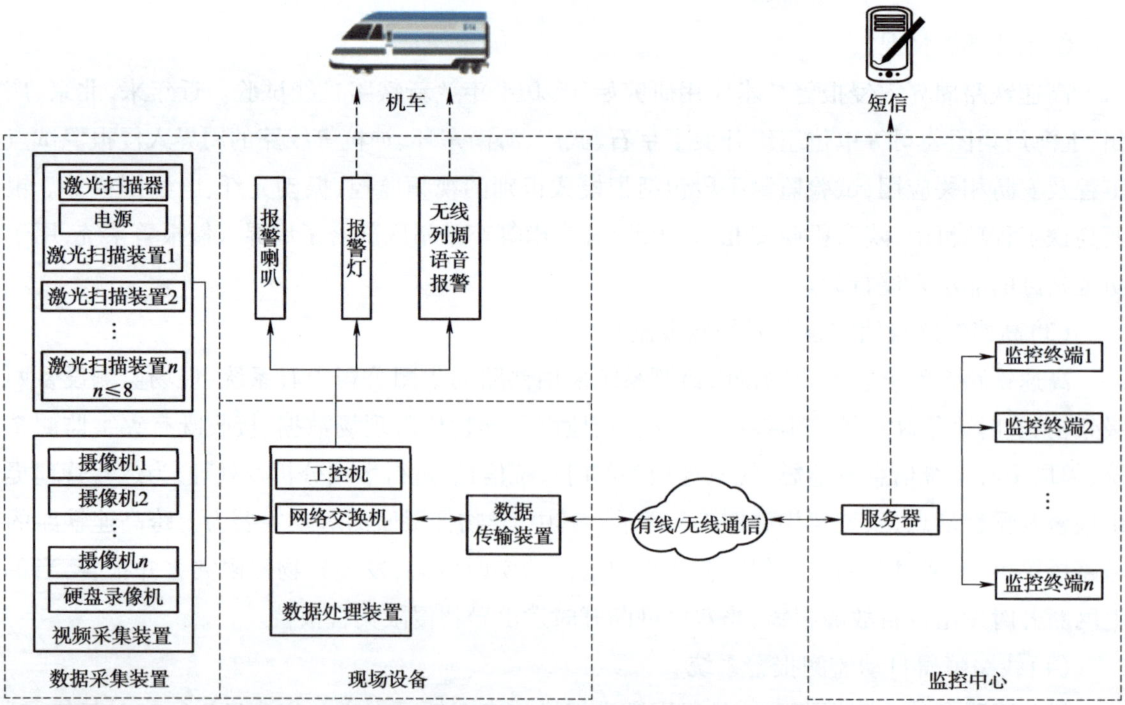

图 1-4　线路障碍自动监测报警系统架构

2. 设施设备状态监测与识别

(1)铁路车辆运行安全监控系统(5T 系统)

铁路车辆运行安全监控系统(5T 系统)是以货物列车为主要监测对象,兼顾动车组、客运列车的车辆运行安全监控系统,以红外、力学、声学、图像、车地传输等技术实现车辆运行安全监测和检测。

①基于红外技术的监测设备

车辆轴温智能探测系统(trace hotbox detection system,THDS),利用安装在铁路两侧的红外线轴温探测设备探测通过车辆的轴承温度,通过和车号设备结合,达到较高的测温精度和热轴预报准确率,有效防范了热切轴故障的发生。既有 THDS 设备安装在货车线路、客货混跑线路。

②基于力学检测技术的监测设备

车辆运行品质轨边动态监测系统(truck performance detection system,TPDS),利用安装在轨道上的测试平台,动态检测运行中车辆轮轨间的动力学参数,实现对车辆运行状态的识别,对运行状态不良、车轮踏面损伤和超偏载车辆进行报警、追踪、处理。

③基于声学诊断技术的监测设备

车辆滚动轴承故障轨边声学诊断系统(trackside acoustic detection system,TADS),利用安装在轨边的声学噪声传感器阵列,实时采集车辆轴承的振动声音信号,分析判断轴承故障类型和故障缺陷程度,实现对滚动轴承早期故障的预警、防范。

④基于图像分析技术的监测设备

货车故障轨边图像检测系统(trouble of moving freight car detection system,TFDS)、客车故障轨边图像检测系统(train coach machine vision detection system,TVDS)和动车组运行故障图像检测系统(trouble of moving EMU detection system,TEDS)利用轨边高速摄像头实时监测通过列车的侧面和底部图像,监测危及行车安全的故障,并利用图像自动识别,对异常情况进行自动报警。

⑤基于车地传输技术的监测设备

客车运行安全监控系统(train coach detection system,TCDS),利用车载安全监测装置,对客车制动装置、转向架、客车供电系统,以及轴温报警器、电子防滑器、车门等客车运行安全关键设备进行实时监测和诊断,并且通过车地无线传输,实现客车运行安全全程监控。中国国家铁路集团有限公司(简称国铁集团)机辆部在既有 5T 系统基础上,整合和建设车辆运行安全监控联网及信息综合应用系统,系统采用国铁集团、铁路局集团公司和车辆段(含动车段)三级监控。

(2)高速铁路供电安全检测监测系统(6C 系统)

高速铁路供电安全检测监测系统(6C 系统)由高速弓网综合检测装置(C1)、接触网安全巡检装置(C2)、车载接触网运行状态检测装置(C3)、接触网悬挂状态检测监测装置(C4)、受电弓滑板监测装置(C5)、接触网及供电设备地面监测装置(C6)组成。6C 系统主要功能是对高速铁路的牵引供电系统进行全方位、全覆盖的综合检测监测。国铁集团、铁路局集团公司、供电段均设置 6C 系统信息综合应用,各供电段在有关科室、车间、工区设置终端,形成“三级部署、四层应用”的总体架构。国铁集团工电部在《高速铁路供电安全检测监测系统(6C 系统)总体技术规范》基础上,根据近年来我国高速铁路供电安全检测监测系统的应用经验和成果,完善 6C 系统总体技术规范。完善后的 6C 系统总体架构如图 1-5 所示,总体功能分类汇总见表 1-2。

图 1-5　6C 系统总体架构

表 1-2　6C 系统功能分类

6C 系统	系统搭载平台	主要功能	巡检周期	速度等级	管理部门	输出数据类型
C1 高速弓网综合检测装置	车载(国铁集团高速综合检测车)	综合检测车对接触网参数和弓网运行状态进行线路实速检测,主要检测参数有:弓网接触力、接触网网压、接触线高度、接触线动态拉出值、接触线硬点、弓网离线火花等	10 ~ 15 d	200 ~ 350 km/h	国铁集团铁路基础设施检测中心	数值、视频

续上表

6C 系统	系统搭载平台	主要功能	巡检周期	速度等级	管理部门	输出数据类型
C2 接触网安全巡检装置	车载（运营动车组司机台）	采用便携式视频采集设备，对接触网的状态进行视频采集，分析接触悬挂部件技术状态。主要检测项：接触网设备有无明显脱、断、偏移及其他异常情况，有无鸟巢、危树等危及供电的环境因素和妨碍机车车辆运行的侵入限界障碍等	10 d（特殊 1 d）	200 ~ 350 km/h	铁路局集团公司供电段	数值、视频、图片
C3 车载接触网运行状态检测装置	车载（运营动车组）	在车站和动车库出入线采用视频图像监测受电弓及其滑板技术状态。主要检测项：接触网动态拉出值、高度、接触线相对位置，燃弧次数、时间、燃弧率，接触网温度	实时或定期	200 ~ 350 km/h	铁路局集团公司供电段	数值、视频、图片
C4 接触网悬挂状态检测监测装置	车载（接触网作业车或专用车辆）	对接触网悬挂系统的零部件实施高精度成像检测，指导接触网故障隐患的消缺。主要检测项：接触网设备零部件有无烧伤、缺失、断裂、松动及其他异常情况	3 个月	100 km/h 或规定速度	铁路局集团公司供电段	数值、视频、图片
C5 受电弓滑板监测装置	地面（车站和动车库出入线）	在车站和动车库出入线采用视频图像监测受电弓及其滑板技术状态	实时或定期	—	铁路局集团公司供电段	数值、图片
C6 接触网及供电设备地面监测装置	地面（接触网特殊断面、供电设备处）	为监测接触网及供电设备运行状态，在接触网的特殊断面及供电设备处设置地面监测装置，监测接触网的张力、振动、抬升量、线索温度、补偿位移及供电设备绝缘状态和温度等运行状态参数，指导接触网及供电设备的维修	实时或定期	—	铁路局集团公司供电段	数值、图片

二、铁路运营安全视频监控图像智能分析需求和发展方向

图像智能分析技术近年来发展迅速，目前在高速铁路行车安全保障各个子系统中都有所应用。

1. 铁路运营安全视频监控图像智能分析需求

（1）图像智能分析面向铁路沿线运行环境安全防护需求

综合视频监控系统建设为实时记录铁路沿线环境状态和事后调查提供了依据，为铁路沿线视频智能分析提供巨大的数据资源。①高速铁路视频监控系统具有视频内容分析功能，对桥梁救援疏散通道、公跨铁桥梁、隧道洞口以及车站咽喉区等重点监视及治安防范处所，根据需要，可设置内容分析设备或采用具有行为分析功能的视频采集设备，可分析移动侦测、入侵检测、遗留物检测、逆行检测等一种或多种类型。②可采用电网、雷达、微波、光纤、视频分析等技术监测上跨高速铁路的道路桥梁落物、山体滑坡、泥石流、危岩落石等。③可根据需要设置

周界入侵报警系统，实时探测入侵行为并报警。④高速铁路沿线应设置自然灾害监测系统，系统应具备风、雨、雪监测报警，以及地震预警监测等功能。

（2）图像智能分析面向列车装备健康监测需求

货车故障轨边图像检测系统、客车故障轨边图像检测系统和动车组运行故障图像检测系统的成功应用实现了列检方式由室外向室内、由停车向动态、由人检向人机结合的转变，改变了传统列检方式。随着货车、客车和动车组图像检测系统的广泛应用，图像采集点和采集密度逐步增大，海量的列检数据持续增长，每个探测站每天上传至监控中心的监控信息大约75 GB，以上海局集团公司为例，截至2020年，正线已安装TEDS监控设备20套，监控中心每天接收数据大约1.5 TB。《铁路动车组运行故障动态图像检测系统（TEDS）运用管理办法》规定分析人员要保证通过TEDS动车组监控数据15 min内完成分析确认，在个别探测站动车组密集通过时，同一时段作业车组数可达20组左右，给分析人员检测和复核效率带来挑战。TFDS系统和TVDS系统的故障检测主要由人工完成，TEDS系统利用图像匹配等技术检测故障并由人工复核，海量列检图像数据和智能化较低的列检方式，给列检效率和列检质量带来挑战。

（3）图像智能分析面向供电设备健康服役状态监测需求

高速弓网综合检测装置、接触网安全巡检装置、车载接触网运行状态检测装置、接触网悬挂状态检测监测装置、受电弓滑板监测装置均采用摄像设备对目标区域进行图像采集、状态监测和故障分析。C1、C3和C5装置主要用于测量接触网几何参数、受电弓、接触网动态运行状态，C2装置对接触网和外部环境高清成像并检测接触网状态和环境状态，C4装置主要对接触网零部件高清成像并监测其安装状态。6C系统超过10亿个接触网零部件需要被人工检测，且6C系统成像数据分析工作仍主要由人工完成。其中，C2装置采用便携视频采集设备临时安装在运营动车组司机室对接触网状态进行视频采集，采集数据主要用于事后分析，未做到实时；C4装置能自动识别接触网悬挂部件典型缺陷并与历史图像自动比对分析，由于主要采用模板匹配等传统图像处理算法对接触网缺陷及故障进行识别，算法存在普适性差、精度低的问题。

2. 铁路运营安全视频监控图像智能分析发展方向

我国铁路大力推进货运、车辆、机务、信号、牵引供电等专业及自然环境监测监控信息化建设，车辆运行安全监控系统、机车车载安全防护系统、高速铁路供电安全检测监测系统、信号集中监测系统、高速铁路自然灾害及异物侵限监测系统等应用更加广泛，基本形成了以各专业应用为主体的安全监测监控应用体系，铁路运输安全保障能力显著增强。

以上系统应用将铁路运行环境、基础设施、列车车辆、牵引供电等专业日常巡检任务由室外转至室内，在一定程度上减轻了人工室外巡检作业的劳动强度，提升了铁路运行列车安全保障的自动化水平。然而，这些利用视频图像分析技术的安全监测应用系统还处于隐患故障主要由人工判读并核查的本地应用阶段，系统应用的图像自动识别技术在异常检测、故障分类、识别等精度以及算法普适性方面有较大提升空间，挖掘各专业的大量视频图像信息，并应用和服务于铁路运营安全还有很多可开展的研究。在周界入侵方面：部分铁路局集团公司开展了智能视频分析的试验和试用，具备人员入侵、异物入侵等检测功能，取得了一定的应用效果，然而在光线不足、恶劣天气、远距离小目标等因素影响下，算法漏报率和误报率明显上升。在线路基础设施方面：现有图像智能识别方法受限于钢轨的高纵横比、位置不确定、表面反射率多变、高显著性以及存在阴影等问题，一些传统图像处理技术无法适应铁路图像复杂多变的环境，一些深度学习显著性检测方法没有考虑目标边缘特征，导致铁路场景的钢轨分割效果差。与钢轨不同，接触支持设备连接处在铁路图像中并不唯一显著，而且其缺陷也和钢轨缺陷大相径庭，因此针对钢轨的检测方法，包括深度学习语义分割和数字图像处理技术，很难应用于这类铁路目标检测中。深度学习目标检测方法比较适用于纹理、结构等语义信息丰富的目标检测问题，但是大多数方法仍然受限于铁路数据样本少和高冗余带来的挑战，在模型训练时会产生过拟合或精度低的问题。在周界灾害监测方面：由于铁路周界灾害图像样本难以获取，基本只能靠网络搜集和人工标注，因此现阶段研究中的样本数据集质量有待提升，样本数量也有待扩充。在车站客流分析方面：现阶段设定的关键区域入侵判断条件和选定区域客流量统计的判断条件都是建立在目标检测框与设定区域相交的基础上进行判断，当设定区域与目标距离很近时，很容易产生入侵误报或者错误统计的状况，此外，车站内监控摄像头位置不当也会导致视频图像灰暗不清晰，检测效果较差。在列车装备方面：TFDS、TVDS 和 TEDS 系统利用模板匹配方法识别故障，识别率低，误报率高。国铁集团组织开展 TEDS 故障自动识别报警功能研究，经试验验证，自动识别技术在车端连接处和侧部裙板的故障识别准确率获得明显提升，对车体底部和转向架部位故障识别和报警准确率低，需进一步研究和优化算法。在供电设备方面：目前，基于图像检测技术的 6C 子系统主要依靠人工看图完成，应用于 C2 和 C4 装置的智能分析算法能够发现一些接触网缺陷问题，然而算法整体识别率较低，如 C2 数据分析容易漏掉隔离开关、避雷器等重要处所的鸟巢检测；C4 装置智能识别项点数量较少，不能覆盖主要接触网部件，且识别效果与现场需求仍有较大距离。

因此，铁路图像智能分析理论方法应重点在以下两个方面进行研究突破：①自然气候影响下的图像增强方法；②开放背景干扰下的小目标检测方法。以上研究领域取得突破，将显著提升视频图像智能分析的精确度和泛化能力，降低误报率和漏报率，适应不同线路环境和自然气候条件的变化，满足现场实际要求。

第二节 轨道交通图像智能分析方法发展

近十几年，机器学习、深度学习等技术在计算机视觉领域得到了快速发展，尤其是在图像增强、目标检测、目标跟踪、图像分类、语义分割等领域表现卓越。

一、轨道交通图像增强计算方法研究

1. 图像去雪模型方法研究现状

目前，传统的去雪图像处理方法有帧差法、字典学习法、频率转换分析法、形态学分析法以及稀疏表示法等，国内外近年也应用了深度学习的方法来进行研究处理，下面从基于视频的方法、基于单幅图像的方法以及基于深度学习的研究方法三方面进行总结。

基于视频的方法主要应用了视频图像具有连续性、帧间差异性等特点进行雪监测处理。在去雪过程中，还会抓住雪在视频上的方向特性、色彩特性、形态特性等不同物理特征对目标进行处理。

基于单幅图像的方法无法考虑时域特征，无法根据视频帧间的连续性进行雪的检测，本质上更增加了雪检测或去除的难度，目前大部分研究基于雪的物理亮度特性及形态特性进行检测及分析。

深度学习是一种近年来较热门的算法，特别是卷积神经网络（convolutional neural network，CNN），可以有效进行图像的分析及分类。其优点在于代替传统方法手工提取特征的方式，运用非监督式或半监督式的特征学习进行特征提取，可高效完成复杂图像特征提取及分析工作。现阶段的研究中一般是将卷积神经网络的结构进行调整，从而提高图像处理精度。

2. 图像去雾模型方法研究现状

日间高铁周界视频监控入侵识别的困难之一是典型恶劣天气条件下雾引起图像质量退化，雾降低了图像的亮度和对比度，使得较远物体变得模糊，导致入侵检测的准确度低，误报较高。

图像去雾是视觉领域中的一个经典问题，可以追溯到 20 世纪 90 年代。图像恢复的发展史可以大致归纳为基于光度的方法、基于偏振的方法、基于先验的方法和基于学习的方法。

起初的图像增强方法主要集中在基于光度的处理技术上，包括基于对比度的图像增强和基于饱和度的图像增强方法以达到去雾的目的。

随后基于偏振的图像去雾方法被提出。该方法考虑了基于空气光中部分偏振的大气散射偏振效应，然后将这个过程反转以使图像中的雾度得以消除。

在图像去雾的发展中期，通过使用更好的假设和先验，基于物理模型的图像去雾方法取得了进一步成功。如基于估计光传输的方法、基于马尔可夫随机场估计反射率和景深的自然统计先验方法、暗通道先验（DCP）方法、基于随机森林来估计传输图的方法。

近年来，图像恢复研究是视觉领域中具有挑战性和流行性的任务之一。基于学习的图像去雾方法可以简单概括为两类，即基于传输估计的两阶段方法和端到端的流水线方法。前一种方法首先学习输入雾图与其对应传输图之间的非线性映射，然后将其用于估计传输图，再结合大气散射模型求解无雾图，如 DehazeNet 去雾方法、基于多尺度卷积神经网络去雾方法、基于残差的深度卷积神经网络去雾方法。而后一种方法实现了雾图到无雾图之间端到端的过程，即输入是雾图，输出是恢复的清晰图，而不需要像两阶段方法先估计传输图，如 AOD-Net 去雾方法、基于密集连接的金字塔去雾方法（DCPDN）、基于 GAN 的编码器和解码器的去雾方法、基于平滑扩张卷积的门控上下文聚合网络（GCANet）去雾方法、基于雾霾感知表示蒸馏 GAN（HardGAN）的去雾方法、基于特征融合注意力网络（FFA-Net）的去雾方法等。

在铁路图像去雾研究中，Yunpeng Wu 等提出了基于级联的金字塔残差网络的铁路无人机图像去雾方法，并在无人机铁路合成雾图、室内合成雾图和室外真实雾图测试了算法的性能。Zhiwei Cao 等提出了基于多尺度的残差图像去雾方法，设计了三种尺度的卷积核，分别是 1×1，3×3 和 5×5。算法在公开数据集 Make3D 上训练，在合成的高铁周界雾图上测试，并用目标检测算法验证去雾效果。

3. 图像去雨模型方法研究现状

研究发现恶劣天气对高铁周界视频监控的入侵检测算法有较大影响，其中雨是造成入侵检测漏报的主要原因之一。雨也会使图像质量呈现不同程度的退化，而且一定程度上雨会对图像中物体造成干扰和遮挡。

对于单张图像去雨任务的技术研究可以大概分为两类：基于模型驱动的图像去雨和基于数据驱动的图像去雨，其中基于模型驱动的图像去雨方法主要是基于引导滤波的方法和基于先验信息的方法，基于数据驱动的方式是现在主流的深度学习方法。

（1）基于引导滤波的图像去雨方法

基于引导滤波的图像去雨方法包括基于引导滤波器的单张图像去雨方法、基于多重引导滤波的图像去雨方法、基于自适应非局部均值滤波器的图像雨线去除算法等。

（2）基于先验的图像去雨方法

基于先验的图像去雨方法包括基于字典学习的图像去雨方法、基于高斯混合模型先验的去雨方法、基于联合卷积分析与综合稀疏表示模型的去雨方法、基于稀疏性和基于低秩表示的卷积滤波器去雨方法等。

（3）基于深度学习的图像去雨方法

Xueyang Fu 等提出了基于 CNN 的去雨网络（DerainNet）和轻量级的金字塔去雨网络（LPNet），He Zhang 等提出了基于密度感知的多流密集连接的卷积神经网络算法（DID-MDN）和基于条件生成对抗网络的图像去雨网络（ID-CGAN），Tianyu Wang 等基于残差块提出了图像去雨的空间注意网络（SPANet），Hong Wang 等提出了一种卷积字典图像去雨网络（RCD-Net），Qing Guo 等提出了一种无模型的去雨方法（EfficientDeRain），Hongwei Wang 等提出了一种使用内核引导的卷积神经网络（KGCNN）的去雨方法，Dongwei Ren 等提出了基于递归循环式的 ResNet 去雨网络（PReNet）。

4. 图像去阴影模型方法研究现状

由于光照条件、拍摄角度等原因会生成图像的阴影区域，阴影区域会对视频监控中所检测的钢轨扣件等造成遮挡，从而进一步影响检测算法的识别精度。现有的大部分阴影去除方法主要是在成对阴影和非阴影图像组成的数据集上训练卷积神经网络,不适用于没有成对图像的铁路数据集。

阴影去除目的是在不破坏图像原有内容的前提下去除已有的阴影,更困难的任务是恢复阴影区域下的内容。目前,阴影去除算法主要是基于学习的方法和基于深度学习的方法,都取得了一定的效果。但是,这些方法不能实现端到端自动训练。

此外,目前大多数的阴影去除算法都是基于成对数据的监督学习方法,存在一定的局限性。配对数据要求除了阴影部分,两张图片完全相同。需要固定相机的位置和参数,通过手动添加或移除物体的方法,人工生成一对阴影和无阴影的数据。然而通过这种人工生成配对阴影数据的方法,图像中除阴影内容外的参数并不是完全一致的,而且只能产生小范围的阴影配对数据,不能将数据引入大场景或者阴影无法控制的场景中。铁路视频监控采集的线路数据属于无法人工匹配的场景,无法提供成对的阴影扣件数据。

早期的去阴影算法采用光照和颜色的物理模型,或者将图像建模为阴影层和无阴影层的组合,将颜色从无阴影层转移到阴影区域,一般无法处理复杂的真实场景。后来的算法使用统计学习来发现和移动阴影使用的特征,如强度、颜色、纹理和梯度。然而,这种手工制作的特性缺乏理解阴影的高级语义信息。

利用卷积神经网络的端到端训练来学习成对阴影和无阴影图像的映射。如 CGAN 引入了可变信息条件作用的对抗性损失,使得生成的图像质量高,与真实图像难以区分。Xiaowei Hu 等通过添加空间背景的方向感知信息来检测和去除阴影。然而,这些在成对数据集上训练的方法也会有数据场景单一的局限性。

二、轨道交通视频图像目标检测方法研究

1. 高铁周界入侵图像检测分析方法研究

(1)高铁周界入侵图像检测分析方法研究现状

将铁路入侵检测技术按照基于传统机器学习的图像处理方法、基于深度学习的图像处理方法分类总结如下,其中基于传统机器学习的铁路入侵检测方法主要包括背景差分、高斯滤波、边缘检测、支持向量机、条件随机场等技术;基于深度学习的铁路入侵检测方法主要是基于深度卷积神经网络的方法。将基于深度学习的铁路入侵检测方法又分为对入侵中、大目标的检测研究和对入侵小目标的检测研究。

随着深度学习的图像处理技术的发展,基于深度学习的方法也逐渐出现在高铁周界目标的检测研究与应用中,此部分研究主要针对入侵中、大目标的检测研究。Tao Ye 等设计了一种安装于机车用于检测列车运行前方轨道上的障碍物、轨道弯道的铁路自动物体检测系统,该算法在 SSD 算法的基础上提出一种增加感受野的网络以提升目标检测效果。Yundong Li 等实现了基于无人机图像的铁路目标检测方式,采用的算法是 SSD 算法,检测目标主要包括人、石头等。

近年来,高铁周界监控视频中小目标的检测问题是重点也是难点,引起了铁路领域专家和学者的注意。如王瑞等研究了基于视频的铁路日间和黑夜的周界入侵目标检测和跟踪,日间

入侵目标检测和跟踪基于 Faster R-CNN 和 CSRT 算法,该方法对于小尺寸和正常尺寸的目标识别多有提升;夜间目标检测与跟踪采用混合高斯模型和 DeepSORT 的方法实现,还统计铁路视频中行人的像素并定义较难识别目标(高小于 30 像素)、小目标(高大于 30 且小于 60 像素)、正常目标(高大于 50 像素)。徐岩等在 Faster R-CNN 的基础上提取感兴趣区域,再对感兴趣区域做检测,修改了锚框(anchor)大小,并用全局平均池化替代了全连接层,最后在公开数据集上训练,用铁路数据集测试,一定程度上提升了微型目标、小型目标、中型目标的检测准确率。但是,该算法推理速度较慢,而且大型目标的检测率反而不高。文中对 KITTI 行人数据集中的目标大小进行了定义,微型目标(像素大于 15 且小于 40)、小型目标(像素大于 40 且小于 80)、中型目标(像素大于 80 且小于 160)、大型目标(像素大于 160)。

(2)基于深度学习的目标智能检测分析方法研究现状

近十几年,深度卷积神经网络(deep convolutional neural network,DCNN)在目标检测、图像分类、图像增强、语义分割等领域表现卓越。目标检测是视觉领域的任务之一,在 DCNN 算法成功应用前,目标检测算法还主要借助以 Dalal 等提出的 HOG + SVM 算法为代表的手工特征设计实现目标检测和分类。

基于 DCNN 的目标检测算法主要可以分为两类,一类是 two-stage 系列算法,该类算法以 R-CNN 系列为代表,需要先生成一组可能包含目标的候选框,然后再将提取出来的候选框作为网络的输入以检测和定位目标;另一类 one-stage 系列算法,该类算法是以 YOLO 系列为代表的基于回归的目标检测算法,直接在网络中提取特征来预测物体类别和位置而无需提取目标的候选框。

基于候选区域的图像目标检测算法(two-stage)主要有 2014 年提出的 R-CNN 算法,2015 年提出的 SPPNet 算法、Fast R-CNN 算法、Faster R-CNN 算法,2016 年提出的 R-FCN 算法,2017 年提出的 Light-head R-CNN 和 Mask R-CNN 算法等。

基于回归的目标检测算法(one-stage)有 2016 年提出的 YOLOv1 算法,2017 年提出的 DSSD 算法、FSSD 算法、YOLOv2 算法、RetinaNet 算法,2018 年提出的 YOLOv3 算法,2020 年提出的 YOLOv4 算法和 YOLOv5 算法,2022 年提出的 YOLOv6 算法和 YOLOv7 算法。

2. 铁路典型基础设施缺陷检测方法

(1)钢轨缺陷检测方法

传统上,铁路轨道由经过培训的工作人员进行检查。然而,人工检验由于严重依赖检验人员的经验,效率低,精度低。随着时间的推移,许多自动轨道检查系统被开发,它们通常安装在带有各种传感器的检查车或高铁车辆上。另外,还存在一些其他精密传感器应用在钢轨缺陷检测中,比如电磁探伤、超声波检测、探地雷达检测。但是由于缺乏足够用于钢轨表面缺陷检测的启发式结构信息或纹理特征,上述系统在缺陷检测方面的效果有限。

随着高分辨率、高速摄影技术和计算机视觉的发展,视觉检测技术在轨道缺陷检测上得到了广泛应用。这些方法通常使用安装在轨检车上的摄像机拍摄轨道图片,而且在这些图片中,轨道表面和轨道之间通常具有一致角度和良好对比度。例如,有基于图像灰度梯度特征的钢轨表面缺陷检测模型,基于增强 K-means 聚类算法的钢轨表面缺陷检测方法,基于随机马尔可夫场的改进高斯混合模型的钢轨表面缺陷检测方法,基于投影轮廓的缺陷定位方法的缺陷检测方法。这些方法的检测效果很好,但是它们受噪声和背景点的影响很大,因此会产生大量的误检。

近期一些学者也使用基于深度学习的目标检测方法检测轨道表面缺陷。例如,2020 年,Xiukun Wei 等提出了一种改进的 YOLOv3,命名为轨道线多目标病害检测网络,该网络将尺度缩减和特征拼接相结合,提高了检测精度和效率。然而,这些研究仅限于从轮廓清晰的轨检车采集的图像中进行轨道表面缺陷检测,泛化能力较差。因此,由于缺乏对复杂图像的理解能力(如无人机图像),这些直接使用深度学习的缺陷检测方法无法应用于实际。

(2)接触网系统缺陷检测方法

目前,接触网设备检测任务主要是由经过培训的人员,通过读取大量来自安装在轨检车车顶摄像头的图片来执行的。这种方法效率低下,检测结果与工作人员识别临界条件和检查可能异常的经验高度相关。

近年来,得益于高分辨率摄像机和先进的图像处理技术的发展,一些基于视觉的接触网设备检测系统已经被广泛地开发,例如,中国 6C 系统、意大利 WIRECHECK 系统、荷兰 ATON 系统、西班牙 MEDES 系统、德国 WWS 系统都使用高速摄像机结合主动照明的方式采集接触网图像,然后使用嵌入了相应的数字图像处理技术的软硬件智能获取导线磨耗面和宽度值,最终实现磨耗实时检测。基于视觉的接触网检测方法主要涉及机器学习、边缘检测、局部不变特征提取、目标分类等技术。然而,网络往往需要单独训练以适应不同类别的检测,这种方法仍然远远不能满足铁路行业的需要。

随着卷积神经网络在计算机视觉中的发展,近年来深度学习在接触网系统,尤其是接触网支持设备巡检上的应用取得了显著成果。例如,将卷积神经网络用于接触网电位线的散股故障检测,接触网吊弦线夹位置及吊弦断裂、螺栓松脱等缺陷检测,接触网开口销缺陷检测等。该方法首先利用提出的两个 PVANet + + 进行开口销定位,然后利用霍夫变换和 Chan-Vese 模型获得开口销区域,最后用一个评价准则来检测开口销的缺陷状态。但是,这种采用三个模型的方法在实际应用中,都会受到模型训练复杂度和计算复杂度的限制,难以应用于实际。

3. 铁路沿线地质灾害检测方法

滑坡、泥石流等地质灾害在我国山地、丘陵地区时有发生,传统的滑坡识别主要是基于地面调查,随着图像检测方法的发展,地质灾害检测方法也有了新的进展。

目前学者多利用深度学习技术对滑坡、河道山地灾害等地质灾害进行检测和识别,也利用无人机遥感对地质灾害进行观察。如 U. Niethammer 通过无人机航拍技术对法国进行三年监测,研究滑坡动态变化。沈永林等提出结合滑坡体的光谱、几何形态与空间结构特征对航拍图像中的滑坡体进行识别,平均精度得到提高。

在地质灾害识别中,受灾区域分割也是重要环节。如杨影以九寨沟 7.0 级地震震后获取的无人机影像为数据源,运用面向对象、监督分类和深度学习这三种方法完成了滑坡的提取。肖本夫等采用 DeepLabv3 + 网络结构及 softmax 损失函数,建立了基于深度学习网络的地震地质灾害遥感影像图像语义分割模型方法,模型具有较好的准确性。

4. 车站客流图像分析方法

(1)基于深度学习的目标检测算法

传统的目标检测算法主要采用手工设计特征来进行目标检测,例如 VJ、HOG 和 DPM 检测器等,其特征提取烦琐,泛化能力较弱,而且计算量较大,运算速度慢。随着深度学习的发展,卷积神经网络强大的特征学习能力和运算速度,使其在目标检测与识别方面表现出明显优势,从而逐渐取代了传统的目标检测方法。

目前主流的基于深度学习模型的目标检测算法主要可以分为两类:

①两阶段检测算法,该类算法首先找出目标边界框,其次识别边界框中的目标类别,其中典型算法是基于候选框的 R-CNN 系列算法和 SPP-Net 等;

②一阶段检测算法,该算法直接对物体进行分类和位置坐标的回归,其中典型算法是 YOLO 系列算法、SSD、RetinaNet 和 FPN 等。

一阶段目标检测算法在牺牲部分检测精度的前提下成功解决了两阶段目标检测算法运算速度慢的问题,后续的 YOLO 系列算法中进一步权衡检测精度和速度二者的关系,例如 YOLOv3 和 YOLOv4 等。

在复杂环境如阴影干扰、光照变化等场景下,目前通用的目标检测与识别算法都会受到一定干扰,从而影响检测精度。现在还没有一种能在所有场景下通用的检测方法,所以在实际应用中,按照不同场景,需要采用不同的目标检测方法。

(2)目标跟踪算法

近年来,Smeulders 等总结了相当多的目标跟踪算法的分类方式,其中根据评判方式的不同,可以将其分为两类,一类是生成式的目标跟踪算法,另一类是判别式的目标跟踪算法。

生成式算法仅针对目标外观进行建模,当目标处在杂乱无章的场景中或者发生形变时,生成式算法无法准确地对目标进行判断,从而容易出现跟踪目标丢失的情况,同时由于此类算法在跟踪过程中目标搜索区域过大,使得算法的跟踪速度不佳。判别式的目标跟踪算法将目标跟踪问题看作是二元分类问题,同时提取视频图像中目标和背景的图像特征进行滤波器的训练,旨在将目标从视频图像中分离出来,从而得到被跟踪目标的位置信息。

目前多将判别式的目标跟踪算法与深度学习相结合,进一步提高算法的跟踪性能。其中,主流的行人跟踪算法大多是基于检测的跟踪范式(tracking-by-detection,TBD),即先检测后跟踪,主要算法有 SORT 和 DeepSORT 等。还有部分算法为了提高实时性,将检测和跟踪同时进行,主要算法有 JDE 和 Fair-MOT 等。

第二章　典型恶劣天气条件下铁路周界入侵目标识别方法

高速列车运行的沿线环境复杂开放，用于高铁沿线安全监测的摄像机成像画面容易受到恶劣天气环境因素影响，造成视频图像质量不同程度退化，给智能检测算法带来了巨大挑战。为了提升典型恶劣天气场景下的智能检测算法准确率，有必要研究恶劣天气条件下图像增强和适用于铁路的目标检测算法。

第一节　高铁周界图像增强方法

本节主要研究高铁周界图像增强方法，分别是典型恶劣天气条件下高铁周界图像去雾、去雨方法研究。

一、基于改进残差块多采样融合的高铁周界图像去雾方法

1. 图像去雾原理

雾图通常包含比较严重的不良退化问题，会对视觉感知产生很大影响。雾的形成原理如图 2-1 所示。

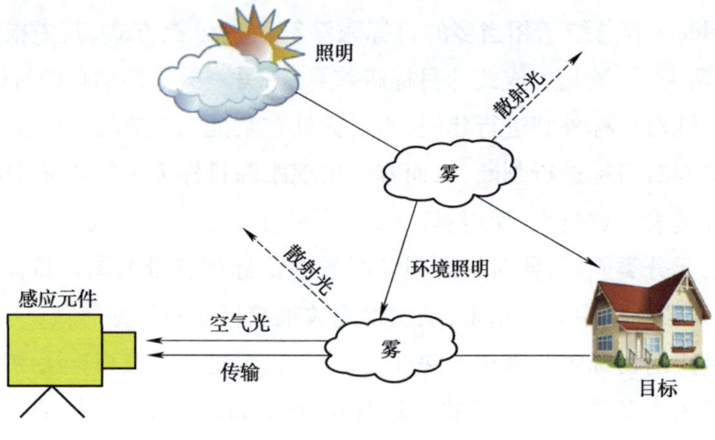

图 2-1　雾的形成原理

在视觉领域，通常用大气散射模型来建模雾的数学表达。

$$I(x) = J(x)t(x) + A[1 - t(x)] \tag{2-1}$$

式中　$I(x)$——观察到的雾图；

$J(x)$——清晰的场景图；

$t(x)$——传输图；

A——全局大气光。

式(2-1)描述了没有散射并到达相机传感器的那部分光。在单张图像去雾中，一般假设雾是均匀的，则传输图可以表示为 $t(x)=e^{-\beta d(x)}$，β 和 $d(x)$ 分别表示大气的衰减系数和场景深度。通过大气散射模型去雾是通过估计传输图 $t(x)$ 和大气光 A，从雾图像 $I(x)$ 中恢复清晰图像 $J(x)$，将式(2-1)变形后求取无雾图：

$$J(x)=\frac{I(x)-A[1-t(x)]}{t(x)} \tag{2-2}$$

2. 高铁周界图像去雾模型研究

(1)多采样融合网络结构设计

去雾的目标是从有雾的铁路图像中恢复清晰的铁路图像。构建铁路图像去雾网络的思想受到了残差网络的启发，通过堆叠残差块可以使网络深度加深并学习到更多的图像特征。因此，本节所提出的图像去雾网络依赖于堆叠残差块来学习雾的特征。提出的基于改进残差块多采样融合的高铁周界图像去雾方法的网络结构如图 2-2 所示，首先对输入的铁路有雾图像从 3 通道转换为第一个卷积输出的 64 通道进行特征图的卷积运算，然后将其送入两个子网络分别学习特征。池化操作是卷积网络的基础单元，用池化可以达到降采样的目的，使网络在有限的计算力下降低计算量。与最大池化相比，平均池化可以保留更多的图像信息。因此，本节在这两个子网络中都使用了不同个数的平均池化操作达到多采样特征融合的目的。其中一个子网络是在输入后接一个双重平均池化，它在输出的小特征图上保留了更多的图像粗粒度信息，称其为粗粒度网络。另一个子网络是在输入后接一个平均池化操作，与双重池化操作相比，单个池化输出的特征图是粗粒度网络输出的两倍，并且保留了更多的细粒度特征要素，称其为细粒度网络。这两个子网络分别用于提取粗粒度特征和细粒度特征。接着，将学习到的粗粒度和细粒度特征的多采样特征进行融合以提高模型性能，并将融合后的特征输入到三个卷积运算以进行更好的特征融合。最后一个卷积用于将特征图从 64 通道转换为 3 通道输出，并用 tanh 激活函数激活特征。最后，输出激活的特征图，即去雾的图像。

(2)改进残差块

本节用 PReLU(parametric ReLU)代替 ReLU(rectified linear unit)，主要考虑了卷积神经网络的反向传播机制。不论是 PReLU 还是 ReLU，都是由两个分段线性函数组成以达到非线性激活的目的。PReLU 和 ReLU 激活函数见式(2-3)和式(2-4)。

$$f(x)_{\text{PReLU}}=\begin{cases}x, & x\geqslant 0\\ a_i x, & x<0\end{cases} \tag{2-3}$$

$$f(x)_{\text{ReLU}}=\begin{cases}x, & x\geqslant 0\\ 0, & x<0\end{cases} \tag{2-4}$$

在式(2-3)中,PReLU 的参数a_i的初始值一般设为 0.25。当$a_i=0$时,PReLU 变为 ReLU;当$a_i=0.01$时,PReLU 变为 Leaky ReLU。也就是说,ReLU 和 Leaky ReLU 是 PReLU 的特殊形式。

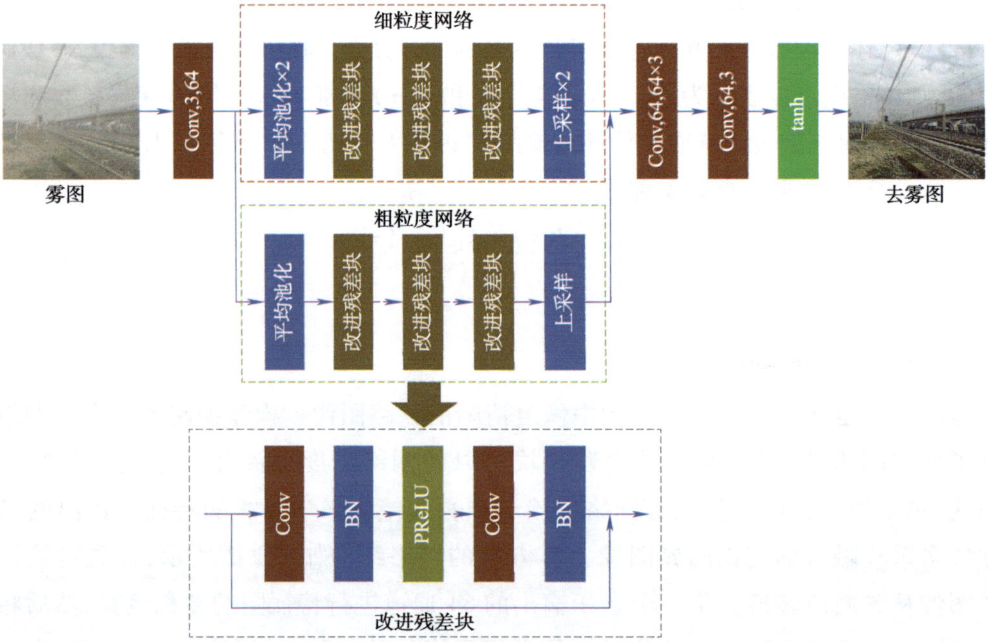

图 2-2　铁路图像去雾网络结构

注:Conv 表示卷积,BN 表示批归一化。

PReLU 和 ReLU 激活函数的曲线如图 2-3 所示。可以看出 PReLU 和 ReLU 的不同之处是在$x<0$的部分。在误差反向传播阶段,对激活函数求导,$x<0$时,ReLU 的导数接近于 0,这将导致误差反向传播的停滞和参数无法更新。相反,PReLU 的导数在$x<0$的部分是a_i,因此,参数反向传播和参数可以不断更新,学习网络权重。

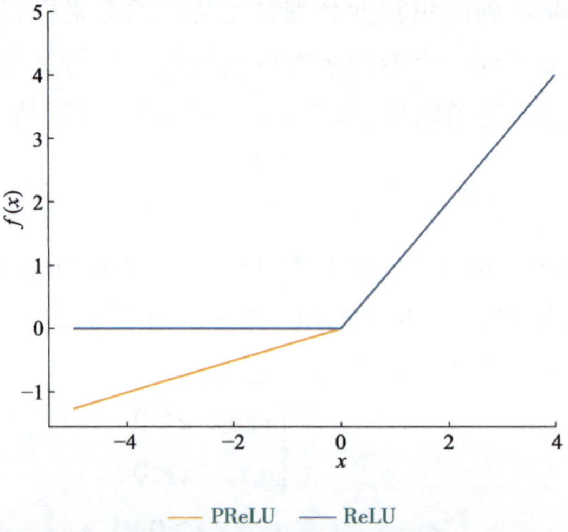

图 2-3　PReLU 和 ReLU 曲线

基于 PReLU 的优点，结合残差网络在从计算机视觉的低级任务图像去雾、图像去模糊到高级任务图像识别中均显示出了出色的性能，因此，用 PReLU 修改标准残差块作为本书模型的残差模块，以提高铁路图像去雾性能，本书将修改后的构建块称为改进残差块。在提出的残差块中，使用两个卷积层，卷积后连接归一化层，并使用带参数的 ReLU 作为激活函数，然后删除网络中原始残差块的特征相加之后的 ReLU。此外，与 ReLU 相比，用 PReLU 在隐藏单元中用作非线性激活函数，可以提高模型的拟合能力，并在不添加其他参数的情况下降低过拟合的风险。标准残差块如图 2-4(a)所示，其他残差块如图 2-4(b)所示，本书残差块如图 2-4(c)所示。

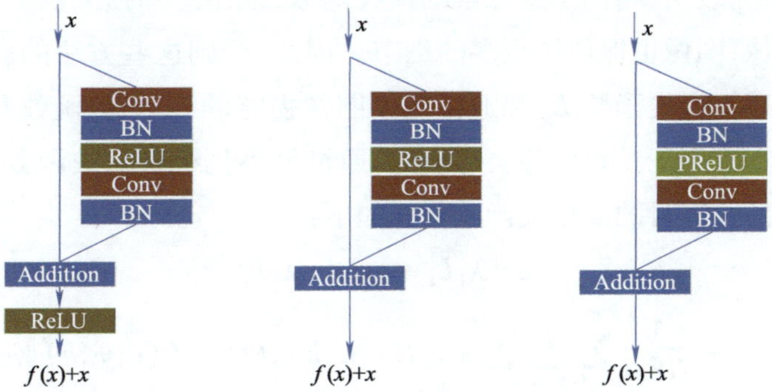

(a) 标准残差块　(b) S. Gross 和 M. Wilber 的残差块　(c) 本书残差块

图 2-4 残差块

注：Addition 表示特征的加法运算。

(3) 参数配置

在所提出的网络结构中，本节总共堆叠了 50 个改进残差块。粗粒度特征提取子网络有 23 个改进残差块，而细粒度特征提取子网络有 27 个改进残差块。网络输入和输出的通道数为 3，另外除了级联层有 128 个通道外，其他剩余卷积特征图的通道为 64。本节提出的网络详细结构和参数配置见表 2-1。

表 2-1 网络详细结构及参数配置

类型	模块层	输入尺寸	输出尺寸	数量	输入通道	输出通道	滤波器	填充	步长	比例因子
初始特征提取	卷积	512×512	512×512	1	3	64	3×3	1	1	—
粗粒度特征提取	平均池化	512×512	128×128	2	64	64	2×2	0	2	—
	改进残差块	128×128	128×128	23	64	64	3×3	1	1	—
	上采样	128×128	512×512	2	64	64	2×2	0	—	2
细粒度特征提取	平均池化	512×512	256×256	1	64	64	2×2	0	2	—
	改进残差块	256×256	256×256	27	64	64	3×3	1	1	—
	上采样	256×256	512×512	1	64	64	2×2	0	—	2

续上表

类型	模块层	输入尺寸	输出尺寸	数量	输入通道	输出通道	滤波器	填充	步长	比例因子
特征聚合	级联	512×1 024	512×512	1	128	64	3×3	1	1	—
	卷积	512×512	512×512	3	64	64	3×3	1	1	—
	卷积	512×512	512×512	1	64	3	3×3	1	1	—
非线性回归	tanh 激活	512×512	512×512	1	—	—	—	—	—	—

(4)组合损失函数

近年来,很多研究表明,相比于逐像素的损失函数,采用感知损失函数可以提取高级特征从而生成高质量图像,图像也保留了更多的细节。因此,受到这些方法的启发并汲取灵感,本节提出的方法是将感知损失函数 L_p 和通常用于图像去雾的 L_1 损失函数和 L_2 损失函数相结合的组合损失函数 L 应用于铁路图像去雾研究,通过最小化组合损失函数来求取最优模型以达到铁路图像良好的去雾目的。损失函数公式如下:

$$L=\lambda_1 L_1+\lambda_2 L_2+\lambda_p L_p \tag{2-5}$$

$$L_1=\frac{1}{CWH}\sum_{c=1}^{C}\sum_{w=1}^{W}\sum_{h=1}^{H}\|G[I(c,w,h),\Theta]-I_t(c,w,h)\|_1 \tag{2-6}$$

$$L_2=\frac{1}{CWH}\sum_{c=1}^{C}\sum_{w=1}^{W}\sum_{h=1}^{H}\|G[I(c,w,h),\Theta]-I_t(c,w,h)\|_2 \tag{2-7}$$

式中 λ_1,λ_2 和 λ_p——权重系数;

C——图像的通道数;

WH——分辨率,W 为图像的宽度,H 为图像的高度;

G——本节提出的去雾网络;

I——输入图像;

Θ——网络的参数;

I_t——I 相对应的真实图像,即无雾图像。

设 $\lambda_1=\lambda_2=1$,为了关注并提取更多图像内容相关的特征,将感知损失的系数设定为 $\lambda_p=1.8$。

感知损失函数 L_p 由两部分损失组成,即 L_{pj} 和 L_{pj+1}:

$$L_p=L_{pj}+L_{pj+1} \tag{2-8}$$

$$L_{pj}=\frac{1}{C_jW_jH_j}\sum_{c=1}^{C_j}\sum_{w=1}^{W_j}\sum_{h=1}^{H_j}\|\varphi_j[G(I_j,\Theta)]-\varphi_j(I_t)\|_2 \tag{2-9}$$

$$L_{pj+1}=\frac{1}{C_{j+1}W_{j+1}H_{j+1}}\sum_{c=1}^{C_{j+1}}\sum_{w=1}^{W_{j+1}}\sum_{h=1}^{H_{j+1}}\|\varphi_{j+1}[G(I_{j+1},\Theta)]-\varphi_{j+1}(I_t)\|_2 \tag{2-10}$$

式中 L_{pj},L_{pj+1}——损失函数,分别采用的是 VGG16 模型中的 relu2_2 和 relu3_3 层提取的特征;

φ——特征提取网络,本节采用 VGG16 网络提取特征;

$C_nW_nH_n$——高维度非线性特征。

3. 实验与验证

(1)实验数据

实验数据主要包括测试集铁路雾图的合成和本节用于训练和验证的数据集。

①合成铁路雾图

在单张图像去雾研究领域,由于很难收集真实世界中有雾图像以及与之对应的无雾图像,因此合成数据集是该研究领域主要应用的数据集。所以,针对高铁周界真实雾图收集难的问题,为了解决铁路图像去雾问题,基于高铁沿线监控图像,合成与其对应的铁路有雾图像作为本节铁路测试数据集。

用大气散射模型式(2-1)和深度估计方法合成铁路有雾数据集,通过以下步骤合成:a. 通过估计清晰铁路图像深度来生成深度图和传输图;b. 通过计算传输图和大气光参数并结合式(2-1)来合成有雾图像。

本书使用雾图合成方法合成铁路图像对应的有雾图像。合成有雾数据集的过程如图 2-5 所示。

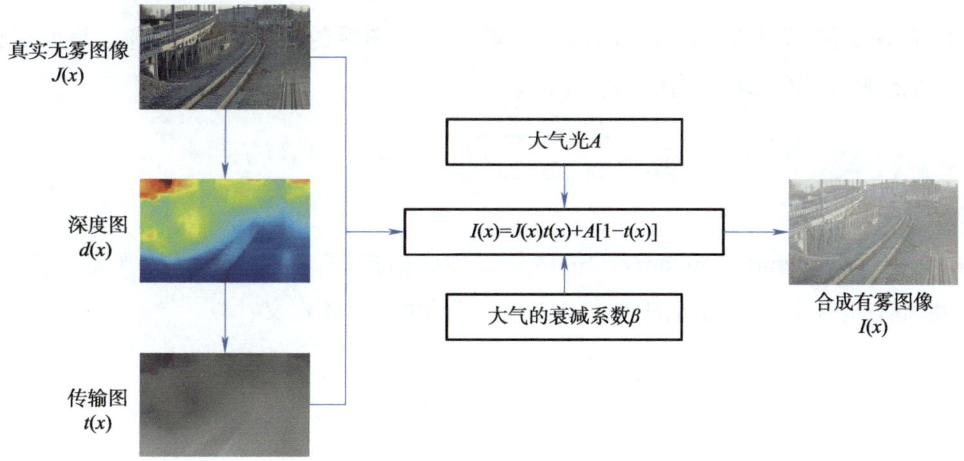

图 2-5　铁路图像雾的合成过程

②实验数据

为了提高所提出算法的泛化性能,本节采用 RESIDI 数据集中的室外训练集 OTS 作为本节的训练集和验证集,因为 OTS 数据集的特征和铁路开放环境的特征类似,天空部分在图像中有着很重要的占比。

OTS 包含 8 970 张真实的清晰图像和以 1∶35 的比例按照不同大气散射系数及大气光生成的不同浓度的合成雾图像 313 950 张。本节从 OTS 中选取 5 152 张真实清晰图像和对应的 180 320 张合成图像作为训练集,从剩下的数据集中随机选取 11 454 张合成雾图作为验证集。而且为了验证本节提出方法的有效性,测试集除了铁路合成雾图外,还用了室外其他场景真实雾图。本书保证所有测试图像都不在训练集中。为了节省计算机资源,本节将所有测试集的大小调整为 512 × 512。在训练过程中，本节使用 Adam 优化算法加速，学习率设为 0.000 1。训练和测试过程在 NVIDIA TITAN Xp 上运行。

(2)图像质量评价指标

将本书用到的图像质量评价指标，全参考评价指标 PSNR 和 SSIM 分别进行介绍。

①PSNR

峰值信噪比(peak signal to noise ratio，PSNR)是用于评估图像质量的广泛使用的客观评估指标之一，PSNR 是一种全参考评估指标，用于逐像素计算两张图像之间的误差，即给定两个 RGB 图像，一个是计算结果图像 I_{res}，另一个是参考图像 I_{ref}。PSNR 定义：

$$\mathrm{PSNR} = 10\ \lg \frac{(2^n - 1)^2}{\mathrm{MSE_{RGB}}} \tag{2-11}$$

式中 n——每个像素的位数；

$\mathrm{MSE_{RGB}}$——RGB 图像 I_{res} 和 RGB 图像 I_{ref} 之间的均方误差(MSE)。

在这里 n 通常取值是 8，那么式(2-11)可以写为式(2-12)。

$$\mathrm{PSNR} = 20\ \lg \frac{255}{\sqrt{\mathrm{MSE_{RGB}}}} \tag{2-12}$$

对于 RGB 图像，C 为 3，(i,j) 表示像素位置。RGB 图像的均方误差 $\mathrm{MSE_{RGB}}$ 是通过计算图像每个通道的 MSE，然后取平均值而获得的。

$$\mathrm{MSE_{RGB}} = \frac{1}{3HW}\sum_{c=1}^{C}\sum_{i=0}^{H}\sum_{j=0}^{W}\| I_{res}(i,j,c) - I_{ref}(i,j,c) \|_2 \tag{2-13}$$

②SSIM

结构相似性(structural similarity，SSIM)是一种评估指标，考虑了人眼的视觉特征，并从亮度、对比度和结构三个方面测量图像的相似性。简化的 SSIM 定义：

$$\mathrm{SSIM} = \frac{(2\mu_{I_{res}}\mu_{I_{ref}} + c_1)(2\sigma_{I_{res}I_{ref}} + c_2)}{(\mu_{I_{res}}^2 + \mu_{I_{ref}}^2 + c_1)(\sigma_{I_{res}}^2 + \sigma_{I_{ref}}^2 + c_2)} \tag{2-14}$$

式中 $\mu_{I_{res}}, \mu_{I_{ref}}$——图像 I_{res} 和 I_{ref} 的均值；

$\sigma_{I_{res}}, \sigma_{I_{ref}}$——图像 I_{res} 和 I_{ref} 的方差；

$\sigma_{I_{res}I_{ref}}$——图像 I_{res} 和 I_{ref} 的协方差；

c_1, c_2——为了避免分母为 0 而设置的常数。

SSIM 在[0,1]范围内，值越接近 1，则两个图像之间的相似度越高，失真越小。

(3)实验结果

在这一部分展示了本书方法的各种实验结果，包括在铁路数据集和室外其他场景真实有雾数据集上测试了本书方法，并与其他去雾方法进行比较。此外，还比较了每种算法的单张图像运行时间。本书通过消融实验证明组合损失函数的性能，并从理论上分析实验结果。

①图像质量评价指标

由于铁路数据集是合成的，因此有了铁路的真实清晰图像和对应的去雾后图像，这使本节能够使用 PSNR 和 SSIM 指标定性和定量评估去雾性能。本节对 200 张合成铁路周界有雾图像进行测试,并将提出的方法与六种去雾方法进行了比较:DCP,Non-Local,MSCNN,AOD-Net,DCPDN,GCANet,前两种方法是基于先验的方法,后四种是基于学习的方法。

对 200 张铁路图像去雾,本书方法与其他六种去雾方法的 PSNR 和 SSIM 结果见表 2-2。可以看出,在合成铁路数据集中,本节提出的方法取得了最优的去雾结果。

表 2-2　铁路图像去雾的定量评价结果

指标	DCP	Non-Local	MSCNN	AOD-Net	DCPDN	GCANet	本书方法
PSNR	21.033 4	14.427 5	21.230 6	14.496 3	20.173 8	22.174 4	24.099 7
SSIM	0.916 6	0.731 9	0.914 8	0.798 7	0.897 1	0.922 8	0.923 3

去雾后的铁路图像如图 2-6 所示,以显示六种方法和本书提出的方法在视觉上的去雾性能。可以观察到 DCP 方法去雾结果和 Non-Local 去雾方法的去雾结果存在过度去雾并包含明显的颜色失真,如 b 列和 c 列最后两行图像所示。DCPDN 去雾方法倾向于产生比其他结果更高的对比度,如 f 列第二行所示。此外,可以清楚地看到 MSCNN 和 AOD-Net 方法的去雾结果图像中包含残留的雾度,如 d 列和 e 列中从第一行到第三行以及最后一行所示。GCANet 方法的去雾结果有更多的颜色失真和伪彩色存在。

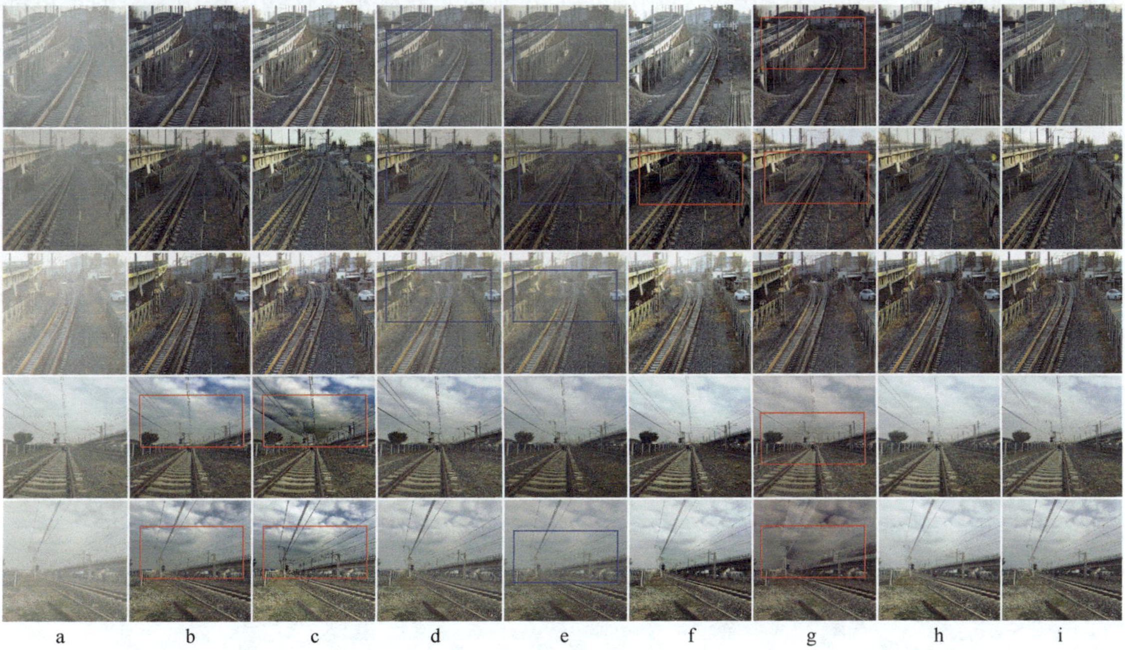

a—输入有雾图像;b—DCP;c—Non-Local;d—MSCNN;e—AOD-Net;f—DCPDN;g—GCANet;
h—本书的方法;i—真实的清晰图。

图 2-6　铁路图像去雾结果

注:图中红色框代表颜色失真或光晕效果或伪彩色,蓝色框代表有雾残留。

从图 2-6 中还可以看到,即使先前的方法能够从输入图像中去雾,但它们仍倾向于对输入图像进行过度去雾或者有雾残留,从而导致结果更暗或更模糊。相比之下,本书提出的方法去雾结果雾的残留较少,色彩失真较小,且在视觉上更接近真实的清晰图像。

②运行时间

为了满足铁路的实际应用需求,除了对算法去雾精度要求高以外,还对算法的处理速度有一定要求。本节用铁路测试集 200 张大小为 512 × 512 的图像,以测试所有算法的运行速度。所有算法的单帧图像平均运行时间见表 2-3。相比之下,本节的算法运行速度较快,仅次于 AOD-Net 算法,0.09 s 每帧的推理速度可以满足铁路应用的实际需求。

表 2-3 铁路测试图像平均运行速度的比较

项点	DCP	Non-Local	MSCNN	AOD-Net	DCPDN	GCANet	本书方法
平台	Matlab	Matlab	Matlab	Pytorch	Pytorch	Pytorch	Pytorch
速度/(帧 · s^{-1})	11.70	0.77	1.02	0.06	0.21	0.17	0.09

③其他场景真实雾图

为了验证本书模型的泛化性能,鉴于铁路周界真实雾图难收集,采用其他场景的真实有雾图像测试本书去雾算法。部分图像的去雾结果如图 2-7 所示。用 DCP、Non-Local、MSCNN 方法恢复得到的图像,在第一行和第二行中的 b 列、c 列和 e 列显示了这些图像中天空的黄色部分以及天和地表交界处存在颜色失真。GCANet 去雾方法可以增强图像的可见性,如 g 列所示,但是,在恢复的图像中仍然有颜色失真,例如,最后一行图像中云的颜色从灰色变为明亮。相比之下,本书提出的方法的去雾结果从视觉上看去雾效果令人较为满意,结果颜色更接近输入图像的颜色而没有颜色失真。

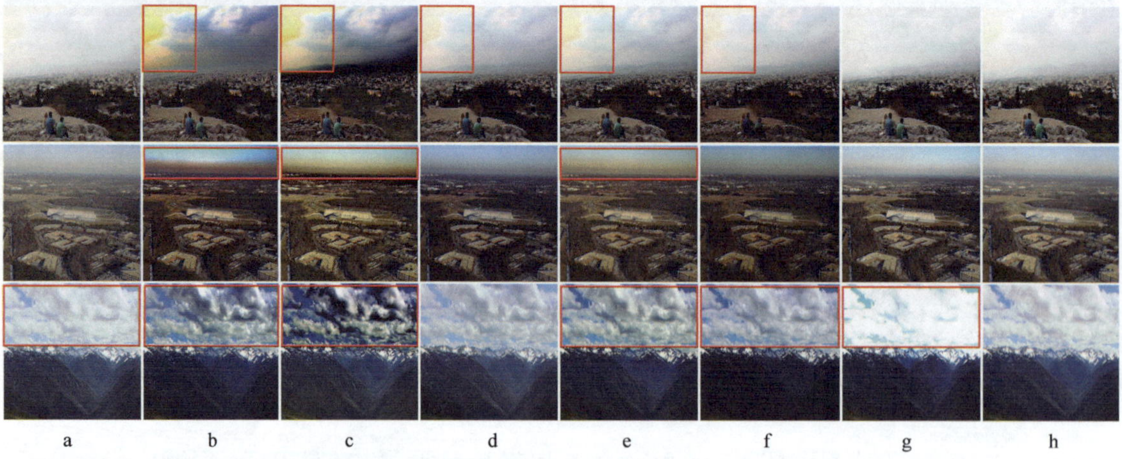

a—输入有雾图像;b—DCP;c—Non-Local;d—MSCNN;e—AOD-Net;f—DCPDN;g—GCANet;h—本书的方法。

图 2-7 在真实雾图上的去雾结果比较

注:图中红框代表颜色失真或光晕。

(4)损失函数消融实验

在选择铁路图像去雾损失函数时,本书比较了三组不同损失函数对 PSNR 和 SSIM 的影响。在此实验中仅更改损失函数,而无需更改网络框架结构和其他参数,结果如图 2-8 所示。L_1 和 L_2 损失函数广泛用于图像去雾和图像增强工作中。其中,L_2 可微分但对大误差值较为敏感,而 L_1 损失函数对异常误差值鲁棒性好。与 L_1 和 L_2 相比,感知损失可以保留更细节特征,并可以应用于图像样式转换。通过本节的实验可以看出,由 L_1 和 L_2 训练的网络要比由 L_2 训练的网络性能更好,PSNR 和 SSIM 值更高,并且 L_1 损失函数和 L_2 损失函数的优点是互补的,可以提高网络性能。分别由 $L_1+L_2+L_p$ 和 L_1+L_2 训练的网络相比,前者对 PSNR 和 SSIM 的改善有更多贡献。

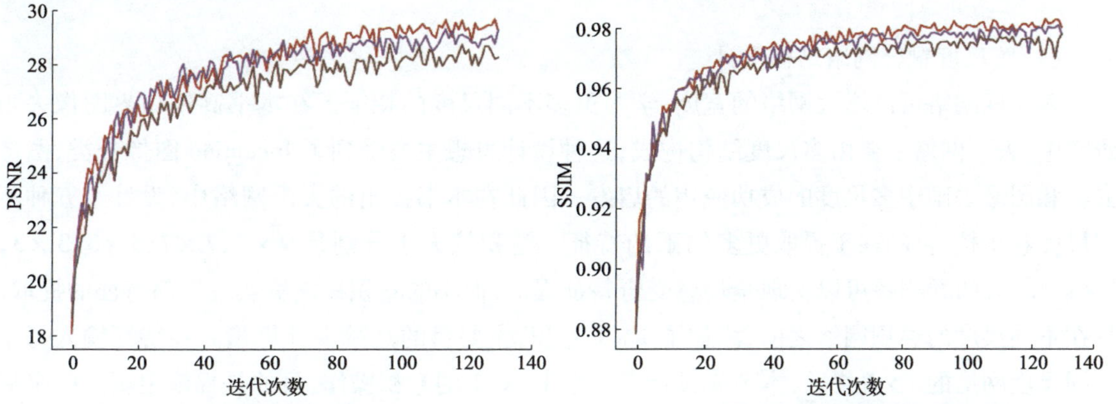

(a) 训练中不同损失函数组合方式的PSNR曲线变化趋势
(b) 训练中不同损失函数组合方式的SSIM曲线变化趋势

图 2-8　损失函数消融实验结果

二、基于跨尺度融合的全卷积高铁周界图像去雨方法

1. 图像去雨原理

图像去雨的目的是通过有雨图像和无雨的背景图像,学习有雨图像中雨线的特征,通过学习有雨和无雨的特征映射关系,实现图像去雨的目的,并使得去雨后重建的图像特征尽可能无限逼近无雨图像特征。在视觉领域中,有雨图像的数学表达:

$$I(x)=B(x)+R(x) \tag{2-15}$$

式中　$I(x)$——有雨的图像;

$B(x)$——背景图像,即无雨图像;

$R(x)$——有雨图像中的雨线图。

图像中雨的形成,直观表示如图 2-9 所示。

本节提出的基于跨尺度融合的去雨网络主要学习有雨图像和无雨图像之间的映射关系,达到端到端去雨的目的。根据式(2-15)推导,有雨图像的去雨过程见式(2-16)。

(a) 合成雨图　(b) 背景图　(c) 雨线图

图 2-9　铁路雨图

$$B(x)=\varphi[I(x)-R(x)] \tag{2-16}$$

式中　φ——本节去雨网络,用于学习雨图 $I(x)$ 和雨线图 $R(x)$ 之间的映射关系。

2. 高铁周界图像去雨模型研究

(1)跨尺度融合网络结构设计

多尺度网络可以增大网络的宽度,学习更多不同尺度的特征。在本书高铁周界图像去雨研究中,去雨网络主要由多尺度结构构成,这种设计思想主要受到了 Inception 图像分类、图像去雾和图像去雨中多尺度的成功应用的启发。因此在本书提出的去雨网络中,设计了五种不同尺度卷积核,目的在于提取更多的雨的特征。卷积核大小分别是 9×9,7×7,5×5,3×3,1×1。较大的卷积核可以实现全局感受野特征提取,而小的卷积核能够实现局部特征的提取。且在不同尺度的卷积网络之前,添加了 1×1 卷积,主要目的是减少计算量。在特征输入每个不同尺度网络的 1×1 之前,本节先设计了一个 11×11 的卷积操作,目的是提取出更大的全局特征。在提取不同尺度大小的图像中雨的特征后,将这些特征通过跨尺度融合方式两两融合,采用大尺度提取的特征和小尺度提取的特征进行融合的方式,在特征层面让不同尺度特征互补以增加模型的表征性能。即分别将卷积核 9×9 提取的全局特征和 1×1 提取的局部特征进行融合,将卷积核 7×7 提取的全局特征和 3×3 提取的局部特征进行融合,再将两两融合后的特征和 5×5 的卷积核提取的特征进行融合,将融合后的特征输入到 4 个 3×3 的卷积中进行特征深度融合,经过 3×3 卷积操作实现降维,最后通过 tanh 激活函数激活特征后输出学习到的权重。

本书去雨网络结构的主要构成如图 2-10 所示。除了展示本书去雨网络结构的基本模块,还展示了本节网络的推理过程,即输入有雨图像,经过本节提出的网络去雨,最终输出去雨后恢复清晰度的图像。

(2)参数配置

本书提出的去雨网络的详细结构配置见表 2-4。提出具有五种不同卷积核大小 9×9,7×7,5×5,3×3 和 1×1 的多尺度网络,对应于不同卷积核大小的填充(padding)被设置为 4×4,3×3,2×2,1×1。此外,每层初始卷积核大小设置为 11×11,将其填充设置为 5×5。“Conv 11×11-64”表示卷积核大小为 11×11,输出通道数为 64,依此类推。训练中的输入和输出图像的尺寸为 512×512×3。在训练过程中,采用 Adam 作为优化算法,学习率为 0.000 2,批大小为 1。

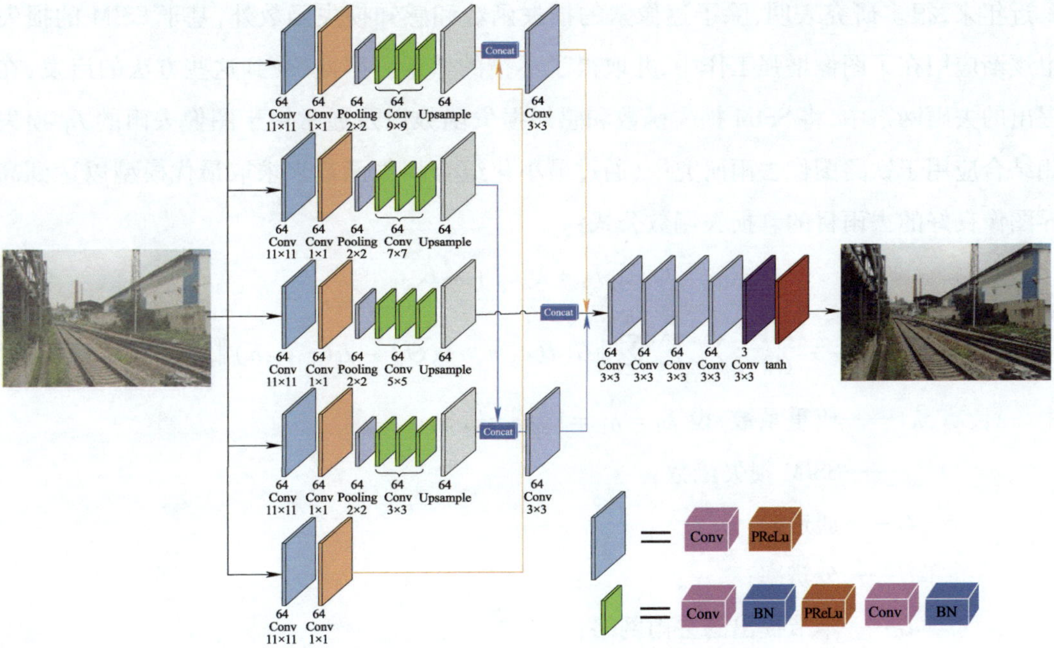

图 2-10　铁路图像去雨算法结构

注:Pooling 表示池化操作;Upsample 表示上采样;Concat 表示特征融合的一种方式,通道数的增加。

表 2-4　本节的网络架构和参数设置

Conv 网络配置				
A	B	C	D	E
输入 512×512 RGB 图片				
Conv11×11-64				Conv11×11-64
Conv1×1-64				—
平均池化(Conv2×2/2)				—
Conv9×9-64	Conv7×7-64	Conv5×5-64	Conv3×3-64	Conv1×1-64
Conv9×9-64	Conv7×7-64	Conv5×5-64	Conv3×3-64	—
Conv9×9-64	Conv7×7-64	Conv5×5-64	Conv3×3-64	—
Upsample				—
Ⅰ:Concat(A,E),Conv3×3-64				
Ⅱ:Concat(B,D),Conv3×3-64				
Concat(Ⅰ,Ⅱ,C),Conv3×3-64				
Conv3×3-64				
Conv3×3-64				
Conv3×3-64				
Conv3×3-3				
tanh				

注:“A”“B”“C”“D”“E”表示五种不同尺度卷积。

近年来,很多研究表明,除了逐像素的损失函数和感知损失函数外,基于 SSIM 的损失函数也逐渐应用在了图像增强工作中,并取得了不错的效果。因此,受到这些方法的启发,在本节提出的去雨网络中,将 SSIM 损失函数和感知损失函数以及通常用于图像去雨的 L_1 损失函数相结合应用于铁路图像去雨研究中,通过最小化组合损失函数来求取最优模型以达到高铁周界图像良好的去雨目的。损失函数公式:

$$L = \lambda_1 L_1 + \lambda_2 L_p + \lambda_3 L_{SSIM} \tag{2-17}$$

$$L_1 = \frac{1}{CWH}\sum_{c=1}^{C}\sum_{w=1}^{W}\sum_{h=1}^{H}\| G[I(c,w,h),\Theta] - I_t(c,w,h) \|_1 \tag{2-18}$$

式中 $\lambda_1,\lambda_2,\lambda_3$——权重系数,设 $\lambda_1=\lambda_3=1,\lambda_2=0.8$;

L_{SSIM}——SSIM 损失函数;

C——通道数;

WH——分辨率;

G——本节提出的去雨网络;

I——输入图像;

Θ——网络的参数;

I_t——I相对应的真实图像,即无雨图像。

一般期望损失值是越小越好,而 SSIM 值是越接近 1 越好。那么用 SSIM 作为损失函数,采用和 1 做差的公式作为损失函数。SSIM 损失函数形式:

$$L_{SSIM} = 1 - SSIM \tag{2-19}$$

3. 实验与验证

(1)实验数据

尽管雨是一种很常见的自然天气现象,但是同时收集铁路同一监控场景和监控视角的有雨和无雨图像难度较大。鉴于目前图像数据集领域缺乏真实的有雨和无雨的成对数据集,去雨工作的研究者纷纷采用人工合成雨图作为图像去雨研究的数据集。人工合成的有雨数据集有:He Zhang 等根据雨密度不同合成了小雨、中雨和大雨数据集各 4 000 张,Xueyang Fu 等合成了14 000 张雨图,还有 Tianyu Wang 等研究者合成了 2 万多张雨图。

对铁路图像监控影响较大的是中到大雨,所以本书主要研究大雨条件下的铁路图像去雨。因此根据需求,本书选择 He Zhang 等构建的 4 000 张大雨数据集作为本书算法的训练集。

为了验证本节算法在铁路场景的适应性,根据合成雨图的原理合成了 150 张铁路场景下的大雨数据集作为算法的测试集。本书用于训练集中的图像大小为 512 ×512。在训练过程中,本节使用 Adam 优化算法加速,学习率设为 0. 000 2。

(2)合成铁路雨图数据集

本书采用 Photoshop 软件制作铁路雨图数据集,制作主要按照如下流程:①增加空白图层,作为单独雨层；②选择单色模式，以 140% 的噪点密度在空白图层中填充不同色阶噪点，如图 2-11(a)所示；③在②的基础上分别以 40,45,50 的像素距离对噪点拉伸实现动感模糊效果，模拟雨滴下落的效果，如图 2-11(b)所示；④在③的基础上，以 0.5 像素半径添加高斯模糊效果，使雨层模糊效果更加接近真实雨的场景，如图 2-11(c)所示。本书根据实际环境中雨的大概方向，在制作铁路雨图数据集时选择并添加了 5 种不同角度和方向的雨线图，使其更加接近于真实雨的下降角度，尽可能模拟真实雨滴方向，不同角度雨层见表 2-5 中“雨线图”对应列。再将雨层和原图通过融合叠加，生成铁路雨图，见表 2-5 中“合成铁路雨图”对应列，本书共合成 150 张铁路场景的雨图数据集。

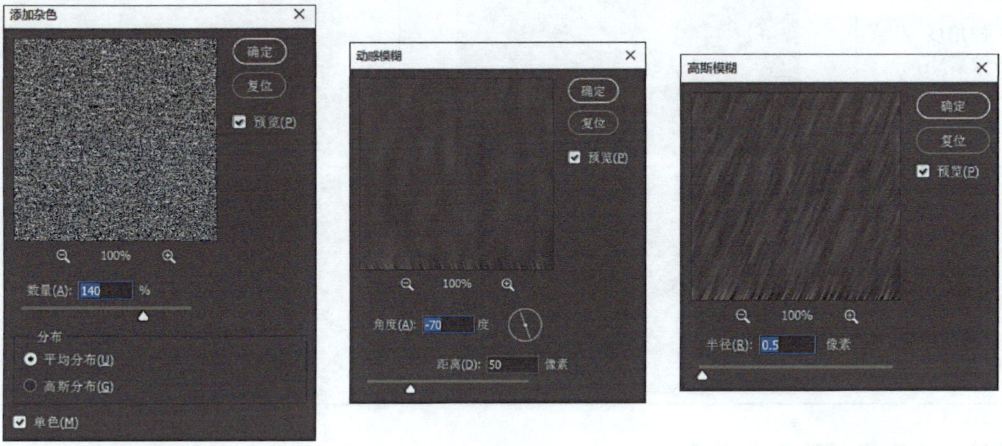

(a) 添加杂色　　(b) 动感模糊　　(c) 高斯模糊

图 2-11　合成雨图流程

表 2-5　合成的 5 种铁路雨图及参数

参　数	雨线图	合成铁路雨图
第 1 种角度 60° 40 像素距离		
第 2 种角度 －70° 50 像素距离		

续上表

参　　数	雨线图	合成铁路雨图
第 3 种角度 75° 45 像素距离		
第 4 种角度 80° 50 像素距离		
第 5 种角度 -85° 45 像素距离		

(3)组合损失函数消融实验

在图像去雨损失函数的设计中,本节先后设计并对比了两组损失函数实验,并采用训练过程中 PSNR 和 SSIM 值的生成曲线来评价不同损失函数组合方式去雨的性能。

第一组组合损失函数是式(2-20)和式(2-21)的对比实验,实验结果如图 2-12 所示。

$$Loss\text{-}1 = L_1 + 0.8L_2 + L_{\mathrm{SSIM}} + 0.8L_{\mathrm{p}} \tag{2-20}$$

$$Loss\text{-}2 = L_1 + L_{\mathrm{SSIM}} + 0.8L_{\mathrm{p}} \tag{2-21}$$

$$Loss\text{-}1 = L_1 + 0.8L_{\mathrm{p}} \tag{2-22}$$

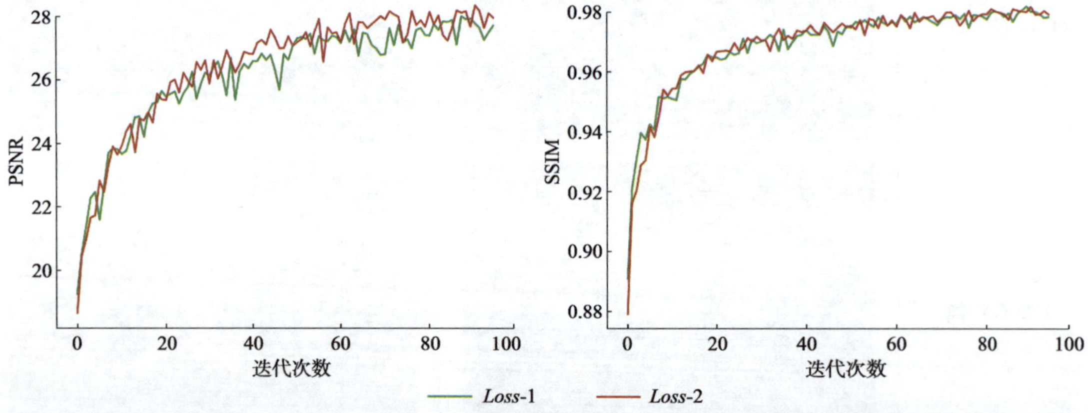

图 2-12　去掉 L_2 损失前后对比结果

从图 2-12 结果看出，去掉 L_2 损失函数的 *Loss*-2 组合损失函数，对于 PSNR 的值有较大提升，对 SSIM 值的提升也有一定贡献。图 2-12 证明，相比于式(2-20)，式(2-21)中 L_1、L_{SSIM} 和 L_p 的组合损失方式效果更好。

为了进一步验证 SSIM 损失函数的有效性，本节在去雨网络中又设计了去除 SSIM 损失函数的第二组对比实验。第二组组合损失函数是式(2-21)和式(2-22)的对比实验，实验结果如图 2-13 所示。可以看出，不管是 PSNR 还是 SSIM 曲线，包含 SSIM 损失函数的组合损失函数 *Loss*-2 对二者的性能提升非常明显，说明在图像去雨实验中加入 SSIM 损失函数是有效的。

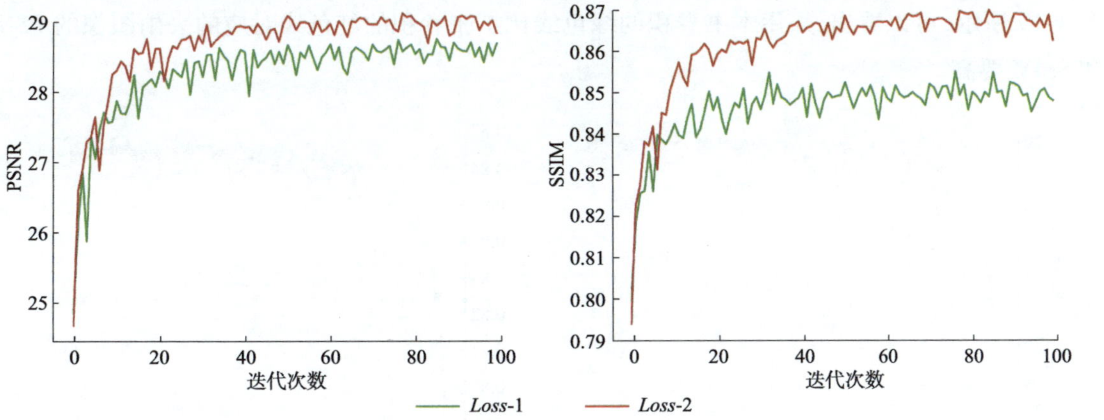

图 2-13　添加 SSIM 损失前后对比结果

通过上面两组损失函数的消融实验，证明式(2-21)中的损失函数组合方式性能最优，因此，在本节的去雨网络损失函数设计中，以式(2-21)作为最终的组合损失函数。

(4)算法加速实验

在本节跨尺度融合的图像去雨网络中，将扩张卷积添加到去雨网络中，将网络中的多尺度普通卷积(9×9,7×7,5×5,3×3,1×1)替换成扩张卷积，其包含 4 种扩张比率，如图 2-14 所示。替换前后的卷积核具有相同的感受野。

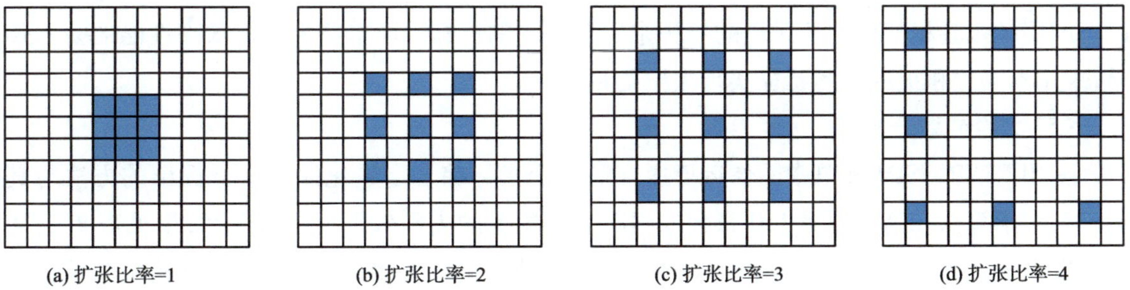

图 2-14　扩张卷积比率

在实验设计中，扩张卷积的卷积核大小 K、扩张比率 r、步长 s 和填充之间的关系，以及与本书卷积 k 之间对应关系见表 2-6。

表 2-6　扩张卷积和普通卷积的对应关系

K	r	s	k	填充
3×3	1	1	3×3	1
3×3	2	1	5×5	2
3×3	3	1	7×7	3
3×3	4	1	9×9	4

本节对卷积替换前后的去雨网络在 4 000 张雨图的训练集上进行了训练，训练结果如图 2-15 所示，可以看出，采用本书卷积的绿色线比扩张卷积的红色线对应的去雨图像的 PSNR 和 SSIM 要高。

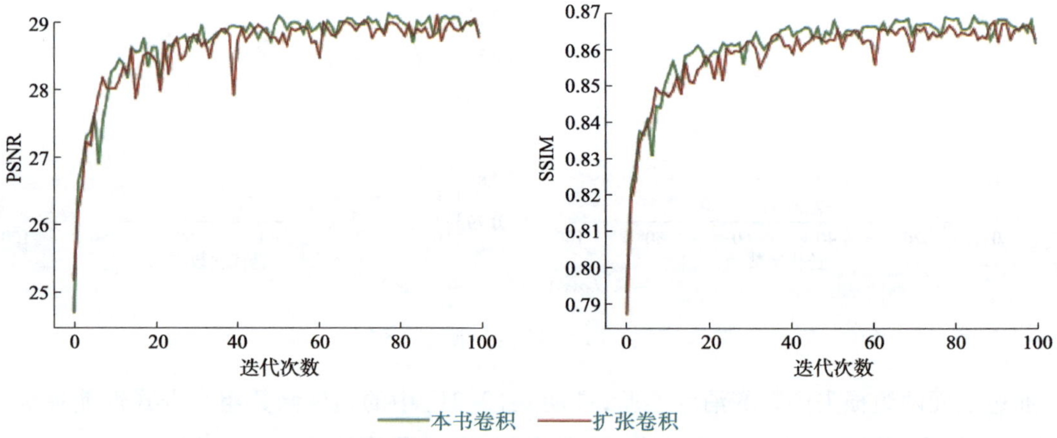

图 2-15　不同卷积的对比

在以上卷积核消融实验的设计中，在保证具有相同感受野和其他参数保持一致的前提下，将本书卷积核用扩张卷积替换，通过去雨训练过程中模型优化的 PSNR 和 SSIM 曲线得出，扩张卷积取得了和本节采用的卷积性能相近的结果，然而，通过实验训练得出，扩张卷积的网络结构训练时间比本节卷积节省约 1/5。因此通过本消融实验证明，如果为了节省训练成本，可以考虑用扩张卷积替代本节采用的卷积来实现去雨的目标。而本节为了追求高性能的去雨效果，采用本书卷积提取雨图特征实现去雨的目的。

(5)实验结果分析

采用 PSNR、SSIM 和单张图像运行速度等评价指标综合定量化评价本节提出的方法与其他三种去雨算法在高铁周界 150 张合成雨图数据集上的去雨效果，定量评价结果见表 2-7，运行速度见表 2-8。从表 2-7 展示的 PSNR 和 SSIM 的值可以看出，本书的算法对铁路图像去雨取得了比较满意的结果，PSNR 值最高，SSIM 值和 DCSFN 方法的值相近。但是从表 2-8 中可看出，本书算法的单张图片运行时间比 DCSFN 算法快约 10 倍。综合表 2-7 和表 2-8 的评价指标，本书算法在去雨精度和运行时间方面都取得了很好的效果。

表 2-7 铁路图像去雨的定量评价结果

指标	PReNet	GCANet	DCSFN	本节
PSNR	23. 762 5	24. 931 0	24. 832 1	26. 142 3
SSIM	0. 8751 3	0. 856 4	0. 902 5	0. 895 1

表 2-8 铁路单张图像运行速度比较

项点	PReNet	GCANet	DCSFN	本节
平台	Pytorch	Pytorch	Pytorch	Pytorch
速度/(帧·s^{-1})	0. 25	0. 23	1. 02	0. 12

高铁周界单张图像去雨结果如图 2-16 所示,本节去雨算法在第一行、第三行和第四行的单张图像去雨中取得了最好成绩。在第二行的单张图像去雨中,PSNR 取得了最高值,SSIM 值略低于 DCSFN 算法,本书的 SSIM 值是 0. 892 5,DCSFN 算法的 SSIM 值是 0. 901 5。

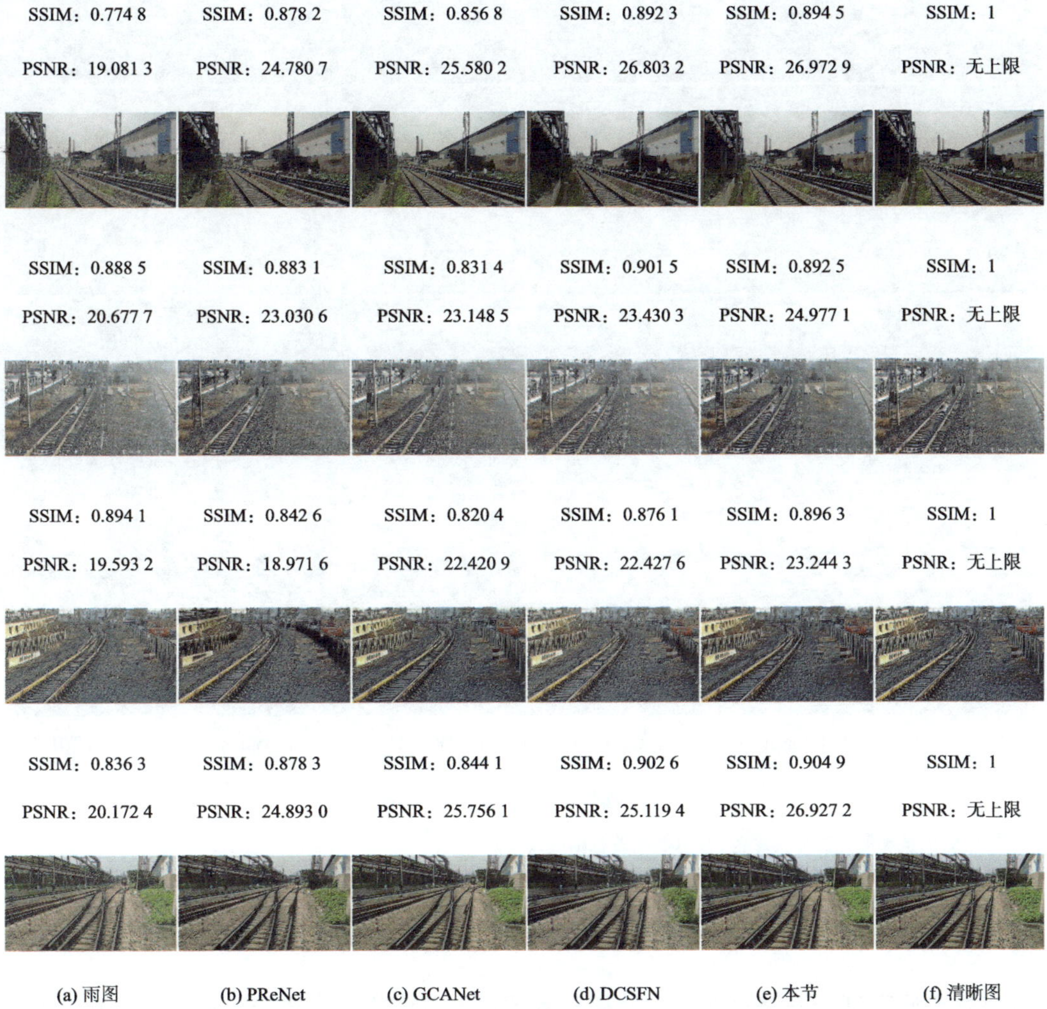

图 2-16 高铁周界单张图像去雨结果

高铁周界各角度雨图的去雨结果如图 2-17 所示。可以看出，PReNet 算法在第一行、第二行、第三行、第四行以及倒数第二行的图像去雨中出现了明显的颜色失真，第一行、第二行图像颜色失真主要体现在轨道黑色区域，第三行和第四行的图像颜色失真主要体现在铁路栅栏处的黑色区域，倒数第二行的图像颜色失真主要体现在图像左上角的管道区域。DCSFN 算法在第一行和第二行的图像中也出现了颜色失真，主要体现在轨道区域的黑色增多。在第五行的图像中，三种算法都出现明显的雨线残留。在第六行、第七行和最后一行的图像中，PReNet 和 DCSFN 有雨线残留。除此之外，GCANet 和本书算法相比，在第五行、第六行和最后一行有雨线残留。

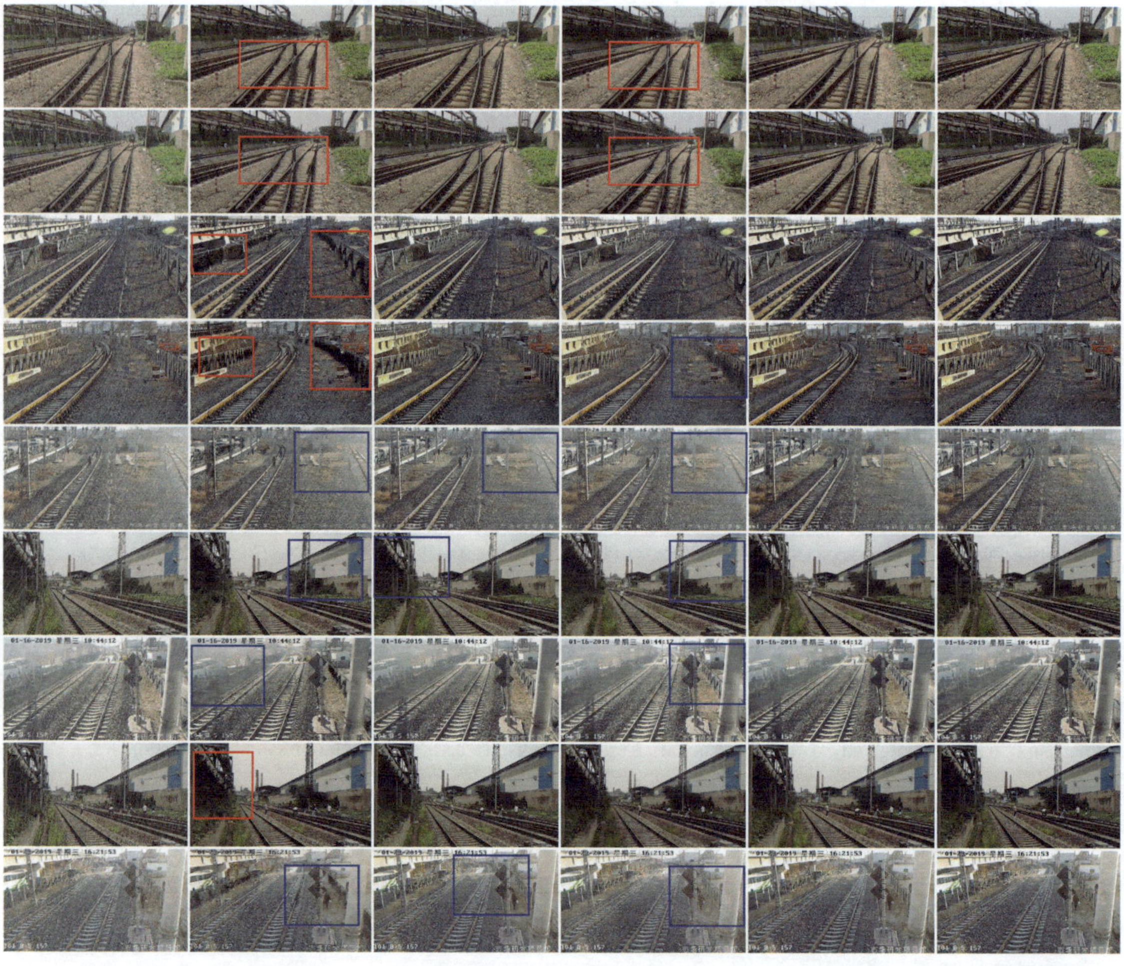

(a) 雨图　(b) PReNet　(c) GCANet　(d) DCSFN　(e) 本节　(f) 清晰图

图 2-17　高铁周界图像去雨结果对比

注：红色框代表颜色失真或伪彩色，蓝色框代表有雨线残留。

第二节　基于沿线固定监控视频的铁路周界入侵目标检测方法

本节主要研究基于铁路沿线固定监控视频的典型恶劣天气条件下铁路周界入侵小目标检测方法。

一、基于先验框聚类与注意力机制的入侵小目标检测方法

1. 铁路周界入侵小目标检测模型

(1)数据集目标大小统计

COCO 数据集包含约 20 万个图像、80 个类别和超过 50 万个目标标注,是目前最广泛公开的目标检测数据库。COCO 数据集对目标大小按照大、中、小分类,见表 2-9。考虑到小目标检测的难度,COCO 数据集将像素面积小于 32×32 的目标定义为小目标,将像素面积大于 32×32 且小于 96×96 的目标定义为中目标,将像素面积大于 96×96 的目标定义为大目标。本书以 COCO 数据集对目标大小的定义为参照,统计本书铁路场景数据集的入侵目标大小。

表 2-9　COCO 数据集分类

目标大小	小目标	中目标	大目标
最小像素面积	0×0	32×32	96×96
最大像素面积	32×32	96×96	∞×∞

本书选取日间铁路数据集 10 000 张图片的 84 420 个目标的像素面积进行统计,其中小目标是 75 228 个,占数据集总目标个数的 89%;中目标是 8 276 个,占数据集总目标个数的 10%;大目标是 916 个,占数据集总目标个数的 1%。统计结果如图 2-18 和图 2-19 所示,本书铁路场景数据集里小目标占绝大多数。

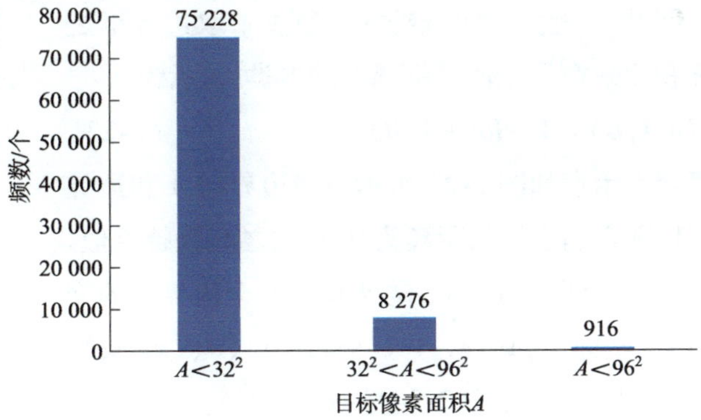

图 2-18　铁路数据集小、中、大目标个数

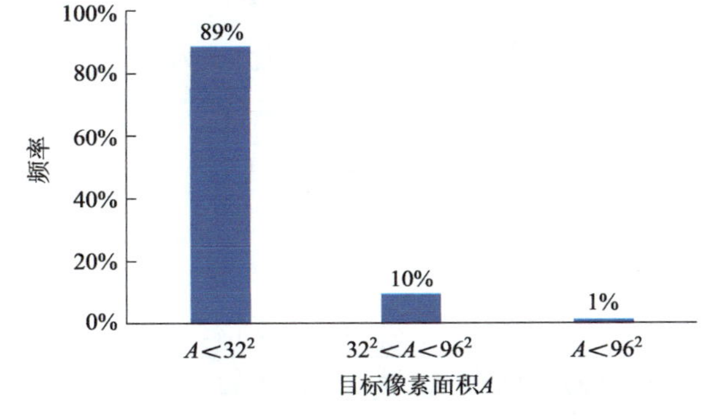

图 2-19　铁路数据集小、中、大目标占总目标数的比例

(2)锚框先验聚类

①铁路数据集聚类方式

铁路数据集的特征是覆盖范围广、场景大,图片中包含的目标相对较小。当目标的实际尺寸和用于检测目标的锚框相差较大时,会影响目标检测的准确率。YOLOv3 中的锚框是基于 COCO 数据集聚类后随机选出的 9 个锚框,通过对铁路入侵目标聚类后发现,这 9 个锚框中最小的锚框尺寸也比铁路入侵目标聚类的最小锚框大。所以,为了提升铁路场景的目标检测正确率,根据铁路数据集的特征对目标锚框重新聚类。

基于锚框的目标检测算法中,起初的锚框大小是由人工设计的,如 SSD 和 Faster R-CNN 算法对锚框的设计。人工设计锚框的弊端是锚框的尺寸和数据集中目标的大小存在差异,影响检测效果。通过 K-means 算法聚类锚框尺寸从 YOLOv2 开始采用,沿用到 YOLOv3。YOLOv3 是在 COCO 数据集上聚类并随意选择了 9 个聚类结果作为检测边界框的先验,分别为(10×13),(16×30),(33×23),(30×61),(62×45),(59×119),(116×90),(156×198),(373×326)。

K-means 是在标注文本上聚类锚框尺寸。本书标注文件是 .xml 文件格式,此文件中包含图片的宽、高、深度,即通道(width、height、depth)信息,目标的类别以及目标先验边界框的坐标值,即(x_{min},y_{min}),(x_{max},y_{max})。通过目标的坐标值即可计算得出边界框的宽和高。

标准的 K-means 是用欧式距离来衡量相似度的,这个衡量标准在锚框聚类中是不适用的,因为根据欧式距离来衡量相似度,越大的边界框越容易产生误差。因此,一般在锚框聚类中,通过求取边界框之间的交并比(IoU),即面积比来衡量相似目标锚框的聚类,表示为

$$D(A,B)=1-IoU(A,B) \tag{2-23}$$

基于交并比的锚框聚类示意如图 2-20 所示。当边界框 A 和边界框 B 完全重叠时,$IoU=1$,则它们之间的距离为 0,它们之间就越相似。图 2-20 中,绿色 A 和蓝色 B 是两个边界框,橘色 C 是两个边界框的交集,分别已知 A 和 B 的两个坐标值,$A((x_1,y_1),(x_2,y_2))$,$B((x_3,y_3),(x_4,y_4))$。锚框聚类的相似性衡量见式(2-24)~式(2-28)。

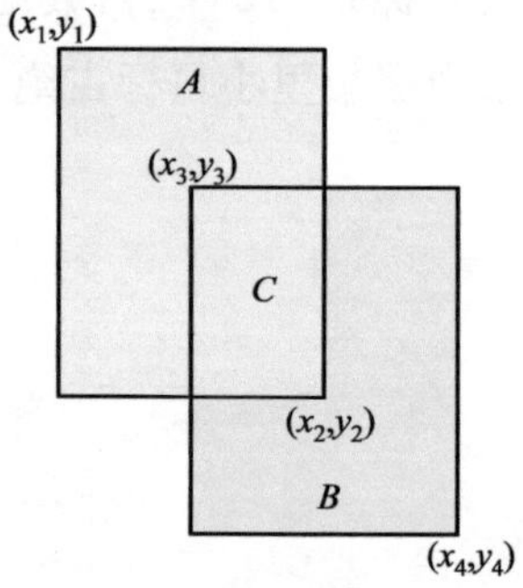

图 2-20　基于交并比的锚框聚类

$$IoU(A,B)=\frac{|A\cap B|}{|A\cup B|} \tag{2-24}$$

$$|A\cap B|=|(x_2-x_3)\times(y_2-y_3)| \tag{2-25}$$

$$|A\cup B|=A+B-C \tag{2-26}$$

$$IoU(A,B)=\frac{|(x_2-x_3)\times(y_2-y_3)|}{|(x_2-x_1)\times(y_2-y_1)|+|(x_4-x_3)\times(y_4-y_3)|-|(x_2-x_3)\times(y_2-y_3)|} \tag{2-27}$$

$$D(A,B)=1-\frac{|(x_2-x_3)\times(y_2-y_3)|}{|(x_2-x_1)\times(y_2-y_1)|+|(x_4-x_3)\times(y_4-y_3)|-|(x_2-x_3)\times(y_2-y_3)|} \tag{2-28}$$

②铁路数据集聚类结果

对本书铁路场景入侵数据集10 000张标注图片用K-means聚类，首先随机选取20 000个锚框聚类，聚类类别设为30个。聚类的30类锚框分布结果如图2-21所示，聚类结果见表2-10。

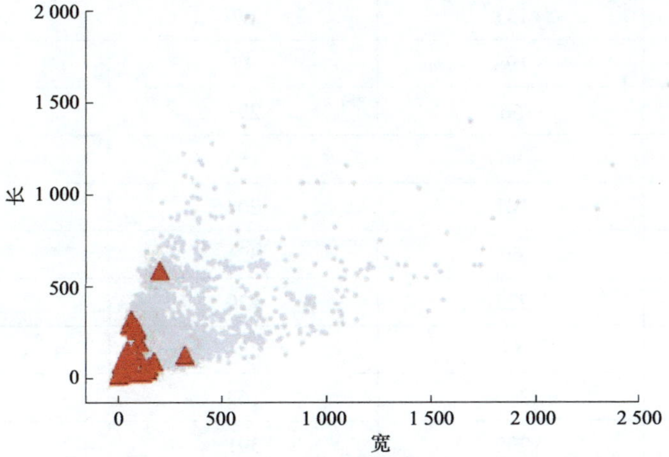

图2-21 锚框分布

表2-10 第一组30类锚框的宽、长以及长宽比

序号	宽	长	长/宽
1	7	17	2.4
2	9	30	3.3
3	10	27	2.7
4	12	34	2.8
5	12	35	2.9
6	15	53	3.5
7	14	45	3.2
8	21	42	2
9	45	31	0.7
10	18	82	4.6
11	22	88	4
12	36	57	1.6
13	28	105	3.8
14	32	118	3.7
15	34	110	3.2
16	116	36	0.3
17	52	95	1.8
18	64	67	1

续上表

序号	宽	长	长/宽
19	144	44	0.3
20	47	151	3.2
21	151	69	0.5
22	198	45	0.2
23	56	293	5.2
24	96	159	1.7
25	101	204	2
26	66	321	4.9
27	225	120	0.5
28	87	284	3.3
29	344	163	0.5
30	202	591	2.9

为了聚类锚框的合理性，本节对铁路 10 000 张标注数据再随机选取 50 000 个锚框进行聚类，聚类类别设为 30 个，聚类结果见表 2-11。

表 2-11　第二组 30 类锚框的宽、长以及长宽比

序号	宽	长	长/宽
1	9	10	1.1
2	6	17	2.8
3	8	17	2.1
4	9	19	2.1
5	9	21	2.3
6	12	22	1.8
7	9	31	3.4
8	11	26	2.4
9	11	29	2.6
10	11	39	3.5
11	12	47	3.9
12	15	40	2.7
13	18	45	2.5
14	23	62	2.7
15	50	41	0.8
16	36	57	1.6
17	42	65	1.5

续上表

序号	宽	长	长/宽
18	61	49	0.8
19	44	82	1.9
20	48	76	1.6
21	54	95	1.8
22	56	134	2.4
23	50	224	4.5
24	67	237	3.5
25	171	93	0.5
26	171	94	0.5
27	110	434	3.9
28	107	464	4.3
29	463	221	0.5
30	417	294	0.7

(3)数据扩增

深度卷积神经网络的优秀表现不仅要依靠高效的学习网络结构和参数设置,还依赖于庞大的数据作为输入。用于目标检测的数据集 Pascal VOC 2007(20 个类别,共 9 963 张图片)、Pascal VOC 2012(20 个类别,共 17 125 张图片)、COCO 2014(80 类,共 123 287 张图片)、COCO 2017(80 类,共 163 957 张图片)等随着时间的推移,样本量越来越大,种类越来越多。和这几个公开的目标检测数据库相比,本书高铁周界样本量目前只达到 Pascal VOC 2012 的样本量。在样本较少的情况下,为了满足深度卷积神经网络的训练和提升模型的泛化性,数据扩增无疑是目前解决这一问题的首选手段。数据扩增一方面可以扩大数据的样本量,另一方面可以增加样本的多样性。

在本节的实验中,对铁路数据集进行扩增操作,主要通过对铁路样本添加噪声、水平镜像、垂直镜像、模糊、剪裁、旋转、平移和亮度调整等操作实现样本的扩增。选择部分图片展示扩增效果,如图 2-22 所示。

(4)YOLO-SE 算法结构

通道注意机制已被证明在改善深度卷积神经网络的性能方面具有巨大潜力,本节也将三种注意力机制 SE、CBAM 和 ECA 用在 YOLOv3 网络中以改进目标检测算法结构并提升目标检测算法性能。本节将三种注意力机制模块添加在 YOLOv3 的基本构成网络 Darknet-53 中,将其置于残差单元的残差连接之前,构成本节目标检测算法结构 YOLO-Attention,见表 2-12,最左侧一列残差单元中 1×,2×,8×,8×,4×分别表示 Darknet-53 中对应该残差单元方块组的串接组数,如 8×表示对该组残差单元连续串接 8 组。

图 2-22　扩增样本

表 2-12　YOLO-Attention 结构

残差单元	模块类型	卷积核数量	卷积核大小
—	convolutional	32	3×3
	convolutional	64	3×3/2
1×	convolutional	32	1×1
	convolutional	64	3×3
	attention module	—	—
	residual unit	—	—
—	convolutional	128	3×3/2

续上表

残差单元	模块类型	卷积核数量	卷积核大小
2 ×	convolutional	64	1 ×1
	convolutional	128	3 ×3
	attention module	—	—
	residual unit	—	—
—	convolutional	256	3 ×3/2
8 ×	convolutional	128	1 ×1
	convolutional	256	3 ×3
	attention module	—	—
	residual unit	—	—
—	convolutional	512	3 ×3/2
8 ×	convolutional	256	1 ×1
	convolutional	512	3 ×3
	attention module	—	—
	residual unit	—	—
—	convolutional	1 024	3 ×3/2
4 ×	convolutional	512	1 ×1
	convolutional	1 024	3 ×3
	attention module	—	—
	residual unit	—	—

注：convolutional 表示卷积，attention module 表示注意力机制模块，residual unit 表示残差单元。

YOLOv3 中除了三个 YOLO 检测头部的前一个卷积层外，其他每个卷积操作均由 2 维卷积 Conv、归一化 BN 和非线性激活函数 Leaky ReLU 组成，即表 2-12 中 convolutional 的构成。在本节中，卷积模块的基本组成如图 2-23 所示。

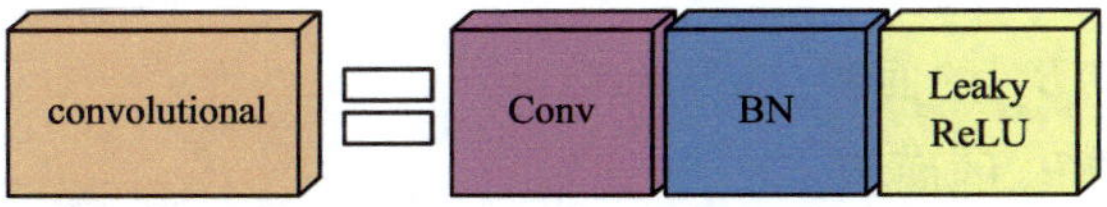

图 2-23　卷积模块的基本组成

表 2-12 中 residual unit 的基本组成如图 2-24 所示，每个残差单元由两个卷积和一个注意力机制模块组成，其中注意力机制模块可以是任意注意力机制模块，本节用到了三种注意力机制模块，分别是 SE、CBAM 和 ECA。

本节将添加了 SE 注意力机制模块的 YOLOv3 称为 YOLO-SE，YOLO-SE 的残差单元由两个基本单元(basic unit)和 1 个 SE 模块组成。YOLO-SE 的残差单元结构如图 2-25 所示。

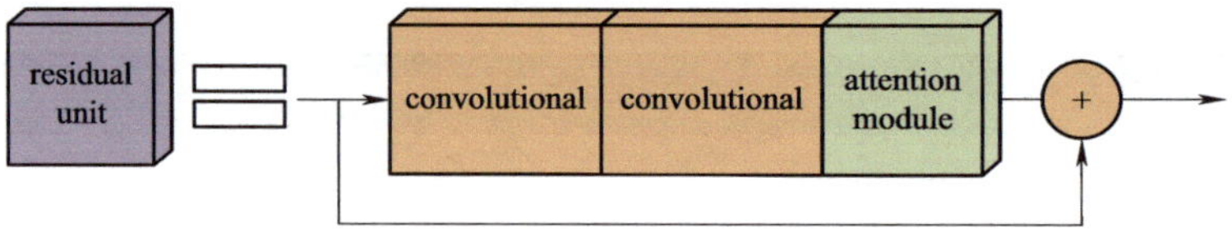

图 2-24　添加了注意力机制的 YOLOv3 残差单元

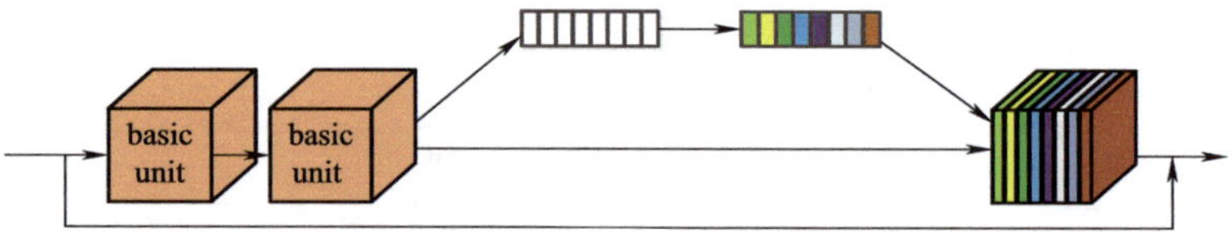

图 2-25　YOLO-SE 的残差单元

(5)组合损失函数

目标检测的损失函数由三部分损失构成,即预测框(x,y,w,h)的误差损失 L_{box},分类准确度误差损失 L_{obj} 和类别误差损失 L_{cls}。在本节的研究中采用 *GIoU* 损失函数用于铁路目标检测中边界框的损失预测。L_{box},L_{obj} 和 L_{cls} 的损失函数为

$$L_{box}=1-GIoU \tag{2-29}$$

$$GIoU=IoU-\frac{A_c-|B_p\cup B_g|}{A_c} \tag{2-30}$$

$$IoU=\frac{|B_p\cap B_g|}{|B_p\cup B_g|}=\frac{I}{A_{B_p}+A_{B_g}-I} \tag{2-31}$$

$$\begin{aligned}L_{obj}=&\sum_{i=0}^{S}\sum_{j=0}^{B}I_{ij}^{obj}[C_i\lg\hat{C}_i+(1-C_i)\lg(1-\hat{C}_i)]\\&-\sum_{i=0}^{S\times S}\sum_{j=0}^{B}I_{ij}^{noobj}[C_i\lg\hat{C}_i+(1-C_i)\lg(1-\hat{C}_i)]\end{aligned} \tag{2-32}$$

$$L_{cls}=-\sum_{i=0}^{S\times S}\sum_{j=0}^{B}I_{ij}^{obj}\sum_{c\in classes}\{p_i(c)\lg\hat{p}_i(c)+[1-p_i(c)]\lg[1-\hat{p}_i(c)]\} \tag{2-33}$$

式中　A_c——同时覆盖边界框的预测框 B_p 和真实框 B_g 的最小外接边界框的面积,如图 2-26 所示;

I——$|B_p\cap B_g|$的面积;

A_{B_p},A_{B_g}——B_p 和 B_g 的面积;

C_i,$\hat{C}_i$——标签和预测的置信度值;

$p_i(c)$,$\hat{p}_i(c)$——真实和预测的类别。

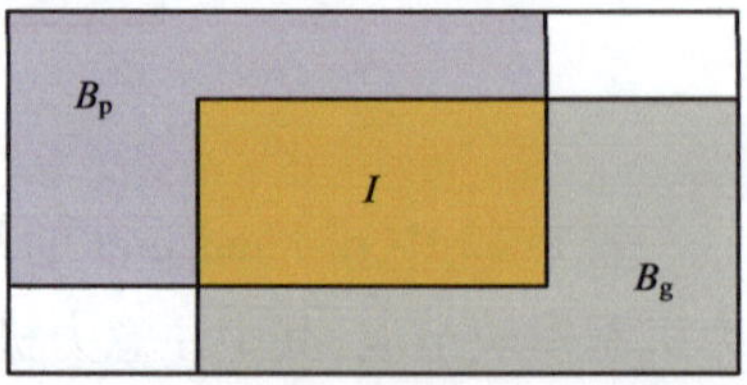

图 2-26　A_c,B_p,B_g,I 的关系

A_c,A_{B_p},A_{B_g}和 I 是通过求预测框和真实框之间坐标值 B_p(x_1,x_2,y_1,y_2)和 B_g(x_3,x_4,y_3,y_4)的绝对误差以求取 I 的长、宽和面积,最终预测框的误差损失 L_{box}。

L_{obj},L_{cls}损失是二元交叉熵(binary cross entropy,BCE)损失函数,是计算每一个网格单元

($i=0,1,\cdots,S,S\in 13,26,52$)中每一个预测框($j=0,1,\cdots,B,B=3$)的预测值总和。在YOLOv3中,不同特征图对应有不同的网格单元分割方式,分别是13×13,26×26,52×52,每个网格单元有3个预测框。I_{ij}^{obj}值为1时,表示网格单元i中存在目标,且第j个预测框的预测值对该预测有效。如果I_{ij}^{obj}值为0,表示该网格单元中没有目标。I_{ij}^{noobj}表示如果在i,j处的预测框中没有目标,其值为1,否则为0。

2. 消融实验

(1)注意力机制模块对比

本节在YOLOv3的骨干Darknet-53中相同位置添加了三种不同的注意力机制,分别是SE模块、CBAM模块和ECA模块。

在添加ECA模块时,涉及卷积核大小的自适应调整。根据注意力机制添加位置,且已知前一层的卷积核个数,也就知道该层卷积输出的通道数(在卷积操作中,卷积核个数等于输出的通道数)。计算出卷积核的大小,见表2-13,其中t是卷积核大小,自适应卷积核k要取最接近t的奇数(卷积核尺寸大小是奇数),那么k的值通过四舍五入t值得到。YOLOv3滤波器个数表示ECA插入YOLOv3位置处的特征通道数。

表2-13　YOLOv3中ECA模块的自适应卷积核大小

滤波器	t	k
64	3.5	3
128	5	5
256	4.5	5
512	5	5
1 024	5.5	5

为了验证和比较注意力机制的有效性,本节将添加三种注意力机制后的YOLOv3分别在COCO 2014数据集上进行了训练,训练迭代次数是300。使用SGD优化器对每个模型进行训练,其动量为0.937,权重衰减是4×10^{-5}。初始学习率是0.01,然后使用余弦衰减规则,最终学习率为5×10^{-4}。这三个模型的训练都是在NVIDIA TITAN Xp ×2上以批量大小16进行训练,平均精度和召回率的变化如图2-27所示。

可以看出,加了SE模块的YOLOv3表现最优,尽管在前期训练中没有原始YOLOv3的值高,但是在迭代250次左右,YOLOv3-SE表现出了较好的增长趋势,甚至超过了原始的YOLOv3,如图2-27中蓝色线所示。而添加了CBAM的效果不如YOLOv3和YOLOv3-SE,如图2-27中绿色线所示。添加了ECA模块的YOLOv3,平均精度和召回率的值是最低,如图2-27中红色线所示。经过本节实验证明,YOLOv3-SE对目标检测性能提升有效,且性能提升优于原始的YOLOv3。

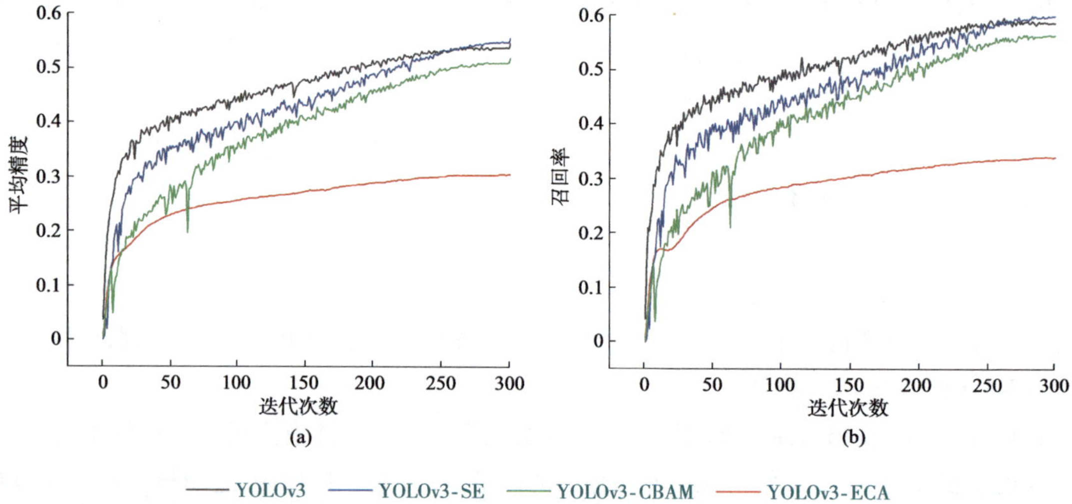

图 2-27 不同注意力机制模块在 YOLOv3 中的训练结果对比

(2)聚类锚框结果对比

在本节的锚框聚类中,对铁路样本进行两次聚类,每次聚类 30 个,在铁路数据集聚类结果中根据长宽比例分别挑选了两组锚框,每组 9 个锚框。第一组锚框见表 2-14,第二组锚框见表 2-15。

表 2-14 第一组锚框

序号	宽	长	长/宽
1	10	27	2.7
2	15	53	3.5
3	45	31	0.7
4	34	110	3.2
5	52	95	1.8
6	198	45	0.2
7	96	159	1.7
8	225	120	0.5
9	344	163	0.5

表 2-15 第二组锚框

序号	宽	长	长/宽
1	9	10	1.1
2	9	19	2.1

续上表

序号	宽	长	长/宽
3	9	31	3.4
4	12	47	3.9
5	50	41	0.8
6	44	82	1.9
7	54	95	1.8
8	67	237	3.5
9	417	294	0.7

将挑选好的两组锚框分别在铁路 3 000 张图片上训练，训练过程中其他参数保持一致，只更改 YOLOv3 检测部分的锚框大小。用第一组和第二组聚类的锚框对应更改 YOLOv3 中自带的 9 个锚框。YOLOv3 原始的锚框以及本节聚类的铁路的两组锚框训练后在平均精度和召回率两个值上表现如图 2-28 所示。

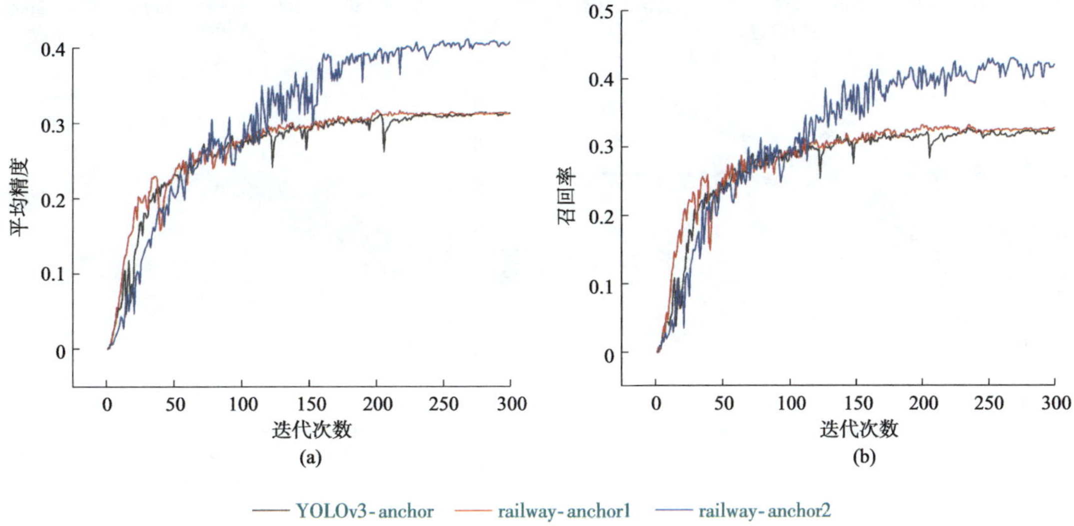

图 2-28　不同锚框的训练结果对比

YOLOv3-anchor 对应的 YOLOv3 自带 9 个锚框：(10×13)，(16×30)，(33×23)，(30×61)，(62×45)，(59×119)，(116×90)，(156×198)，(373×326)。railway-anchor1 对应的是本节聚类得到的表 2-14 中的 9 个锚框：(10×27)，(15×53)，(45×31)，(34×110)，(52×95)，(198×45)，(96×159)，(225×120)，(344×163)。railway-anchor2 对应的是本节聚类得到的表 2-15 中的 9 个锚框：(9×10)，(9×19)，(9×31)，(12×47)，(50×41)，(44×82)，(54×95)，(67×237)，(417×294)。从图 2-28 可以看出，本节的第二组锚框（蓝色线）对目标检测的平均精度和召回率值的提升优于 YOLOv3 的原始锚框（灰色线），更适合本书的高铁周界

入侵数据集，对高铁周界入侵目标检测准确率的提升具有一定贡献。

(3)数据扩增对比

在此部分的实验中，按照 1∶1 的比例对 3 000 张铁路数据增强，增强后的样本量保持不变，只增加了铁路样本的多样性，目的是保证训练中三种对比实验的用于训练和验证的样本量一样，保证对比实验的公平合理性。训练中网络中的其他参数也保持一致。经过 300 次迭代的结果如图 2-29 所示。

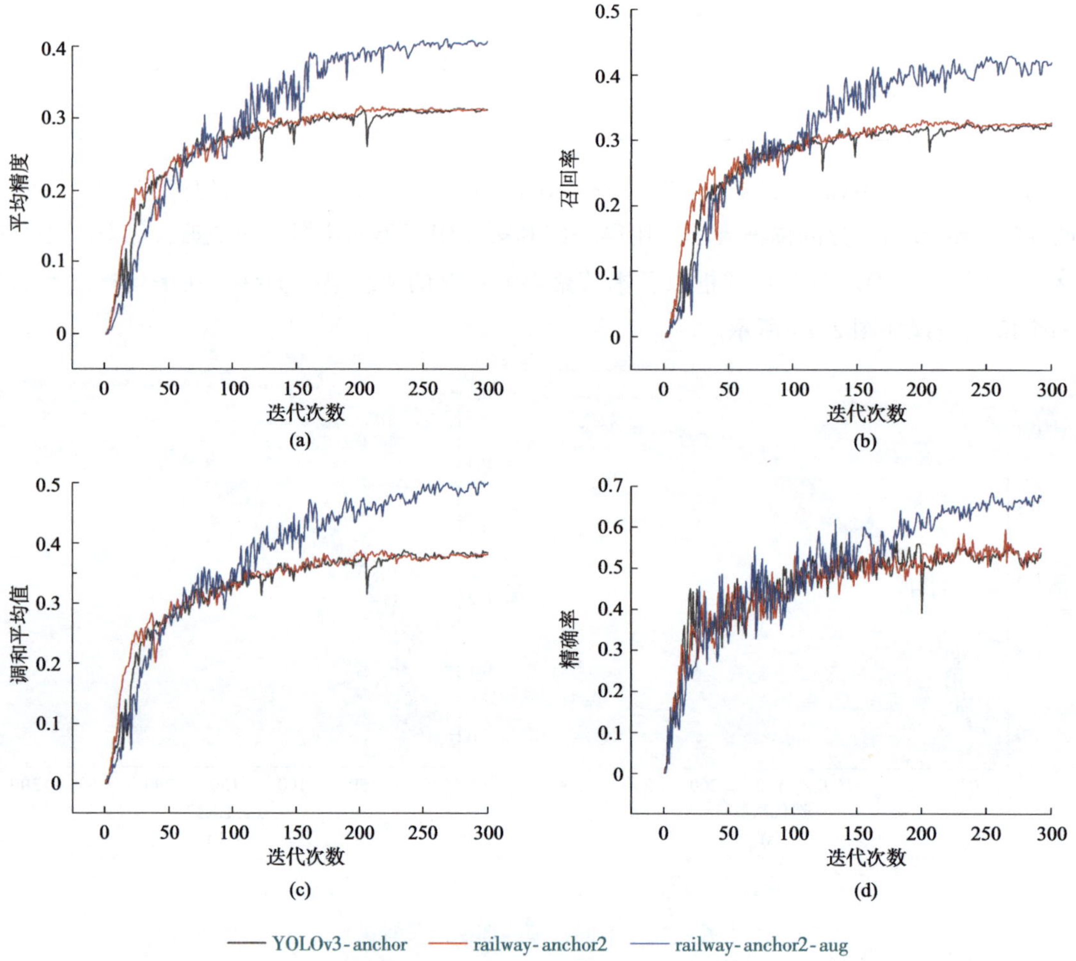

图 2-29　数据扩增前后的对比

YOLOv3-anchor 是 YOLOv3 中原本自带的锚框尺寸；railway-anchor2 是指本节铁路样本聚类得到的表 2-15 中的锚框；railway-anchor2-aug 是指在 railway-anchor2 基础上，加上了样本多样性的扩增（augmentation），与 railway-anchor2 不同的是，用于训练和验证的数据不同，railway-anchor2-aug 用的是扩增增加多样性后的数据，但样本量一样。实验设置见表 2-16。

表 2-16　数据扩增对比实验

实验	数据扩增前	数据扩增后	YOLOv3 锚框	铁路锚框	样本量一样
YOLOv3-anchor	√		√		√
railway-anchor2	√			√	√
railway-anchor2-aug		√		√	√

从图 2-29 可以看出，不管是基于铁路样本聚类锚框训练（图 2-29 中红色线表示），还是基于铁路样本聚类锚框和铁路样本扩增的训练（图 2-29 中蓝色线表示），与 YOLOv3（图 2-29 中灰色线表示）相比，其他两组实验对准确性都有提升，基于铁路样本聚类锚框和铁路样本扩增对准确性的提升贡献最大。

因此，综合消融实验结果，采用 YOLO-SE 网络结构、铁路样本聚类锚框和铁路样本扩增提出高铁周界入侵小目标检测方法，并证明了该方法的有效性和合理性。

3. 实验与验证

（1）实验数据

本节的实验数据来源于本书铁路入侵数据集，从中挑选了 10 000 张图像作为目标检测数据集。针对这 10 000 张图像，根据前文所述的数据扩增方式，按照每张图片 1∶3 的比例进行扩增，扩增后的数据集包含 30 000 张图像。

在本节的实验中，训练集是 30 000 张图像，测试集是 1 000 张图像，且本书确定测试集不包括在训练集中。

（2）参数设计

在训练中，用 SGD 优化器对每个权重进行优化，本节小目标检测算法的预训练权重是基于 COCO 训练得到的。训练和测试环境是 NVIDIA TITAN Xp ×2，批量大小 16 进行训练。参数设计见表 2-17。

表 2-17　训练参数设计

参数名称	参数值
训练迭代次数	300
图像大小	416×416
初始学习率	0.01
动量	0.937
权重衰减	0.000 4

（3）实验结果分析

在模型训练结束后，本节对模型从精确率、召回率、平均精度、调和平均值四个评价指标对铁路数据的测试集 1 000 张进行测试，测试过程中参数交并比和置信度的阈值都设为 0.5。

用测试集分别测试本节算法与其他两种目标检测算法性能，YOLOv3-SPP 是 Ultralytics 在

YOLOv3 的基础上在第一个 YOLO 检测头部加入空间金字塔池化(SPP)后实现局部特征和全局特征的融合。YOLOv3-SPP 测试用的权重是 Ultralytics 在 COCO 上训练得到的权重，YOLOv3 测试的权重也是基于 COCO 训练所得。本书算法的检测结果见表 2-18，YOLOv3 的检测结果见表 2-19，YOLOv3-SPP 的检测结果见表 2-20，样本类别是 10 类。可以看出，本节提出的铁路周界小目标检测算法在四个评价指标上取得了最好效果，且精确率值得到了权衡。在表 2-19 和表 2-20 中，YOLOv3 和 YOLOv3-SPP 对石头和箱子的检测结果为 0，原因是在这两种目标检测算法的训练集 COCO 数据集中没有这两种类别，所以检测不到，则为 0。

表 2-18　本节算法的测试结果

分类	精确率	召回率	平均精度	调和平均值
人	0. 51	0. 51	0. 53	0. 51
摩托车	0. 36	0. 36	0. 52	0. 36
自行车	0. 64	0. 63	0. 55	0. 64
火车	0. 89	0. 85	0. 62	0. 89
狗	0. 40	0. 40	0. 57	0. 40
石头	0. 35	0. 35	0. 41	0. 35
箱子	0. 64	0. 64	0. 59	0. 64
小汽车	0. 76	0. 74	0. 61	0. 76
卡车	0. 77	0. 75	0. 59	0. 77
大巴车	0. 68	0. 66	0. 56	0. 68
平均值	0. 60	0. 59	0. 55	0. 60

表 2-19　YOLOv3 算法的测试结果

分类	精确率	召回率	平均精度	调和平均值
人	0. 45	0. 42	0. 53	0. 44
摩托车	0. 26	0. 25	0. 47	0. 26
自行车	0. 60	0. 57	0. 60	0. 59
火车	0. 56	0. 57	0. 57	0. 58
狗	0. 38	0. 36	0. 48	0. 39
石头	0	0	0	0
箱子	0	0	0	0
小汽车	0. 65	0. 62	0. 51	0. 64
卡车	0. 57	0. 53	0. 56	0. 56
大巴车	0. 65	0. 63	0. 55	0. 64
平均值	0. 412	0. 40	0. 43	0. 41

表 2-20　YOLOv3-SPP 算法的测试结果

分类	精确率	召回率	平均精度	调和平均值
人	0.32	0.28	0.42	0.31
摩托车	0.23	0.21	0.29	0.23
自行车	0.55	0.54	0.69	0.54
火车	0.46	0.43	0.53	0.45
狗	0.36	0.41	0.45	0.39
石头	0	0	0	0
箱子	0	0	0	0
小汽车	0.55	0.53	0.61	0.54
卡车	0.46	0.43	0.53	0.45
大巴车	0.54	0.51	0.65	0.53
平均值	0.35	0.33	0.42	0.34

本节选取几组铁路周界入侵目标检测结果进行展示，如图 2-30 所示，YOLOv3 和 YOLOv3-SPP 方法有不同程度的漏检和误检，它们对铁路场景的小目标检测效果不好。两个算法都有完全没有检测到目标的情况，如图 2-30 中(a)列和(b)列对应的第一行、第四行和第九行的图片。除此之外，YOLOv3 对应的(a)列的最后一行也没有检测到目标；YOLOv3-SPP 对应的(b)列的第三行和第五行没有检测到目标；本节的算法对应的(c)列的第三行图片中的目标没有被检测到，不过，漏检率与前两种算法相比较低。其中，YOLOv3 的检测结果中出现了误检，如图 2-30 中(a)列第二行和第三行的图片中管道被误识别成了火车。

二、雾雨天气条件下入侵小目标融合检测

1. 雾天条件下的高铁周界入侵检测集成算法

本节将基于改进残差块多采样融合的高铁周界图像去雾方法和基于先验框聚类与注意力机制的高铁周界入侵小目标检测方法集成，以提升雾天条件下高铁周界入侵目标的检测准确率。在目标检测中，置信度阈值设置的是 0.5，*IoU* 阈值设置也是 0.5。本节确定用于测试的所有数据集不包括在小目标检测的训练集和验证集中。本节所用的准确率评价指标是指正确检测目标个数与图像中目标总数的比值，即

$$T=\frac{D_{t}}{A} \tag{2-34}$$

式中　T——准确率；

D_{t}——正确检测目标数；

A——图像中目标总数。

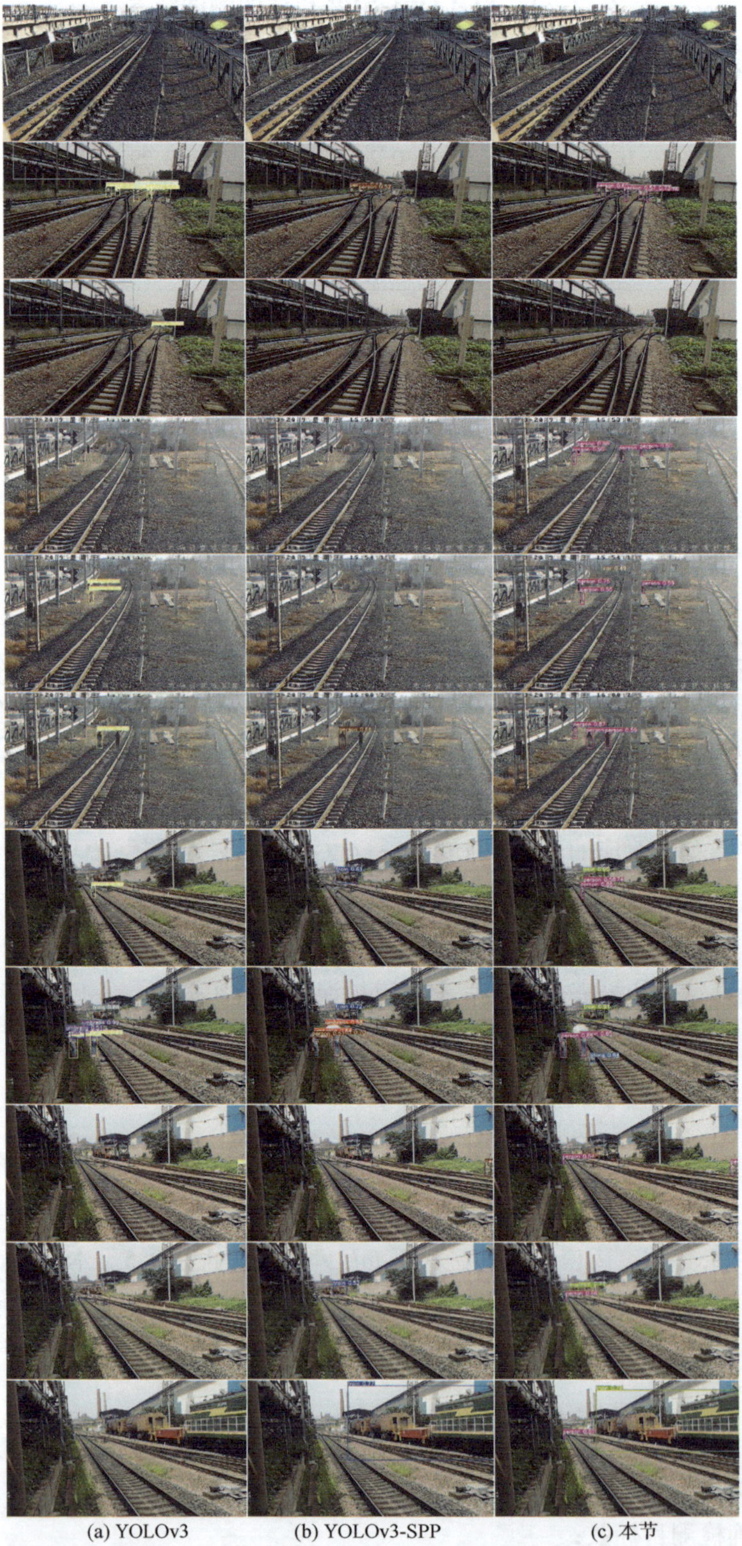

(a) YOLOv3　　(b) YOLOv3-SPP　　(c) 本节

图 2-30　高铁周界图像目标检测结果对比

(1)雾天集成算法结构

恶劣雾天条件下的高铁周界入侵检测集成算法结构如图 2-31 所示。集成算法包含训练阶段和应用阶段两种状态,其中训练阶段包含去雾模型的训练和小目标检测模型的训练,分别输入对应的数据类型,实现各自算法模型的训练,然后输出训练后的去雾权重和小目标检测权重,再将去雾权重输入应用阶段的去雾网络,对输入的雾图实现去雾增强,最后将去雾增强的图像和小目标检测权重输入小目标检测算法实现雾天条件下的高铁周界入侵检测。

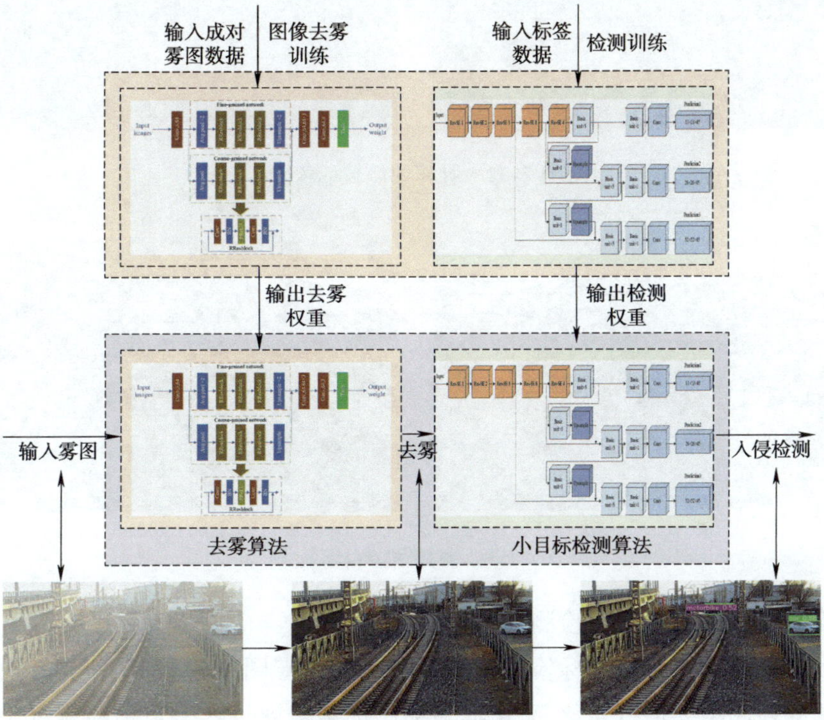

图 2-31　雾天条件下的高铁周界入侵检测集成算法

(2)实验对比

①有雾图像检测

用本书提出的基于先验框聚类与注意力机制的高铁周界入侵小目标检测方法检测铁路周界雾图上的入侵目标,检测结果如图 2-32 所示,在雾的干扰下,图像中出现了大部分的漏检,图 2-32 中两张图只检测到了一个入侵目标。针对 200 张雾图的检测准确率统计,在雾图上的检测准确率是 51%。

②去雾图像检测

基于本节提出的雾天周界入侵检测集成算法,实现对雾天高铁周界入侵目标检测。首先用本书提出的基于改进残差块多采样融合的高铁周界图像去雾方法对雾图执行去雾增强,然后用基于先验框聚类与注意力机制的高铁周界入侵小目标检测方法对增强后的图像进行检测。增强后图像的检测结果如图 2-33 所示,左侧图中所有目标都被检出,右图检测出了 3 个入侵目标。对200张去雾后的图检测准确率统计，在去雾图像上的检测准确率达到了64%，相比雾图上的检测准确率提升了13%，证明图像去雾增强对目标检测准确率的提升起到了决定性作用，也证明本书提出的去雾算法的卓越性能。

图2-32　有雾图像目标检测

图2-33　去雾图像目标检测

③不同检测方法对有雾图像检测

用本书提出的高铁周界小目标检测算法检测200张雾图中的目标，并与其他三种目标检测算法在雾图的检测结果进行对比，采用准确率评价指标评价各个目标检测算法在雾图上的目标检测准确率，结果见表2-21。

表2-21　有雾图像的目标检测准确率

对比方法	YOLOv3	YOLOv3-SPP	YOLOv4	本节
准确率	42%	35%	49%	51%

可以看出，YOLOv3-SPP对铁路雾图中的目标正确识别率最低。YOLOv3对雾图的目标检测结果与YOLOv3-SPP相比提升了7个百分点。与本书目标检测算法相比，YOLOv4取得了比较有竞争性的检测结果，在雾图上的检测准确率仅次于本书算法。

本书目标检测算法与其他三种目标检测算法在雾图上的检测结果对比如图2-34所示。第一列可以看出，YOLOv3算法在第一行图片中出现了误检，在第一行、第二行、第四行中出现了漏检。第二列是YOLOv3-SPP的检测结果，该算法也在第一行、第二行、第四行中出现了漏检。第三列YOLOv4在第一行、第二行和第三行取得较好的检测结果，而第四行的图片中未检测出目标。第四列是本书算法，第一行、第二行、第三行图像中目标均正确检出，而第四行的图像与其他方法相比，成功检测到一个行人目标。

(a) YOLOv3　(b) YOLOv3-SPP　(c) YOLOv4　(d) 本节

图 2-34　有雾图像目标检测结果

④本书检测方法对不同去雾算法结果检测

在本节中，用铁路小目标检测方法对去雾前后的200张图像进行目标检测评估。采用目标检测准确率评价指标，对本书提出的图像去雾方法的去雾图像和其他三种去雾方法的去雾图像进行检测对比，结果见表2-22。通过比较去雾后的图像和有雾图像的目标检测准确率，可以看出与有雾条件下的目标检测结果相比，通过不同去雾方法去雾后的图像不同程度上提高了目标检测准确率，如DCP、MSCNN、DehazeNet和本书去雾方法分别提升了11%、5%、7%和13%。与其他方法相比，本书去雾方法获得了最高的检测准确率。

表 2-22　有雾图像和去雾图像目标检测准确率

对比方法	雾图	DCP	MSCNN	DehazeNet	本节
准确率	51%	62%	56%	58%	64%

有雾和去雾后图像的目标检测结果如图2-35所示。可以观察到，雾会导致检测目标丢失和定位不准确。与有雾图像上的目标检测结果相比，通过每种去雾方法恢复得到的清晰图像，其目标检测结果均得到了明显改善。在第一列雾图上，第一行和最后一行图像中的目标没有被检测到，第二行、第三行和第四行的图像中出现了漏检。在去雾图像的第一行检测结果中，DCP和DehazeNet的去雾后图像中没有检测到电动车和骑车的人，MSCNN是所有目标都没有检测到，本节算法尽管比其他算法的检测率高一些，但是也存在漏检，比如骑电动车的人没有

被检测到。在图 2-35 的第二行，与本书方法的检测结果相比，DCP 和 DehazeNet 中有个人漏检了，MSCNN 对车和人都出现漏检。对于图 2-35 的第三行，MSCNN 和 DehazeNet 两种方法有人没有检测到。第四行中所有算法都出现了漏检，而与本书的结果相比，其他三种方法和雾图的检测结果漏检稍多。最后一行图像中，与本节方法相比，不管是有雾的图还是其他三种去雾的图中行人都未被检测到。选择图 2-35 中的第三行图像放大展示如图 2-36 所示，以更清楚地看到检测结果。

(a) 雾图　(b) DCP　(c) MSCNN　(d) DehazeNet　(e) 本节

图 2-35　有雾图像和去雾图像目标检测结果

(a) 雾图　(b) DCP

图　2-36

(c) MSCNN

(d) DehazeNet

(e) 本节

图 2-36 放大图 2-35 中的一组检测结果

2. 雨天条件下的高铁周界入侵检测集成算法

本节将基于跨尺度融合的全卷积高铁周界图像去雨方法和基于先验框聚类与注意力机制的高铁周界入侵小目标检测方法进行集成，以提升雨天条件下高铁周界入侵目标的检测准确率。

(1) 雨天集成算法结构

恶劣雨天条件下的高铁周界入侵检测集成算法结构如图 2-37 所示。集成算法包含训练阶段和应用阶段两种状态，其中训练阶段包含去雨模型的训练和小目标检测模型的训练，分别输入对应的数据类型，实现各自算法模型的训练，然后输出训练后的去雨权重和小目标检测权重，再将去雨权重输入应用阶段的去雨网络并对输入的雨图实现去雨增强，最后将去雨增强的图像和小目标检测权重输入小目标检测算法实现雨天条件下的高铁周界入侵检测。

(2) 实验对比

①有雨图像检测

用本书提出的基于先验框聚类与注意力机制的高铁周界入侵小目标检测方法检测铁路周界雨图上的入侵目标，检测结果如图 2-38 所示，在雨的干扰下，图像中出现了部分漏检，图 2-38 中左边图只检测到了 1 个入侵目标，右边图检测到 2 个入侵目标。通过对 150 张有雨图像的检测准确率统计，在有雨图像上的检测准确率是 74%。

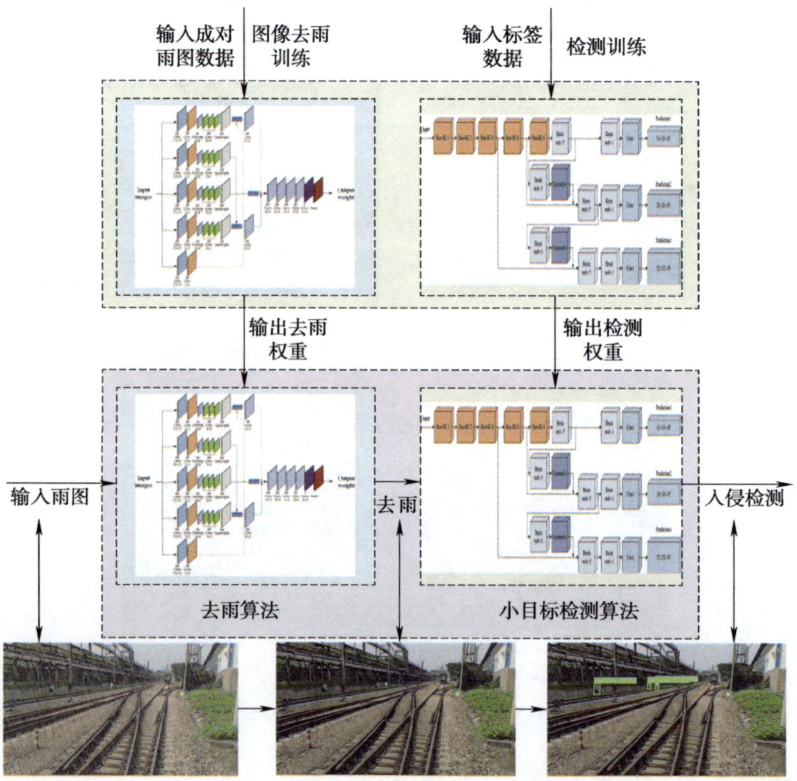

图 2-37　雨天条件下的高铁周界入侵检测集成算法

图 2-38　有雨图像的目标检测

②去雨图像检测

基于本节提出的雨天周界入侵检测集成算法,实现对雨天条件下高铁周界入侵检测。首先用本书提出的基于跨尺度融合的全卷积高铁周界图像去雨方法对雨图进行去雨增强,然后用基于先验框聚类与注意力机制的高铁周界入侵小目标检测方法对增强后的图像进行入侵检测。检测结果如图 2-39 所示,其中左侧图中所有入侵目标都被检出,右图检测出了 4 个入侵目标。对 150 张去雨后的图的检测准确率统计,在去雨图像上检测准确率达到了 84%,相比雨图上的检测，准确率提升了10%，证明图像去雨增强对目标检测准确率的提升起到了决定性作用，也证明本书提出的去雨算法的卓越性能。

图 2-39　去雨图像的目标检测

③不同检测方法对有雨图像检测

用本书提出的高铁周界小目标检测算法对雨天条件下的高铁周界150张有雨图像进行目标检测，并与其他三种目标检测方法进行对比，其他三种目标检测算法用于测试的权重是它们各自在COCO数据集上的训练权重。检测结果的准确率见表2-23，检测图像如图2-40所示。

表 2-23　有雨图像的目标检测准确率

对比方法	YOLOv3	YOLOv3-SPP	YOLOv4	本节
准确率	46%	39%	69%	74%

从表2-23可以看出，与其他三种方法相比，本书提出的高铁周界小目标检测算法在雨天条件下图像检测的准确率达到最优，达到了74%的检测准确率，是YOLOv3-SPP算法检测准确率的1.9倍，是YOLOv3检测准确率的1.6倍，YOLOv4取得次优的检测准确率。此实验证明YOLOv3-SPP和YOLOv3算法对于类似高铁周界场景小目标的检测识别率并不高，也证明了本书提出的高铁周界小目标检测算法的优越性。

从图2-40可以看出，YOLOv3和YOLOv3-SPP对雨天高铁周界图像中的入侵目标检测出现了不同程度的漏检，如第一列和第二列中对应的第一行和第二行中图像的检测结果，全部出现漏检，对应的第三行中图像，YOLOv3算法检测出了一个汽车，而对被雨遮挡的人，这两种算法都未检出。第四行的图像中，YOLOv3和YOLOv3-SPP只检测到了一个人。第五行的图像中，YOLOv3出现了误检，把红绿灯误检为人。与YOLOv3和YOLOv3-SPP检测结果相比，YOLOv4算法检测率较高，但也有漏检，如第三列的第一行和第四行的图片出现漏检。与其他方法相比，在图2-40展示的雨图中，本书的小目标检测算法基本检测出了所有目标。

④本书检测方法对不同去雨算法结果检测

对去雨前后的150张图像进行目标检测评估。采用目标检测准确率评价指标，对用本书提出的图像去雨方法的去雨图像和用其他三种去雨方法的去雨图像进行检测对比。检测准确率结果见表 2-24。

(a) YOLOv3　(b) YOLOv3-SPP　(c) YOLOv4　(d) 本节

图 2-40　有雨图像的目标检测结果

表 2-24　有雨图像和去雨图像的目标检测准确率

对比方法	雨图	PReNet	GCANet	DCSFN	本节
准确率	74%	74%	79%	78%	84%

可以看出,相较于有雨高铁周界图像的目标检测准确率,除了 PReNet 去雨后的图像目标检测准确率与有雨图像的检测准确率一致,其他几种去雨算法去雨后的高铁周界图像目标检测准确率都有明显提升。经过本书铁路图像去雨算法的去雨图像目标检测准确率高于其他几种算法,而且检测准确率比有雨图像的检测准确率提升了 10 个百分点。而 GCANet 和 DCSFN 去雨算法的去雨图像中目标的检测准确率相较于有雨图像分别提升了 5 个百分点和 4 个百分点。实验证明本书对恶劣雨天条件下目标检测的研究方案和算法集成的有效性和合理性,且本书的去雨算法对高铁周界图像目标检测准确率的提升作出了贡献。

高铁周界有雨和去雨后图像中目标检测的可视化结果如图 2-41 所示，选择图 2-41 中的第三行图像放大展示如图 2-42 所示，以更清楚地看到检测结果。

(a) 雨图　　(b) PReNet　　(c) GCANet　　(d) DCSFN　　(e) 本节

图 2-41　有雨图像和去雨图像的目标检测结果

(a) 雨图　　(b) PReNet

图　2-42

(c) GCANet

(d) DCSFN

(e) 本节

图 2-42　放大图 2-41 中的一组检测结果

第三节　基于车载环境感知视频的异物入侵检测方法

异物入侵是影响铁路运行环境安全的主要因素。铁路异物入侵包括人为入侵和环境入侵。环境入侵包括滑坡、泥石流、落石等由自然灾害引发的铁路入侵事件;人为入侵是指人、机动车、动物非法侵入铁路环境,蓄意破坏。基于视频监控的入侵检测方法在铁路安全中起到重要作用,目前铁路视频监控包括地面固定监控、无人机巡检监控和车载移动监控等。车载移动视频监控图像示意如图 2-43 所示,通过列车前方部署的摄像头采集列车前方限界内的环境视频数据,目前这些数据的处理主要以人工检查和事后追溯为主。随着自主驾驶技术的发展,基于车载视频的图像处理算法得到了迅速发展,可通过基于车载相机的铁路异物入侵检测方法实时探测列车行进前方、铁路特定区域内是否有入侵异物,若检测到异物,则报警提示司机,为辅助安全驾驶提供信息支持。本节研究介绍基于车载视频的异物入侵检测报警技术,具体包括轨道区域实时分割、目标检测、检测目标定位等关键方法的研究。

一、基于改进 Fast-SCNN 的轨道区域实时分割方法

铁路运营的快速发展对铁路环境安全提出了更高的要求。在铁路安全运营系统中,许多事故是异物入侵导致的。因此提高列车行驶过程对异物的主动感知能力,对辅助驾驶有重要的研究意义。

现有的轨道分割方法有基于霍夫变换的传统方法,但该种直线特征分割的传统方法易受

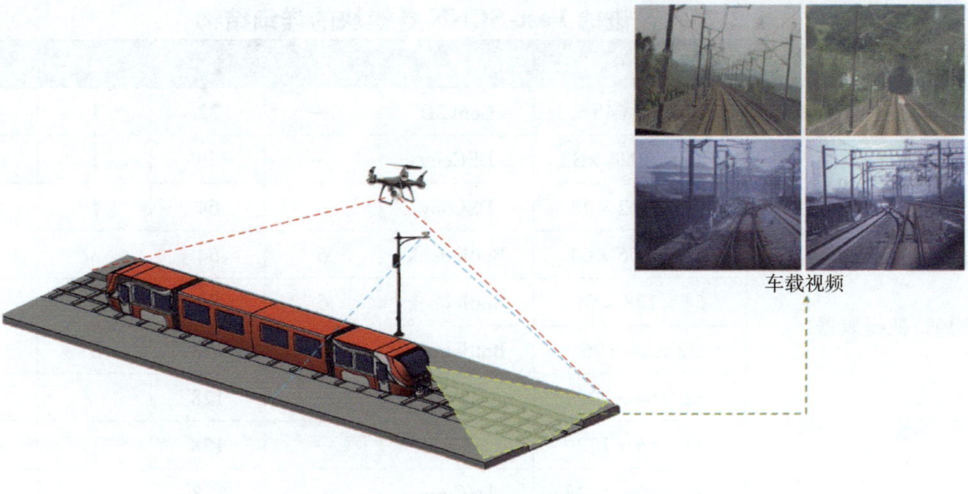

图 2-43 车载前视视频

干扰、鲁棒性差。随着 CNN 在道路车道线分割的发展，也有研究用 CNN 分割轨道区域。但该种深度编解码方法对轨道分割效果也有缺陷，且在轻量化的表现上较差，不满足车载异物入侵检测系统对实时性的要求。本节针对上述轨道分割方法分割效果差、实时性低的问题，提出了一种改进的两分支轨道区域分割方法，通过消融实验的定性和定量对比，本书改进后的方法在服务器上的速度是 86. 2 帧/s，参数量为 10. 4 Mb，平均交并比为 97. 69%，对轨道分割效果较好，满足实时检测、轻量化部署的要求。

1. 基于改进 Fast-SCNN 的轨道区域实时分割方法原理

快速高效的语义分割方法可以处理高分辨率的图像数据，低内存占用地运行在集成设备中。本书提出的基于改进 Fast-SCNN 的轨道区域实时分割方法，可以实时分割轨道区域作为铁路轨道区域内异物入侵检测研究的预处理步骤。改进的 Fast-SCNN 网络结构如图 2-44 所示，各个模块的详细描述见表 2-25。其中，t,c,n,s 分别表示瓶颈残差块的扩张因子、输出通道数、运算块的重复次数以及卷积的步幅。

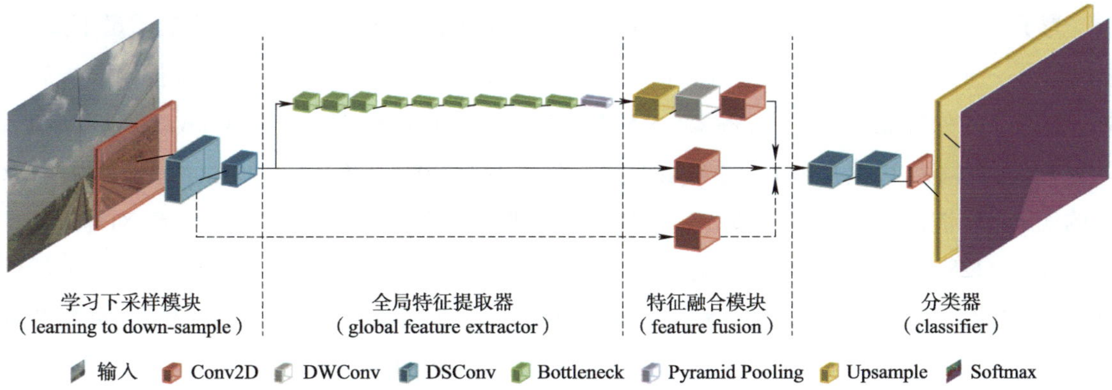

图 2-44 改进的 Fast-SCNN 网络结构

注：Bottleneck 表示瓶颈层，Pyramid Pooling 表示金字塔池化，Softmax 表示一种分类的目标函数。

表 2-25 改进的 Fast-SCNN 各模块的详细结构

模 块	输 入	运算块	t	c	n	s
学习下采样模块	1 024 ×2 048 ×3	Conv2D	—	32	1	2
	512 ×1 024 ×32	DSConv	—	48	1	2
	256 ×512 ×48	DSConv	—	64	1	2
全局特征提取器	128 ×256 ×64	Bottleneck	6	64	3	2
	64 ×128 ×64	Bottleneck	6	96	3	2
	32 ×64 ×96	Bottleneck	6	128	3	1
	32 ×64 ×128	PPM	—	128	—	—
改进后的特征融合模块	32 ×64 ×128	Upsample	—	128	1	1
	128 ×256 ×128	DSConv	—	128	1	1
	128 ×256 ×128	Conv2D	—	128	1	1
	128 ×256 ×64	Conv2D	—	128	1	1
	256 ×512 ×48	Conv2D	—	128	1	1
	三层特征图	Add	—	128	—	—
分类器	128 ×256 ×128	DSConv	—	128	2	1
	128 ×256 ×128	Conv2D	—	19	1	1

注：PPM 表示金字塔池化模块，Add 表示相加。

特征融合已经成为现代网络架构中不可缺少的一部分，特征融合合并不同分支的特征图。常见的特征融合方式有相加和级联。Fast-SCNN 网络为了提高速度，采用了最简单的特征图相加融合方式。原网络融合学习下采样模块的最后一张 256 ×512 ×48 特征图包含较多的浅层细节信息，全局特征提取器模块计算出的 32 ×64 ×128 特征图包含较多深层信息。但是由于 Fast-SCNN 的学习下采样模块使用的是深度可分离卷积来替代普通的卷积提取特征，DWConv 显著减少参数量，当网络较小时，参数量很少，这将导致训练得到的结果可能不是最优结果。

为了弥补学习下采样模块 2 层深度可分离卷积损失的细节信息导致的分割质量下降，本书提出了一种新的特征融合方式，通过在特征融合模块融合更多的细节信息，来提高改进后的网络对细节的处理能力。首先，将 256 ×512 ×48 浅层特征图做普通卷积 Conv2D。卷积和大小为 3 ×3，步幅为 2，填充为 1。卷积后的特征图大小为 128 ×256 ×128。然后，将 128 ×256 ×64 的浅层特征图做 1 ×1 的普通卷积，卷积后的特征图大小为 128 ×256 ×128。接着，对深层特征图 32 ×64 ×128 依次做 $X(X=3)$ 倍的上采样、深度可分离卷积、空洞卷积来增加感受野，非线性激活函数 ReLU；再经过普通卷积后得到 128 ×256 ×128。最后，将上述三层特征图进行特征相加操作后送入非线性激活函数处理，得到 128 ×256 ×128 的新的融合了更多细节的特征图。本书通过后续的实验证明改进后的 Fast-SCNN 对轨道区域的分割优于原算法，准确率也更高。

语义分割的算法模型应该从多个层面被评估，比如准确率、速度（推理时间）、模型大小以及内存占用。然而目前为止，大多数模型仅以准确率和速度作为主要的评价指标。为了将本书设计的算法部署到嵌入式设备 Jetson Nano 上，我们需要评价指标来计算算法的模型大小、内存占用。同时，本书设计的算法用于检测铁路车载视频中是否有异物，需要考虑算法的实时性，速度也是主要的评价指标，本书研究相关的评价指标如下。

交并比（*IoU*）也称为 Jaccard 索引，是语义分割最常使用的评价指标，定义见式（2-24）。

平均交并比（*mIoU*）在 2 类分割或多类分割中（$K+1$ 类，K 为前景类，1 为背景类）是每个类别的交并比的平均值。平均交并是最常用的语义分割算法性能对比评价指标。

类别像素准确率（PA）是正确分类的像素数与像素总数的比值。假设要对图像中的 $K+1$ 类目标进行分割，其定义为

$$\mathrm{PA}=\frac{\sum_{i=0}^{K}p_{ii}}{\sum_{i=0}^{K}\sum_{j=0}^{K}p_{ij}} \tag{2-35}$$

式中 p_{ii}——预测正确的像素点总数；

p_{ij}——将 i 类预测为 j 类的像素点总数。

平均类别像素准确率（mPA）由 PA 而来，是计算 $K+1$ 个类别像素准确率，然后求均值，其定义为

$$\mathrm{mPA}=\frac{1}{K+1}\sum_{i=0}^{K}\frac{p_{ii}}{\sum_{j=0}^{K}p_{ij}} \tag{2-36}$$

值得注意的是，虽然类别像素准确率容易理解，但却不是最好的语义分割算法评价指标。因为当类别分布不均时，即一个类或者一些类在图像中的像素占比很小时，高的类别像素准确率并不代表分割效果更好。但是真实世界的数据集中类别不均衡不能被忽视，因此本书将 PA 和 mPA 作为参考的评价指标，主要采用 *IoU* 和 *mIoU* 作为算法分割精度的评价指标。

帧率（FPS）是每秒检测的帧数，表示深度学习模型的运行速度，用来衡量模型的实时性，单位帧/s。推理时间是评价算法速度的另一个评价指标，与帧率互为倒数，用于计算处理一帧图像用的秒数。本书主要采用推理速度作为评价指标，且 25 帧/s 为自动驾驶通用的实时检测速度。

参数量用来衡量算法的空间复杂度，其单位是 MB。参数量是衡量模型轻量化的一个指标。

计算量-浮点运算数用来衡量算法的时间复杂度，用 GFLOPs 表示。1 GFLOPs $=10^9$ FLOPs，即 10 亿次浮点运算。

2. 实验验证

(1)轨道分割数据集

为了验证本书改进的 Fast-SCNN 算法的有效性，收集整理了 1 443 个场景的 5 000 张车载铁路图像，所有的图像都来自驾驶室视角。其中训练集 4 000 张，验证集 500 张，测试集 500 张。

首先，划分轨道区域。本书将铁路车载图像语义分割数据制作为 Cityscapes 数据集的格式，将包含钢轨、枕木、路基及轨道板在内的区域设定为轨道限界区域，通过 LabelMe 图像标注工具

划分出图像中的轨道区域，生成 JSON 标注文件。标注过程如图 2-45 和图 2-46 所示，右侧标注的 railway 标签指定是高速铁路和普速铁路的轨道区域警戒区。

图 2-45　LabelMe 标注样本-某高速铁路

图 2-46　LabelMe 标注样本-某普速铁路

然后，标注数据预处理。将标注好的 JSON 文件转换为灰度图。转换后的结果如图 2-47(c)所示，每张灰度图包含 0～1 之间的两个灰度值，分别代表铁路类和背景类。需要强调的是，图 2-47(c)中的灰度图肉眼所见为黑色，无法分辨出 2 种区别，但通过代码读图，可以检测到图像中包括 2 个灰度值。可以分辨的真实值的例子如图 2-47(b)所示。

最后，将原图和灰度图组成铁路语义分割数据集，本书定义该数据集为 RailScapes。训练仅需要用到图 2-47(a)原图和图 2-47(c)真实值的灰度图。RailScapes 的数据集格式如图 2-48 所示。

(a) 原图　　(b) 真实值图　　(c) 真实值的灰度图

图 2-47　铁路语义分割数据集的一个例子

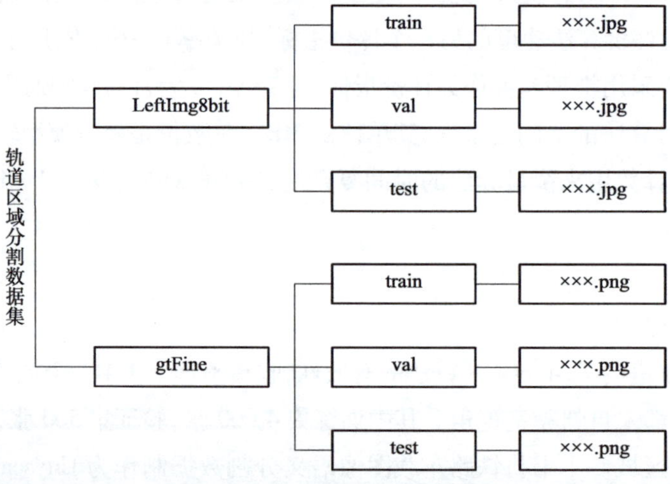

图 2-48　RailScapes 数据集格式

数据增强：在训练过程中，也应用数据增强算法扩充数据集来增加数据的多样性，包括旋转、缩放、平移、噪声、颜色变化、随机涂黑等操作。对不同场景的图像进行数据增强操作后的样本图如图2-49所示。

图2-49　数据增强样本

(2)模型训练

本书提到的 Fast-SCNN 算法、本书改进的 Fast-SCNN 算法、FCN(全卷积语义分割网络)算法、PSPNet(金字塔场景解析网络)算法都采用 Pytorch 框架实现。所有算法在一台有两张型号为 NVIDIA GeForce RTX 2080 的显卡,操作系统为 Linux 的服务器上训练、测试。训练过程中,批样本数量为 4,采用 SGD 优化器,初始学习率为 0.01,动量为 0.9,稳定训练的最小学习率为 0.000 1,权重衰减为 0.000 5,引入 poly 学习率的方法,迭代次数为 20 000 次。训练过程中本书采用了数据增强,如按照 0.5 ~2 倍调整输入图像大小,水平翻转,添加颜色、通道、噪声,以及亮度变换。

本书提出的改进 Fast-SCNN 训练时的损失函数值曲线如图 2-50 所示。可以看到随着迭代次数的增加,分割的误差值在逐渐减少,最终收敛到一个接近 0 的值。

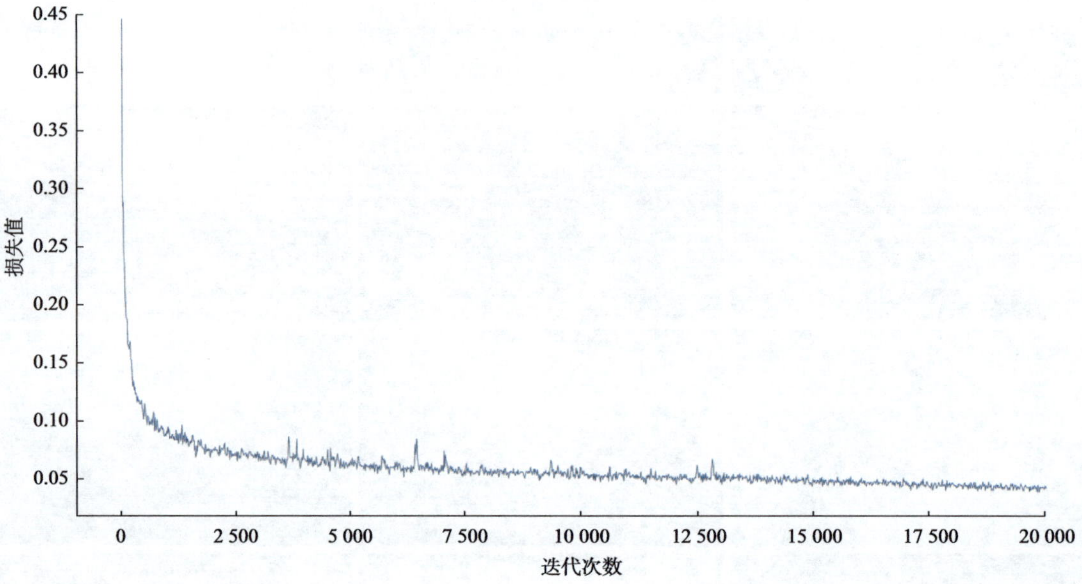

图 2-50 改进的 Fast-SCNN 训练时的损失函数曲线

(3)实验结果及分析

①定量分析

通过常用评价指标定量分析改进后的快速语义分割算法在 RailScapes 测试集上的表现。本书将提出的算法与 FCN、PSPNet 等经典的语义分割算法以及原始的 Fast-SCNN 算法进行性能比较。

不同算法在 RailScapes 上训练了 20 000 次迭代后的结果见表 2-26。FCN 使用了轻量化的骨干网络 MobileNetv2 进行训练。PSPNet 使用了 MobileNetv2 和 ResNet18 两种轻量化的骨干网络分别进行训练。Fast-SCNN 和本书的算法并没有使用公开的骨干网络,具体的网络结构如图 2-44 所示。

表 2-26　RailScapes 数据集上的分割准确率对比

算法	骨干网络	*IoU* 铁路	*IoU* 背景	*mIoU*	PA 铁路	PA 背景	mPA
FCN	MobileNetv2	95.71%	99.55%	97.63%	98.23%	99.73%	98.98%
PSPNet	ResNet18	95.27%	99.51%	97.39%	97.23%	99.79%	98.51%
PSPNet	MobileNetv2	93.63%	99.34%	96.49%	95.08%	99.84%	97.46%
Fast-SCNN	—	94.58%	99.30%	96.94%	97.31%	99.57%	98.44%
本书算法	—	95.82%	99.56%	97.69%	98.25%	99.52%	99.89%

本书改进后的 Fast-SCNN 轨道分割算法的 *mIoU* 达到了 97.69%,其中对轨道区域的 *IoU* 达到了 95.82%,对背景区域的 *IoU* 为 99.56%,三个值均高于其他算法。值得注意的是,铁路的分割难度比背景要复杂,所以上述算法的背景分割 *IoU* 均接近 1,但是对轨道区域的分割 *IoU* 值下降很多,而且区别很大。本书的改进算法取得了最好的轨道区域分割的 *IoU* 值。反观作为参考精度评价指标的类别像素准确率波动性较大,本书提出的算法铁路的类别准确率和平均类别准确率较高,PSPNet(MobileNetv2)的背景类别准确率较高。在 CityScapes 数据集上 FCN(MobileNetv2)的表现效果优于 PSPNet(MobileNetv2),原因是本书的二分类任务相对于 CityScapes 数据的 19 个分类任务较简单,复杂网络的表现反而较差。

虽然在许多应用场景中准确率是最重要的评价指标,然而,现在某些特定的应用场景如自动驾驶领域,迫切需要实时的语义分割模型,或者算法的处理速度至少接近普通相机的帧率(25 帧/s)。因此需要评估本书提出的改进算法的推理速度和模型的参数量和计算量。

不同算法的推理速度、参数量和计算量的值见表 2-27 和图 2-51。推理速度是在 NVIDIA GeForce RTX 2080 上测试的。为了控制变量,测试输入图像的大小均为 2 080 × 1 024 像素。原 Fast-SCNN 由于采用了两分支的网络结构,速度最快(86.2 帧/s)远高于 FCN(14 帧/s)和 PSPNet(15.9 帧/s、13.5 帧/s)。本书提出的改进算法与原 Fast-SCNN 算法相比,由于增加了特征融合模块的复杂度,参数量(10.4 MB)和计算量(7.83 GFLOPs)均有轻微的增大,速度有小幅下降(82.5 帧/s)。本书提出的改进算法推理速度为 FCN 和 PSPNet 的 5.2 ~ 5.9 倍,FCN 和 PSPNet 的参数量和计算量却分别是本书提出算法的 7.5 ~ 9.8 倍、40.2 ~ 55.5 倍。图 2-51 越靠近纸面方向代表推理速度越快,参数量和计算量越小,算法越好。速度和准确率的平衡图如图 2-52 所示,虚线表示实时速度的最低要求 25 帧/s,算法越靠近右上角代表速度越快、准确率越高,算法越好。可见,本书的算法取得了较好的效果。

表 2-27　不同算法的速度、参数量以及计算量的对比

算法	骨干网络	速度/(帧 · s^{-1})	上升比率	参数量/MB	下降比率	计算量/GFLOPs	下降比率
FCN	MobileNetv2	14	5.9%	78	7.5%	314.72	40.2%
PSPNet	ResNet18	15.9	5.2%	102.4	9.8%	434.55	55.5%

续上表

算法	骨干网络	速度/(帧·s^{-1})	上升比率	参数量/MB	下降比率	计算量/GFLOPs	下降比率
PSPNet	MobileNetv2	13.5	6.1%	109.2	10.5%	420.97	53.8%
Fast-SCNN	—	86.2	1.0%	9.9	1.0%	7.46	1.0%
本书算法	—	82.5	1.0%	10.4	1.0%	7.83	1.0%

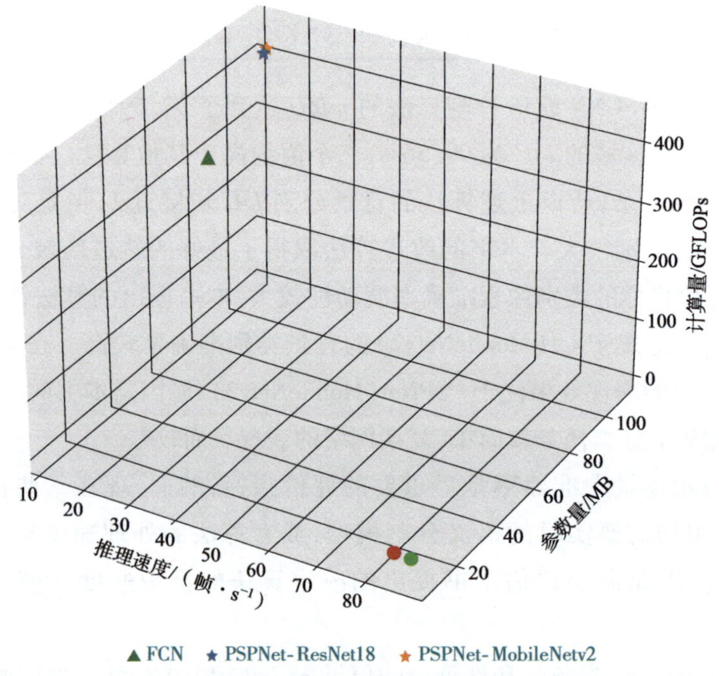

图 2-51　不同算法的速度、参数量以及计算量的对比

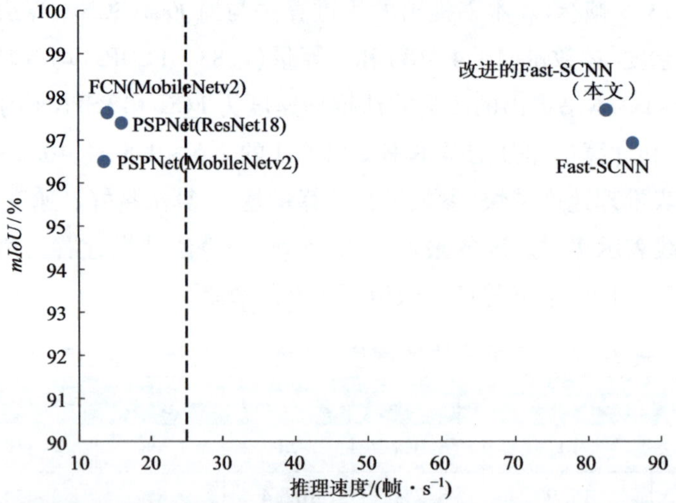

图 2-52　不同算法的速度和准确率

②定性分析

虽然定量的评价指标用于比较不同算法的优劣更客观，但是算法输出的视觉质量对于决定一个模型的好坏也很重要，因为人是计算机视觉应用的最终消费者，所以本小节对不同算法的输出结果展开定性分析。本书提出的算法在 RailScapes 测试集上的分割结果如图 2-53(c)所示，可以看到与真实值图 2-53(b)相比对轨道分割精度较高。

(a) 原图　　(b) 真实值图　　(c) 效果图

图 2-53　本书算法在 RailScapes 测试集上的分割结果

本书改进的算法与其他语义分割算法 FCN、PSPNet、Fast-SCNN 对轨道区域的分割效果如图 2-54 所示。可以看出与 FCN 和 PSPNet 等大的模型相比，本书改进的算法对于铁路场景中边缘的分割更平滑，对于背景和前景的边界分割能力更强。FCN 在本任务中的表现优于 PSPNet 和原始的 Fast-SCNN 算法，但是依旧没有本书改进的算法对细节分割的效果好。这是因为 FCN 并没有高效考虑全局内容信息，缺乏上下文的推断能力。PSPNet 是一个多尺度网络，能更好地表示场景中的全局内容信息，在轨道区域分割任务中，该模型最大的参数量和计算量最大。但同样存在背景和轨道区域的混淆，如把机车前方的雨刷器背景划分为轨道区域，这是因为 PSPNet 在特征融合模块使用特征级联而不是简单相加，这个操作容易带来很多的噪声和冗余。原始的 Fast-SCNN 模型就速度、参数量和计算量而言是最高效的模型，但是处理细节的性能最差，同时分割的精度较低，如会将轨道区域分割为背景，将背景区域分割为轨道。综上，定性分析的结果与表 2-26 中定量分析的结果一致，本书提出的改进算法在定性分析的效果上优于其他算法。

(a) 原图　　(b) 真实值　　(c) FCN (MolibeNetv2)　　(d) PSPNet (MolibeNetv2)　　(e) PSPNet (ResNet18)　　(f) Fast-SCNN　　(g) 本文算法

图 2-54　不同算法在 RailScapes 测试集上的表现

二、铁路目标检测方法优化

铁路入侵检测分为三步,第一步分割警报区,第二步目标检测,第三步判断目标是否在轨道区域内,若在,则判断为有异物入侵报警。已经完成了第一步对轨道区域的分割,下面将研究第二步目标检测。作为铁路运营安全的重要保障,铁路异物入侵检测系统需要实时检测行人、车辆、石头等其他异物入侵行为。近年来,大量基于视觉的目标检测方法应用铁路入侵检测处理铁路定点监控、无人机监控视频图像。由于列车运行的外部环境复杂、速度快,对目标检测的实时性和有效性提出了更高的要求。然而大部分目标检测算法需要执行大量的卷积计算,将摄像头采集到的数据传输到基地高性能 GPU(图形处理单元)服务器上完成分析计算后,将结果通过网络传输到车载终端,如图 2-55 所示,这个过程需要耗费大量的计算资源和传输时间。同时定点监控无法做到全路线覆盖,高密度布设成本高;而无人机监控对起飞降落天气要求较高。因此,研究一种低成本、轻量化、实时的目标检测算法对于高速列车在复杂环境条件下的安全运营至关重要。

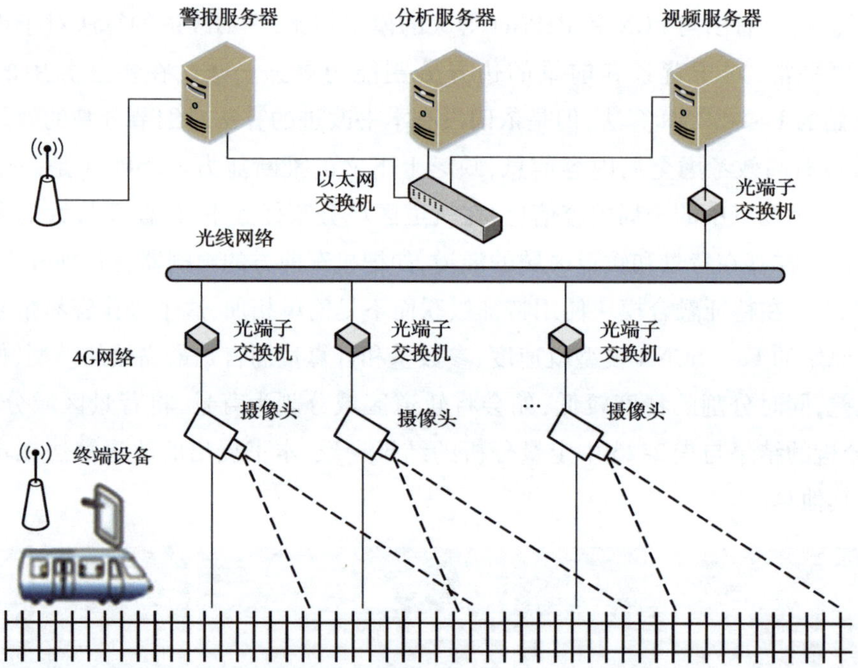

图 2-55　基于定点监控的入侵检测系统传输

本节提出基于车载视频的铁路异物目标检测方法。方法采用 TensorRT 工具优化 YOLOv5s 模型的推理速度。本书方法验证流程如图 2-56 所示。首先,分析并选用了一阶段 YOLOv5s 作为目标检测算法;然后,建立铁路入侵检测数据集,其中包括人、自行车、小汽车、卡车、摩托车、箱子、石头、狗等 8 个类别;接着,在服务器上完成模型的训练;最后,将 TensorRT 推理优化后的模型部署到嵌入式设备 Jetson Nano 和 Jetson Xavier NX 上进行定性定量的实验分析。嵌入式设备外接报警装置,可用于辅助驾驶。

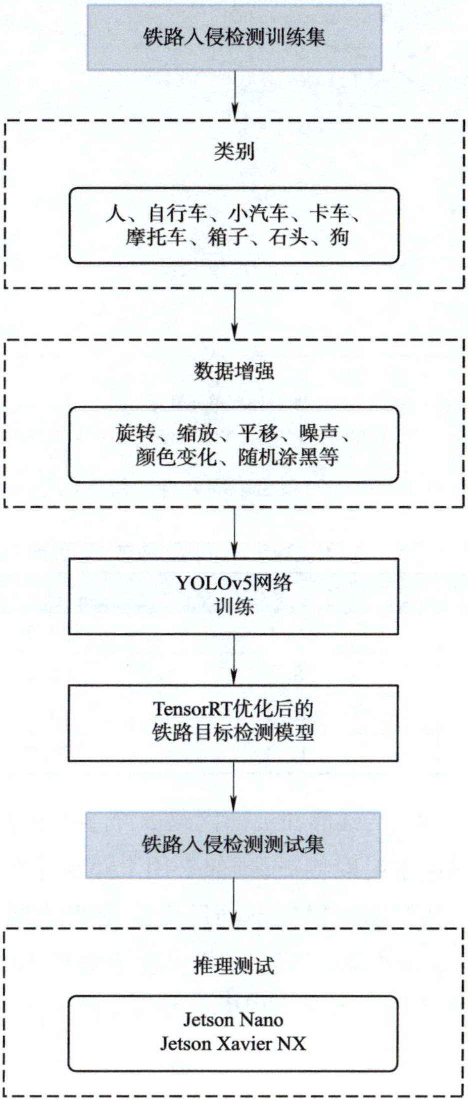

图 2-56　本书方法验证流程

1. 目标检测算法

为了满足本书检测车载视频图像中需关注目标的轻量化的需求，本节选择的目标检测算法需要同时具备实时性和易部署的特点，首选一阶段算法。

YOLOv5 目标检测算法取得了比 YOLOv4 更好的效果。YOLOv5 有四个变种，分别是 YOLOv5s、YOLOv5m、YOLOv5l 和 YOLOv5x，不同变种的模型在 COCO 数据集上的速度和准确率的对比如图 2-57 所示。模型越大准确率越高，但推理时间越长，模型的参数量越大，反之，模型越小准确率越低，推理时间越短，模型参数量越小，定量评价指标见表 2-28。大模型难以满足在嵌入式设备上的部署和实时检测的要求，嵌入式设备上部署目标检测算法首要考虑轻量化和实时性。因此，本书选用 YOLOv5s 模型。

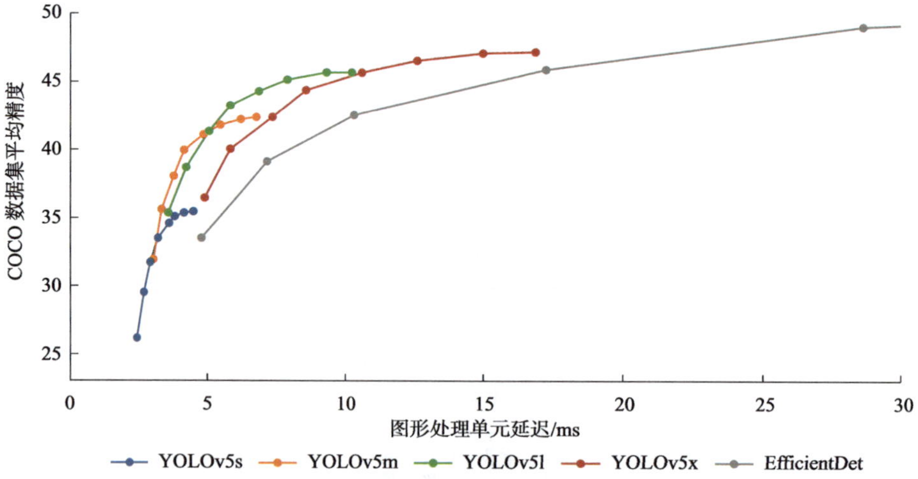

图 2-57　YOLOv5 不同变种的模型比较

表 2-28　YOLOv5 不同变种的模型比较

模型	模型参数量/MB	图形处理单元延迟/ms	平均精度	计算量/GFLOPs
YOLOv5s	7. 2	6. 4	37. 2	16. 5
YOLOv5m	21. 2	8. 2	45. 2	49. 5
YOLOv5l	46. 5	10. 1	48. 8	109. 0
YOLOv5x	86. 7	12. 1	50. 7	205. 7

YOLOv5s 的网络结构包括骨干、颈部和头部网络 3 个主要的结构块，如图 2-58 所示。其中骨干采用 CSP Darknet 从图像中提取特征；颈部采用 PANet 生成特征金字塔，聚合之后的特征传输给头部用于预测；头部从锚框中得到不同尺度的预测结果用于目标检测。除此之外，YOLOv5 使用 Leaky ReLU 和 sigmoid 激活函数，随机梯度下降和 Adam 优化算法。YOLOv5 采用 BECLogits 损失函数计算目标框和预测框的类损失和置信度损失，采用 *GIoU* 计算位置损失。

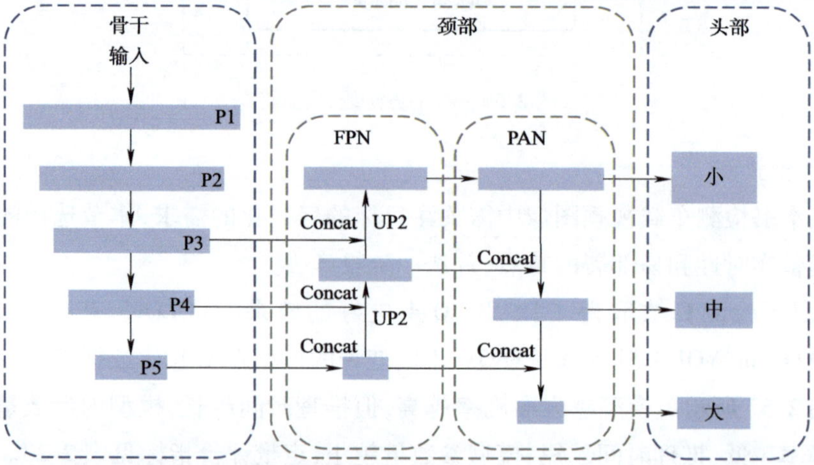

图 2-58　YOLOv5s 结构

注：UP2 表示 2 倍上采样。

2. 目标检测算法推理优化

本小节将使用高性能深度学习推理加速工具 TensorRT 优化 YOLOv5 算法。优化后的方法不仅可以提高推理速度用于实时检测图像中的目标,同时降低模型大小及算法的内存占用,方便本书后期将模型灵活地部署到嵌入式设备上。

TensorRT 执行五种优化方法减少神经网络的计算量。第一,量化模型为八位整型数据或者 FP16 数据类型,保证准确率的同时,极大减少计算量。从 FP32 转到 FP16 可以显著降低模型大小。第二,TensorRT 使用卷积层和张量融合,即将输入张量相同且进行操作相同的层融合到一起,来优化 GPU 内存占用。第三,内核自动调整,基于 GPU 硬件环境来调整批处理大小。第四,仅在使用期间分配张量来重新分配内存从而最小化内存占用。第五,并行处理多个输入流,使用动态生成的内核优化神经网络。

TensorRT 在两个不同嵌入式平台上部署和运行的流程如图 2-59 所示。首先在高性能 GPU 服务器上训练好 YOLOv5s 权重(格式为 . pt);其次使用 tensorrtx 项目转换为 . wts 的格式;然后将 . wts 的权重文件与 YOLOv5s 项目文件克隆到 Jetson Nano(或 Jetson Xavier NX)上;接着编译 tensorrtx 项目,在嵌入式设备上将 . wts 的权重文件转换为 . engine 格式的权重文件;最后,在测试集上进行测试。

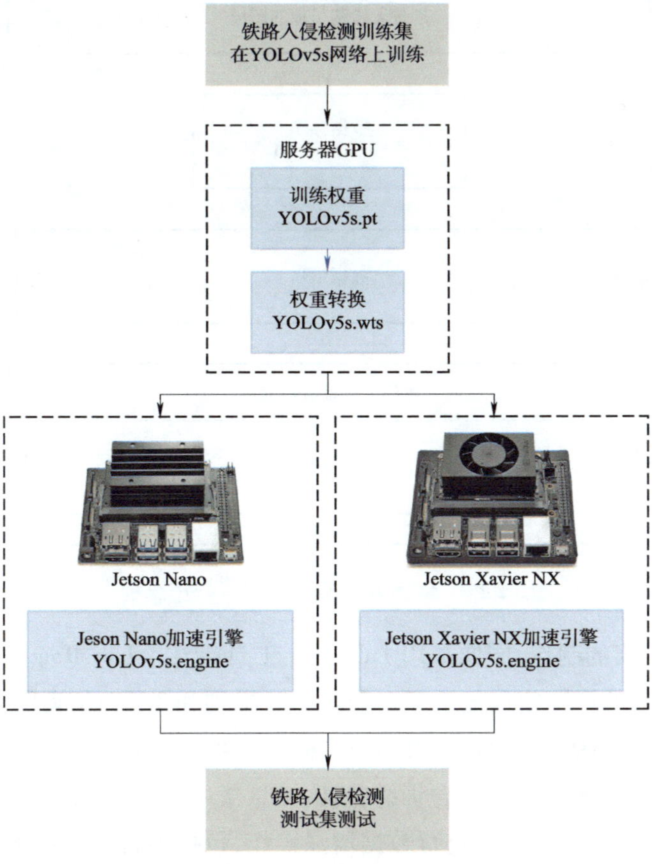

图 2-59　算法推理优化流程

3. 方法性能验证

(1)入侵检测数据集

为了评估本节优化后的目标检测方法以及铁路异物入侵检测方法的性能,本节建立了一个铁路入侵检测数据集。为了保证铁路数据的多样性,本节收集了不同天气(雪天、雨天、雾天)、不同光照(白天、夜晚)条件下的车载视角的真实铁路视频、图像。从视频中抽帧得到15 000张包含目标的图像。数据集中包含的目标包括人、自行车、小汽车、卡车、摩托车、箱子、石头、狗8类,标签依次为:person、bicycle、car、truck、motorbike、box、stone、dog。其中训练集和验证集共计12 000张,测试集3 000张。入侵检测数据集的制作流程如图2-60所示。

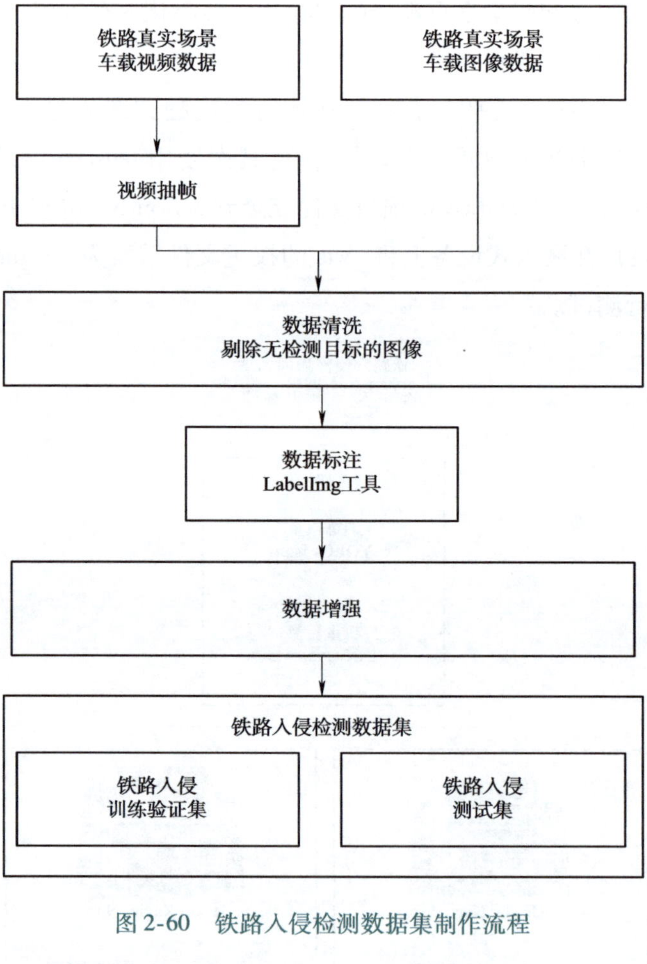

图2-60 铁路入侵检测数据集制作流程

数据标注及数据集的制作,图像采用LabelImg工具标注。LabelImg标注过程的一个样本如图2-61所示。右侧的标注窗口显示了3个person类别和3个car类别。制作好的PASCAL VOC数据集,原图格式为.jpg放在JPEGImages文件夹;标注文件的格式是.xml,放在Annotations文件夹;ImageSets放置包含训练验证、测试集中每张图像的.txt文件。

数据增强。对整理好的数据集进行数据增强操作,包括旋转、缩放、平移、噪声、颜色变化、随机涂黑等操作。对不同场景的图像进行数据增强操作后的样本图如图2-62所示。

图 2-61　LabelImg 标注样本

图 2-62　数据增强样本

(2)评价指标

使用帧率指标来衡量异物入侵检测算法的推理速度,用准确率、漏报率、误报率来衡量目标检测算法的精度。准确率、漏报率、误报率的定义为

$$准确率 = TP/(TP+FN) \tag{2-37}$$

$$漏报率 = FN/(TP+FN) \tag{2-38}$$

$$误报率 = FP/(TP+FP) \tag{2-39}$$

其中,TP、FP、FN 分别表示检测出有入侵异物的实际是入侵异物(真阳性),检测出的入侵异物实际是非入侵异物(假阳性),检测出是背景实际是入侵异物(假阴性)。由式(2-37)和式(2-38)可知,准确率和漏报率之和为 1。本书的数据集中有 8 个类,后文提到的准确率是 8 个类别的均值。本节用到的评价指标是准确率和漏报率。

(3)模型训练

本书提到的 YOLOv5s 算法采用 Pytorch 框架实现,在显卡型号为 NVIDIA GeForce RTX 2080,操作系统为 Linux 的服务器上训练。YOLOv5s 模型训练过程中,输入到网络中的图像大小为 640×640,批处理的样本数量为 32,初始学习率为 0.01,最小学习率为 0.002。优化器可以选用 Adam 或者随机梯度下降 SGD 两种优化方法,但是经过对比实验,在本书提出的数据集上,SGD 的表现效果更好,因此选用 SGD 优化器。优化器的动量为 0.937,权重衰减为 0.000 5,训练 600 轮。算法通过数据集加载器传递和增强每一批数据。

(4)模型部署

将训练好的模型按照流程优化并部署到 Jetson Nano 和 Jetson Xavier NX 设备中。与 Jetson Nano 相比,Jetson Xavier NX 集成了更多算力,增大了内存占用,这也是后文实验结果分析中,算法在 Jetson Xavier NX 上的效果优于 Jetson Nano 的主要原因。部署后的算法在 Jetson Nano 测试时的运行结果如图 2-63 所示。

图 2-63　嵌入式设备运行展示

(5)实验结果及分析

本节将评估优化前后的目标检测方法在2个不同嵌入式平台上进行检测。实验结果见表2-29,展示了模型在原 Pytorch 框架和本书优化后的 TensorRT 框架上的性能表现。

表 2-29　不同嵌入式设备的速度和准确率比较

设备	框架	输入网络图像像素	速度/(帧·s^{-1})	准确率	漏报率
Jetson Nano	Pytorch	640×384	5	97.06%	2.94%
Jetson Nano	TensorRT	640×384	14	96.95%	3.05%
Jetson Nano	TensorRT	448×256	26	89.52%	10.48%
Jetson Xavier NX	Pytorch	640×384	9	97.06%	2.94%
Jetson Xavier NX	TensorRT	640×384	29	96.95%	3.05%
Jetson Xavier NX	TensorRT	448×256	64	89.52%	10.48%

在速度方面,当输入网络的图像大小为640×384时,与优化前的 Pytorch 框架相比,优化后的方法在 Jetson Nano 上实现了2.8倍(14/5)的加速,在 Jetson Xavier NX 上实现了3.2倍(29/9)的加速。TensorRT 优化前后的算法推理速度比较如图2-64所示。相同框架和输入大小的情况下,Jetson Xavier NX 的推理速度高于 Jetson Nano 的推理速度,三条直线都是上升趋势的,这是因为 Jetson Xavier NX 的硬件性能高于 Jetson Nano。虚线代表实时检测的速度为25帧/s,高于该条虚线的值代表实现了实时检测,可以看到优化前的方法无法做到实时检测,但经过本节提出的模型优化,有三个值实现了实时检测。特别当输入图像像素为448×256时,TesnorRT 优化后的模型在 Jetson Xavier NX 可以达到64帧/s的速度。

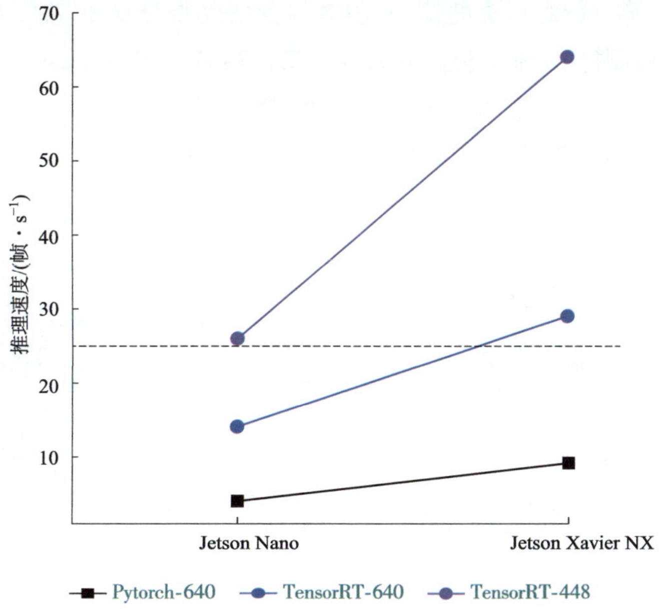

图 2-64　TensorRT 优化前后的方法推理速度比较

在精度方面，表 2-29 的第三列是输入 YOLOv5s 网络中的图像的像素。测试集中图像大小不统一，输入到网络中会进行 resize（改变大小）操作。resize 后的图像像素越大，准确率越高，但速度会下降。以表 2-29 第二行和第三行的 Jetson Nano（TensorRT）为例，当输入像素为 640×384 时，准确率为 96.95%，漏报率为 3.05%，推理速度为 14 帧/s。但是当输入像素为 448×256 时，准确率下降为 89.52%，漏报率上升为 10.48%，但推理速度上升为 26 帧/s，达到实时检测的要求（25 帧/s）。需要注意的是，由于模型均在服务器 GeForce RTX 2080 上训练，只是部署到不同的设备上，同时采用相同的测试集进行实验，测试结果在不同设备不同框架下的准确率相差不大。

由于设备的计算资源有限，深度学习网络中速度和准确率的平衡一直是研究的热点问题，需要结合成本及实际应用的需求选择。而本书研究的是基于车载视频的图像，实际部署到铁路列车上，随着列车的行驶，前方的目标会逐渐变大，总会检测到该目标。算法在 Jetson Xavier NX 上采用 TensorRT 优化后，当输入分辨率为默认的 640×384 时，可以达到 96.95% 的准确率，速度为 29 帧/s，较好地做到了速度和精度的平衡。本书研究的方法都聚焦于模型的轻量化研究，方便部署于嵌入式设备中，实时探测列车前方目标，辅助驾驶。列车在低速运行时，可采取制动；列车在高速运行时，可视情况采取减速措施。

在定性分析方面，由上述定量分析得出的结论，综合考虑测试速度和准确率，优化后的算法在 Jetson Xavier NX 设备的效果更好。优化后的基于 TensorRT 深度学习框架的 YOLOv5s 算法在 Jetson Xavier NX 设备上的部分代表性测试结果如图 2-65 所示，输入网络的分辨率分别为 640×384 和 448×256。可以看出输入分辨率为 640×384 时，在不同光照条件下，对目标检测的鲁棒性更好。即使都可以检测到入侵异物，前者对异物判断的置信度评分更高，判断的位置也更加准确。比如第一行对石头的检测，前者的置信度得分 0.89 高于后者的 0.63；第二、三、四行是对行人的检测样本，前者检测的人的数量比后者更多，对每个目标的置信度得分也更高，证实了输入分辨率高，漏报低，准确率高，因为输入网络中的分辨率越大对原始图片的信息损失越小。第四行是列车在夜间行驶拍摄的图像，展示了本节的目标检测算法在黑暗光照下的鲁棒性。

图 2-65

(a) 640×384　　　　(b) 448×256

图 2-65　Jetson Xavier NX 在不同输入分辨率下的测试结果

三、铁路异物入侵检测目标定位方法

铁路入侵检测分为三步，此部分为第三步判断目标是否在轨道区域内，若在，则判断为有异物入侵报警。本节在前文基础上集成分割和检测方法进行研究。

铁路异物入侵严重威胁到铁路运营安全，可能造成严重的人员伤亡和巨大的财产损失。但是铁路入侵行为发生的概率低，定点监控布设需要耗费大量的人力物力财力，而且无法全路覆盖，只能提供后期追查的功能，无法实时通知列车驾驶室。随着自主驾驶技术的发展，基于车载视频的图像处理算法得到了迅速发展。

在此提出基于车载视频的铁路异物入侵轻量化检测方法的流程。该流程通过合理设置铁路轨道区域分割和异物入侵检测的顺序，最大程度减少方法的内存消耗，提升算法的运行速度。入侵检测算法涉及的静态目标和动态目标如图 2-66 所示。其中静态目标包括普速铁路和高速铁路，动态目标包括人、狗、小汽车、卡车、摩托车、自行车、箱子和石头 8 类。

铁路（railway）

(a) 静态目标

人（person）

狗（dog）

小汽车（car）

卡车（truck）

摩托车（motorcycle）

自行车（bicycle）

箱子（box）

石头（stone）

(b) 动态目标

图 2-66　本书关注的检测目标

1. 检测方法

为了检测轨道区域内是否有异物入侵,可以选择的流程有两种。第一种,首先采用分割算法实时划分出限界区域,然后将限界区域送入前文提出的异物入侵检测算法中,实时检测区域内是否有异物入侵。该方法存在的问题是当入侵目标处于轨道边缘区域,划分的轨道区域会将目标截断,此时目标检测方法无法检测出不完整的目标,极易产生漏报,如图 2-67 所示。同时由于列车前方的车载摄像头动态采集视频,该种方法对每一帧图像均调用轨道分割和目标检测方法,会耗费大量的计算资源。

图 2-67 现有方法的漏报情况

因此,本书设计了第二种入侵检测方法流程,与第一种顺序相反,算法流程如图 2-68 所示,首先采用目标检测器检测整张图像中是否有异物入侵,如果有,则调用语义分割方法分割轨道区域,判断入侵异物是否在限界区域内。鉴于在列车运行过程中,入侵行为的发生是小概率事件,本书提出的第二种流程实时调用异物入侵检测算法,检测到异物才调用语义分割方法,相比于第一种流程时间短,检测速度更快,也节省计算资源。

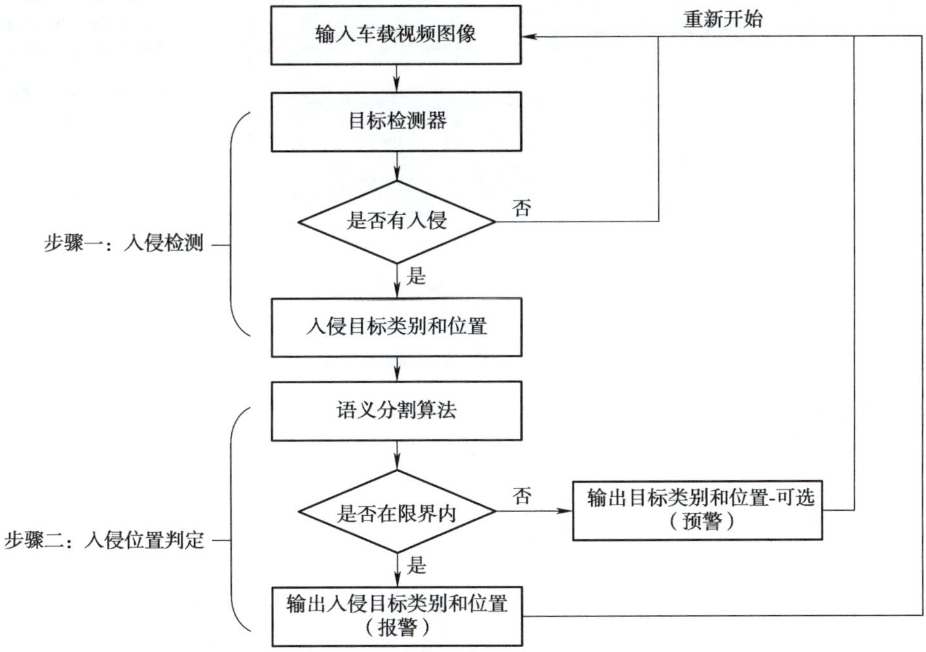

图 2-68 铁路异物入侵算法流程

为了更容易理解，本书提出的铁路异物入侵算法的可视化流程如图 2-69 所示，即将前文基于改进 Fast-SCNN 轨道区域分割方法和优化后的 YOLOv5s 目标检测方法依次填入入侵检测算法流程中。将列车驾驶室前方安置的车载摄像头采集到的图像持续输入到目标入侵检测器中。在列车运行过程中，大部分情况没有入侵行为发生，如图 2-69(a)所示，此时目标检测器未检测到图像中有目标，表明运行环境正常，不报警，接着处理下一帧图像，直到检测到目标就进入图 2-69(b)的流程中。

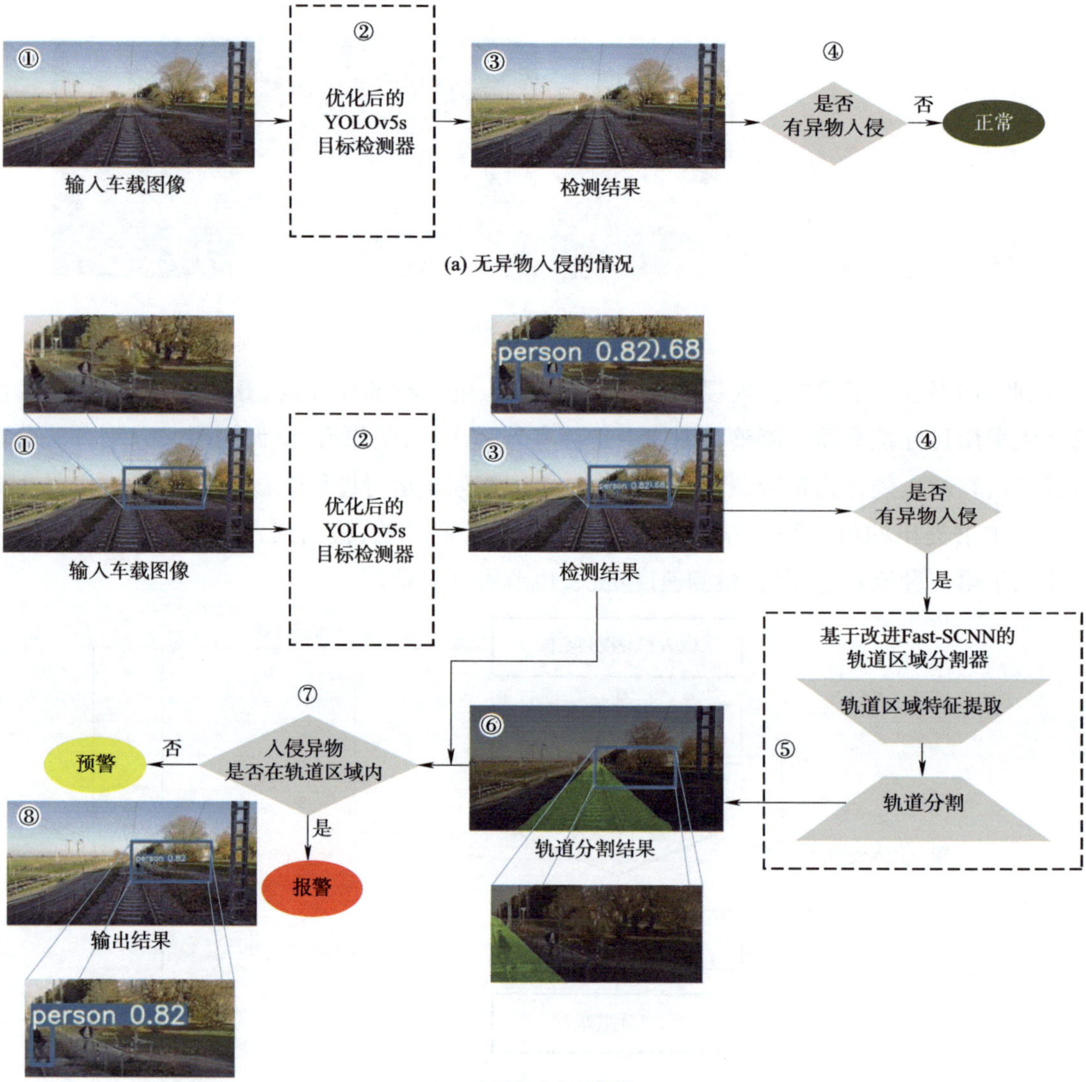

图 2-69　本书方法的可视化流程

图 2-69(b)表示优化后检测器检测到目标。首先网络会将该张输入图像送入到前文提出的改进后的 Fast-SCNN 的轨道区域分割器中，该步骤会提取轨道特征，分割出图像中的轨道区域；然后判断检测器检测到的目标是否在轨道区域内，如果在轨道区域内就表示有异物入侵，

则报警，不在轨道区域内说明该目标并没有入侵轨道区域，可以选择预警或者不处理。由于分割出来的轨道区域是不规则的图形，如何判断检测到的异物在不规则的轨道区域内，是本书提出的入侵检测算法的核心。下面以图2-69(b)做具体案例分析，蓝色的放大区域显示图像内有两个目标(人)，均被YOLOv5s目标检测器检测到；将原图输入轨道分割器中分割出轨道区域；将检测到的目标的坐标信息和轨道区域信息送入判断器中发现，一个目标在轨道区域内，一个目标在轨道区域外，所以对入侵轨道区域内的人报警。为了显示本书在降低误报方面的贡献，只选择报警的结果进行可视化展示。

2. 方法性能实验验证

(1)模型训练

本书提出的入侵检测方法包括基于改进Fast-SCNN轨道区域分割方法和优化后的YOLOv5s目标检测方法两个部分。本研究将两个模型在显卡型号为NVIDIA GeForce RTX 2080，操作系统为Linux的服务器上训练，方法架构为Pytorch。训练分别得到了轨道区域分割模型和优化后的目标检测模型。

(2)嵌入式部署

需要强调的是，本节的入侵检测方法在推理阶段组合两个模型，而非训练阶段。本小节该入侵检测模型部署到轻量化嵌入式计算设备Jetson Xavier NX上，嵌入式计算设备及其测试环境如图2-70所示。入侵检测方法在3 000张异物入侵测试集上进行测试。

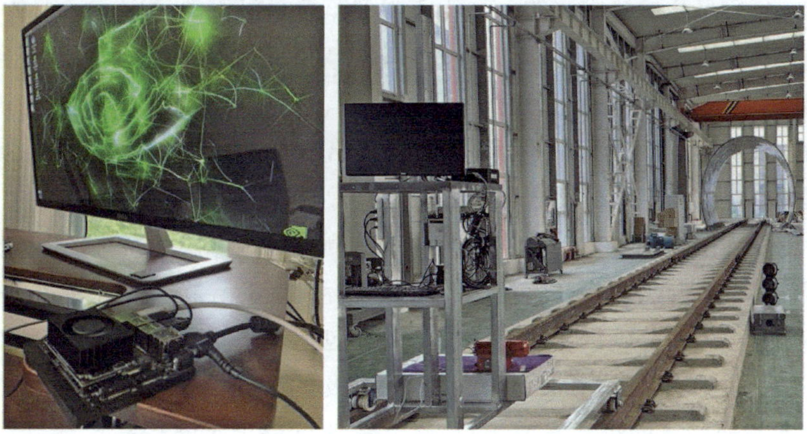

(a) Jetson Xavier NX　　(b) 设备测试环境

图2-70　嵌入式设备部署

(3)实验结果及分析

①定量分析

方法在Jetson Xavier NX上部署的性能见表2-30和表2-31，区别是输入网络中的分辨率不同。

表 2-30　方法在 Jetson Xavier NX 上输入分辨率为 640 ×384 的性能评价

方法	输入网络分辨率/像素	准确率/%	漏报率/%	误报率/%	速度/(帧 · s^{-1})	模型大小/Mb
目标检测器	640 ×384	—	—	—	29	15.7
轨道区域分割器	640 ×384	—	—	—	34	10.4
异物入侵检测方法	640 ×384	98.26	1.74	0.08	22 < · <29	≈26.1

表 2-31　方法在 Jetson Xavier NX 上输入分辨率为 448 ×256 的性能评价

方法	输入网络分辨率/像素	准确率/%	漏报率/%	误报率/%	速度/(帧 · s^{-1})	模型大小/Mb
目标检测器	448 ×256	—	—	—	64	15.7
轨道区域分割器	448 ×256	—	—	—	71	10.4
异物入侵检测方法	448 ×256	94.17	6.83	0.25	51 < · <64	≈26.1

分辨率。方法会对输入图像进行 resize 操作,从而将不同大小的输入图像统一为相同的大小进行卷积操作。容易得知,resize 后的图像分辨率越大,对细节信息的保留越多,模型检测的准确率越高;但是因需要处理的像素越多,检测时需要的处理时间也越长,运行速度也越慢。表 2-30 将图像 resize 为 640 ×384 像素,表 2-31 将输入到网络中的图像压缩到 448 ×256 像素,因此后者运行速度更快,为 51 ~64 帧/s,前者准确率更高(98.26%)。

准确率和漏报率。准确率是判断模型优劣的首要目标,准确率和漏报率和为 1。基于车载视频的异物入侵轻量化检测方法的一个优点为列车总是沿着轨道向前运行的,列车总会开到目标所在位置,因此,不存在小目标的问题,相较于定点监控视频图像的检测,准确率更高,有助于辅助驾驶。若列车在低速运行时,可采取制动;若列车在高速运行时,可视情况采取减速措施。当输入分辨率为 640 ×384 像素时,本书提出的入侵检测方法对轨道区域内的异物检测准确率达到 98.26%,满足高精度部署的要求。

误报率。铁路入侵检测和目标检测的区别是检测指定区域内的目标,如果方法对警报区分割不准确,就会产生误报,即将在轨道区域外的目标判断为异物。因此误报率低,代表分割算法准确率高。常见的铁路入侵检测系统中的误报包括铁路站台上的乘客等,给铁路运营人员带来不必要的干扰。本书提出的入侵检测方法误报率不足 0.1%。

速度。随着高速列车的迅速发展,对检测方法速度要求不断提高。计算机视觉对于实时处理方法的界定是每秒可以处理 25 帧图像。不同分辨率下速度和准确率对比如图 2-71 所示,虚线标出了实时检测速度。由于本书提出的入侵检测方法是在推理阶段将目标检测方法和语义分割方法结合起来,目标检测方法持续在后台运行,当检测到有目标时,再进行轨道区域分割,所以运行速度比只进行目标检测慢,即表 2-30 和表 2-31 中速度的上界为只进行目标检测的速度 29 帧/s、64 帧/s。而速度的下界是在 3 000 张入侵检测测试集中测试出来的结果,测试集中的图像均包含目标,速度的下界为 22 帧/s 和 51 帧/s。但是由于实际运行环境中异物入侵发生是小概率事件,即大部分时间只调用目标入侵检测方法,因此方法的运行速度是在(22,29)的区间范围内。同理,当输入分辨率为 448 ×256 时,方法的运行速度在(51,64)区间范围内。本研究提出的入侵检测方法符合实时检测的需求。

模型大小。由于本书选用异物入侵检测器基于 YOLOv5s 为轻量化的一阶段目标检测方法,轨道区域分割器基于轻量化的实时语义分割方法,训练得到的模型权重分别为 15.7 Mb 和 10.4 Mb,入侵检测方法的模型大小约为两个模型的和,即 26.1 Mb,符合轻量化的要求。

②定性分析

通过选取典型的铁路场景,对本书提出的基于车载视频的铁路异物入侵轻量化检测方法展开可视化定性分析,进一步得到:本研究的方法适用于铁路各个场景,可用于提供辅助驾驶、后期追溯的功能。

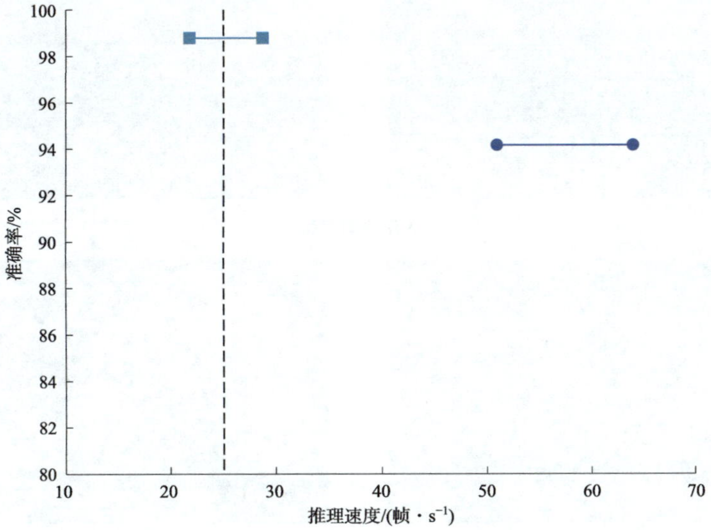

—■—输入图像分辨率 640×384　—●—输入图像分辨率 448×256

图 2-71　不同分辨率的速度和准确率对比

第一个场景是平交道口,由于真实入侵数据获得的危险性较高,用该场景模拟列车正常行驶过程中前方有异物入侵的情况,如图 2-72 所示。不同网络输入分辨率的情况下,优化后的 YOLOv5s 方法均检测到有两个人入侵。但是输入分辨率为 640×384 时,方法对右侧人的置信度判定为 0.83,高于输入分辨率为 448×256 的 0.65。印证了前文对分辨率的分析,即输入分辨率越高,细节损失越小,置信度得分越高。但本研究的准确率评价指标是检测到轨道区域内是否有异物入侵,在低的非极大值抑制阈值设置的情况下,图 2-72(a)和图 2-72(b)的检测结果都是正确的,因为它们都检测到了轨道区域内有一个人入侵,也没有误报轨道区域外的人入侵。因此本书提出的方法对轨道区域内检测异物的准确率原则上可以达到 100%,但是表 2-30 和表 2-31 显示的准确率是考虑了分割的准确率,在该场景中,如果对轨道区域的分割方法不准确,认为右侧的人并没有入侵铁路、左侧的人入侵了铁路,那会导致准确率下降、误报率上升。该场景的分割效果受分辨率的不同影响较小。

第二个场景是列车进出站台,如图 2-73 所示。站台上一般会有乘客或者工作人员,正常

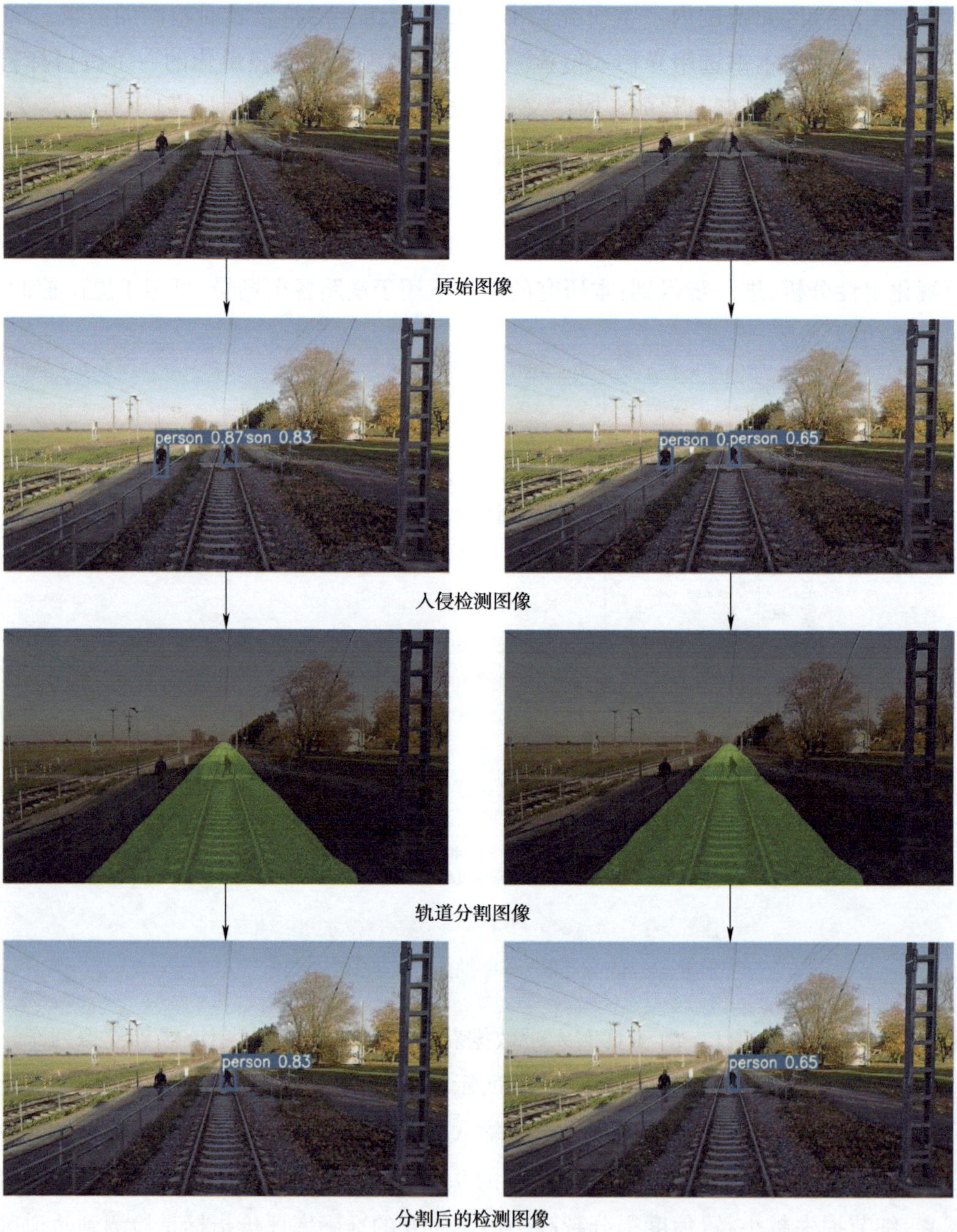

(a) 输入网络分辨率640×384　　(b) 输入网络分辨率448×256

图 2-72　平交道口场景

情况下,他们并不会侵入轨道区域,如果只对轨道区域分割不准确,会产生大量误报,给铁路运营人员带来繁重的检查工作。由于进出站台的数据比较少,为多轨道并行,同时还可能遇到相邻列车遮挡轨道区域,属于复杂场景下的语义分割,可以看到图 2-73(a)和图 2-73(b)都将该场景分割为 2 个轨道,但输入分辨率高的时候分割效果更好,且排除了方法对站台上的两个人的误报,方法鲁棒性较好。

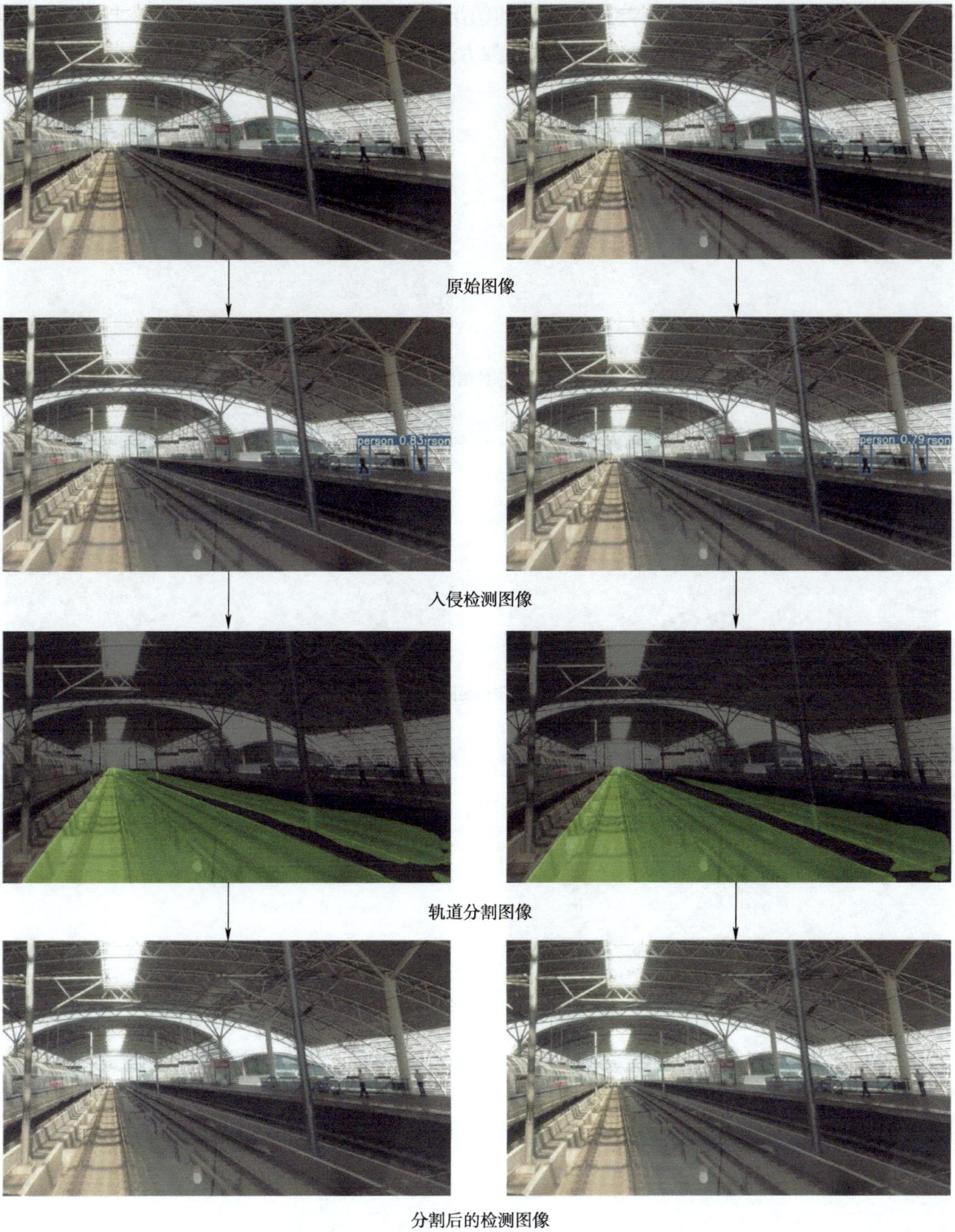

(a) 输入网络分辨率640×384　　(b) 输入网络分辨率448×256

图 2-73　列车进出站台场景

第三个场景是高架桥，如图 2-74 所示。方法检测到公路有目标，此时如果对轨道区域划分不准确，也会产生误报，而采用本书的方法误报并未产生。值得注意的是图 2-74(b)没有语义分割方法结果图,这是在输入分辨率较低的情况下,由于图像中汽车目标比较小,方法并未检测到有异物入侵,因此,也没有调用语义分割方法。

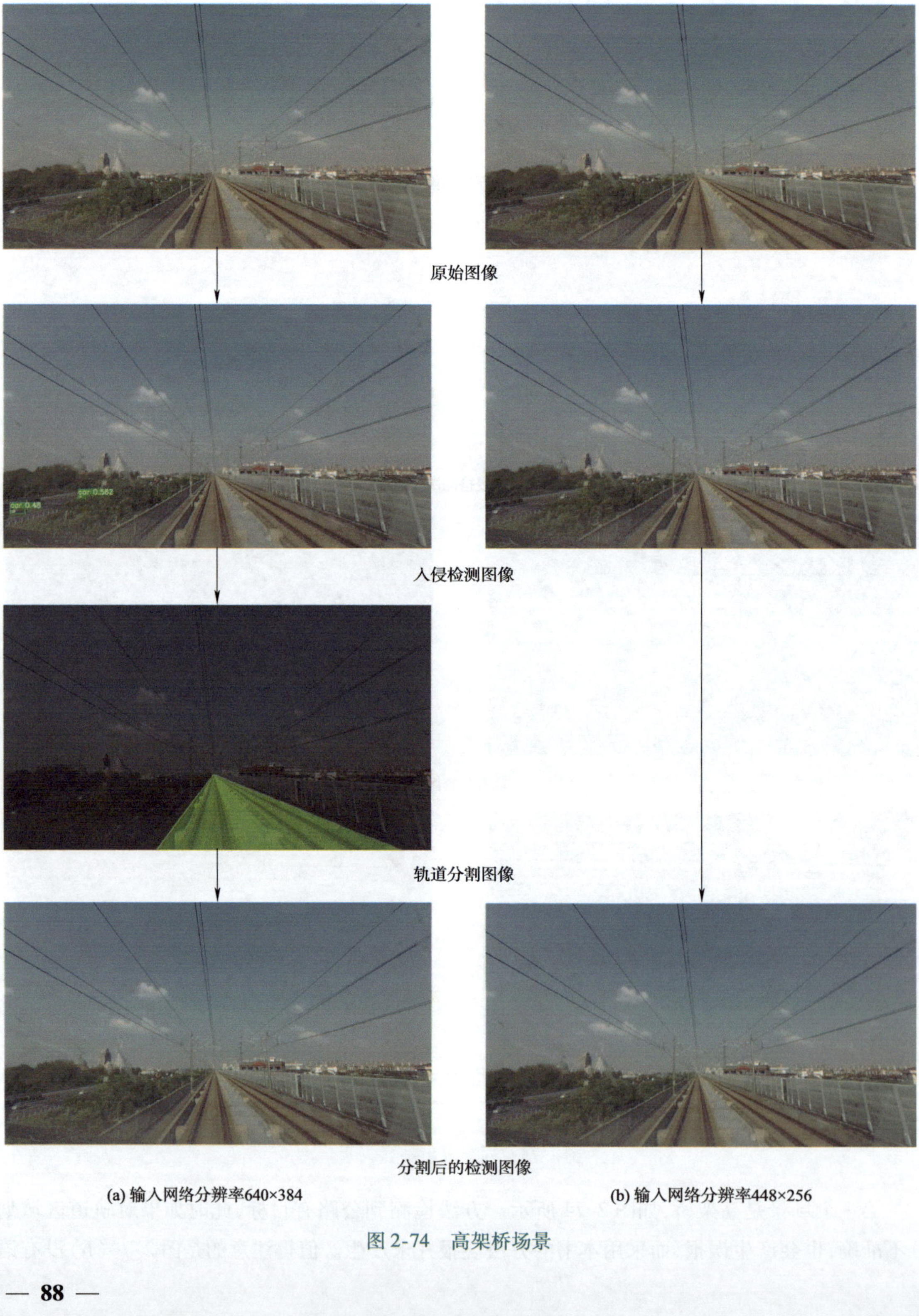

(a) 输入网络分辨率640×384　　(b) 输入网络分辨率448×256

图 2-74　高架桥场景

值得注意的是，图 2-72 ~ 图 2-74 的三个场景给出的都是可视化结果，实际运行过程中，无入侵发生时，无须保留中间过程，以文本的形式输出无入侵发生的情况。输入分辨为 640 × 384 时，有入侵发生和无入侵发生时，本书提出的铁路入侵检测方法对复杂场景的可视化处理结果如图 2-75 和图 2-76 所示，展示了本书方法对多目标、低光照的鲁棒性。

(a) 原始图像　　(b) 入侵检测图像　　(c) 结果图像

图 2-75　有入侵发生

(a) 原始图像　　(b) 入侵检测图像　　(c) 结果图像

图 2-76　无入侵发生

第三章　铁路典型基础设施缺陷图像智能识别方法

铁路基础设施在运用过程中，载荷重、服役时间长，其缺陷发生的频率和种类都有增加的趋势，因此应加大对其巡检的频率、覆盖程度和实时智能分析能力。钢轨和接触网是铁路沿线典型基础设施，是直接影响行车安全的关键要素。钢轨和接触网支持设备缺陷严重影响铁路运行安全，近年来愈来愈多的视频及图像状态采集技术应用到该领域的缺陷检测中。然而，由于铁路现场视频图像采集的视野、角度、时段等非理想条件的影响，该领域的图像智能识别方法遇到了如下挑战：①钢轨对象在整幅图像中具有高显著、高横纵比、小占比等特点；②钢轨表面缺陷具有小目标、无规则等特点；③接触网关键部件具有高密集度、任意方向分布以及缺陷少样本、小目标等特点。因此，需针对不同基础设施检测特点提出特定适用的缺陷图像检测方法，以解决铁路典型设备设施小目标缺陷识别效率低的问题。

第一节　基于 Rail-ShadowGAN 的高铁周界图像去阴影方法

铁路视频监控所采集的图像经常因为拍摄角度问题受到阴影区域的干扰，造成了检测精度不高、检测效率低下等问题。现有大多数阴影去除方法主要是在由成对的阴影和非阴影图像组成的数据集上训练 CNN 网络，然而这不适用于没有成对图像的铁路线路扣件数据集。因此，提出了一种无需配对数据的扣件阴影去除算法，来提高对铁路线路扣件典型缺陷的检测效率和识别准确度。

一、Rail-ShadowGAN 去阴影网络结构

1. 网络结构

Rail-ShadowGAN（铁路阴影去除对抗生成网络）包括两个生成器和两个鉴别器，如图 3-1 所示。生成器用于进行两个数据区域的特征转换。在阴影去除的任务中，无阴影图像由阴影图像生成，相应的阴影图像由无阴影图像生成。鉴别器的任务是找到这些由生成器生成的假图像，并将真实的图像数据与生成的图像数据区分开。生成器需要进一步学习完善阴影特征，以达到避开判别器检测的效果。随着模型训练的发展，生成器和判别器构成一个动态的博弈过程。博弈的最终结果是，生成器可以生成足够多的图片来“辨别真假”。对于鉴别器来说，很难判断生成器生成的图片是否真实。得到一个无阴影图像的生成器模型 G_{free}，它可以用来消除铁路扣件数据的阴影。

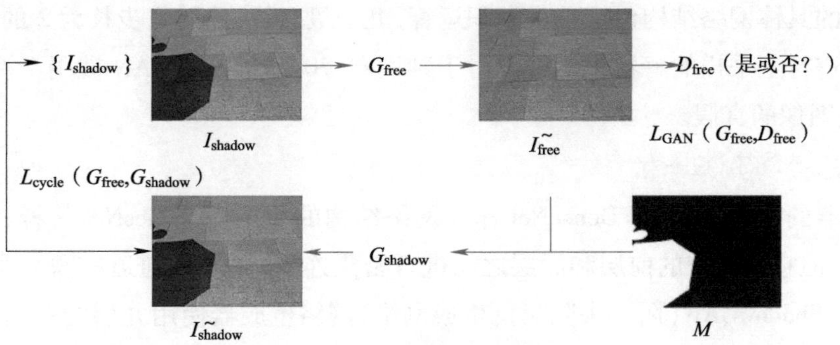

(a) 从阴影图像中学习

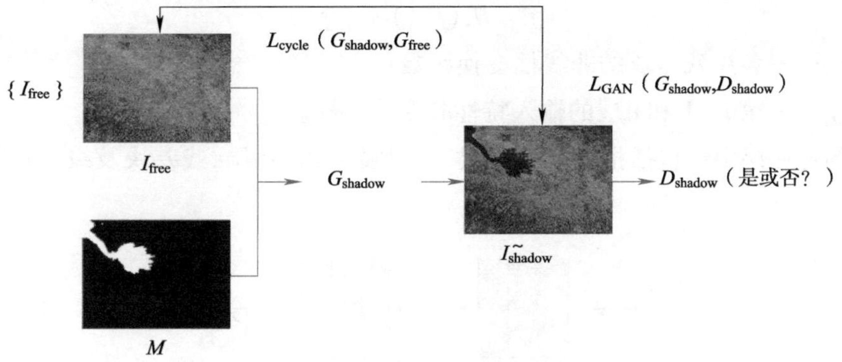

(b) 从无影图像中学习

图 3-1　Rail-ShadowGAN 网络结构

注：L_{cycle}表示循环一致性损失，L_{GAN}表示对抗损失。

Rail-ShadowGAN 网络主要从两部分训练：阴影数据$\{I_{shadow}\}$和无阴影数据$\{I_{free}\}$。在从阴影数据中学习的地方，真实的阴影数据 I_{shadow} 被生成器 G_{free} 作为输入，以生成去除阴影的数据 $I_{\tilde{free}}$。鉴别器 D_{free} 则需要确定 $I_{\tilde{free}}$ 是否是真正的无阴影数据，如图 3-1(a)所示。

$$I_{\tilde{free}} = G_{free}(I_{shadow}),\quad D_{free}(I_{\tilde{free}}) \in \{I_{free}\}\text{或}\{I_{\tilde{free}}\} \tag{3-1}$$

同时，在图 3-1(b)中，为了避免 GAN 网络的模式崩溃问题，引入了从无阴影数据学习的部分。与阴影数据部分一样，真实的无阴影数据 I_{free} 被用来作为输入，通过生成器 G_{shadow} 生成阴影数据 $I_{\tilde{shadow}}$。鉴别器 D_{shadow} 需要确定 $I_{\tilde{shadow}}$ 是否为真实的有阴影数据。

$$I_{\tilde{shadow}} = G_{shadow}(I_{free}),D_{shadow}(I_{\tilde{shadow}}) \in \{I_{shadow}\}\text{或}\{I_{\tilde{shadow}}\} \tag{3-2}$$

此外，无阴影数据的学习部分还需要增加阴影生成机制。因为无阴影数据可能对应多个阴影数据，阴影内容在无阴影数据上的生成有多种方式，所以需要在 G_{shadow} 中增加阴影生成部分来明确输出。遮罩部分可以根据样式的不同，迁移去除未配对的阴影数据和无阴影数据，从而保证每幅图像对应一个去除阴影和生成阴影的结果。

$$M = IB(I_{shadow} - I_{\tilde{free}}, t) \tag{3-3}$$

式中　IB——图像的二值化操作；

t——二值化的阈值选择，计算 I_{shadow} 和 $I_{\tilde{free}}$ 之间的差值，其值由 OTSU 算法计算。

生成器的具体网络结构包括三次卷积运算，九个级联块，然后是步长为 2 的卷积运算和两次对特征图进行上采样的解卷积运算。对于判别器，70×70 PatchGAN 被用于网络中，以确定 70×70 重叠图像的真假。

2. 级联块和实例归一化

在生成器的结构中，使用 DenseNet 作为网络结构的主干。与 ResNet 一样，DenseNet 也使用快捷连接，但它在所有的前层和后层之间进行密集连接，并使用通道串联来实现特征重用。原始的 Mask-ShadowGAN（阴影去除对抗生成网络）网络生成器使用九层的残差块来转换特征向量。

$$f_i = H_1(f_{i-1}) + f_{i-1} \tag{3-4}$$

式中 H_1——各层残差块的非线性变换函数；

f_{i-1}, f_i——第 $i-1$ 和 i 层的输入特性和变换特性。

残差块的每一层中还包括批量归一化层、卷积层和 ReLU 层，残差块及级联块结构示意如图 3-2 所示。

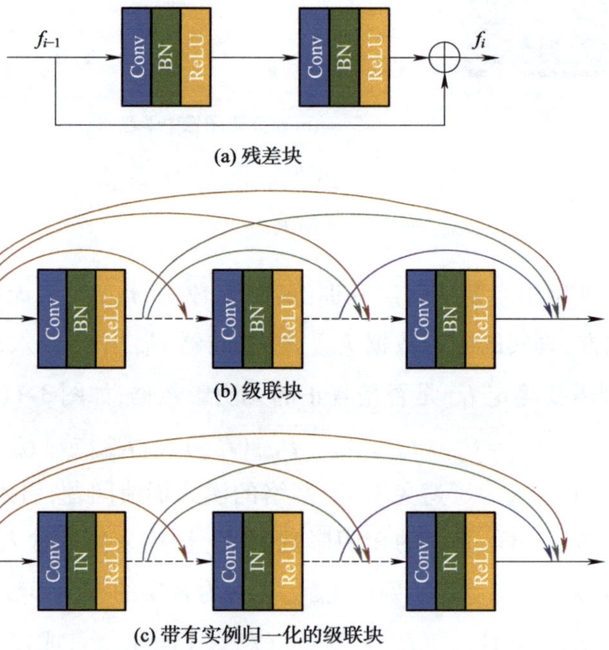

图 3-2 残差块及级联块结构示意

改进后的生成器结构用 DenseNet 取代了传统的 ResNet。与 ResNet 相比，DenseNet 可以进一步缓解梯度消失，增强在不同特征图之间转移特征的能力，并在一定程度上减少特征图中的参数数量。此外，互连模块的转换提高了模块间的信息流耦合。

$$f_i = H_2([f_0, f_1, \cdots, f_{i-1}]) \tag{3-5}$$

式中 H_2——各层级联块的非线性变换函数；

$f_0, f_1, \cdots, f_{i-1}$——第 0 层到第 $i-1$ 层作为输入的特征图。

此外,级联块是通道的组合,而残差块是数值的相加,所以通道的数量没有变化。级联块如图 3-2(b)所示,每一层的级联块还包括批量归一化层、卷积层和 ReLU 层。

基于图 3-2(c)中的级联块,使用 IN(实例归一化)作为归一化层。在 BN(批量归一化)的计算中,每个通道的 N、H、W(数量、高度和宽度)被单独拿出来进行归一化处理。批量越小,BN 的性能就越差,因为计算过程中得到的均值和方差不能代表整体。然而,在 GAN 网络的无监督学习中,更多的是使用小批量的训练。IN 的计算是将每个 H、W 单独拿出来进行归一化处理,不受通道和批量大小的影响。因此,实例归一化更适用于风格化迁移的模型。

3. 损失函数

网络的损失函数主要分为三部分。将对抗性损失应用于阴影去除和阴影生成结构,对于阴影去除部分:

$$
\begin{aligned}
L_{\mathrm{GAN}}(G_{\mathrm{free}},D_{\mathrm{free}}) = & E_{I_{\mathrm{free}}\sim P_{\mathrm{data}}(I_{\mathrm{free}})}[\lg D_{\mathrm{free}}(I_{\mathrm{free}})] \\
& + E_{I_{\mathrm{shadow}}\sim P_{\mathrm{data}}(I_{\mathrm{shadow}})}\{\lg\{1-D_{\mathrm{free}}[G_{\mathrm{free}}(I_{\mathrm{shadow}})]\}\}
\end{aligned}
\tag{3-6}
$$

式中　$E_{I_{\mathrm{free}}\sim P_{\mathrm{data}}(I_{\mathrm{free}})}$——计算判别器对真实无阴影图像输出概率的对数的期望;

$E_{I_{\mathrm{shadow}}\sim P_{\mathrm{data}}(I_{\mathrm{shadow}})}$——计算判别器对生成器生成的伪造无阴影图像输出概率的对数的期望。

二、现场扣件图像去阴影结果分析

1. 数据集和训练细节

Rail-ShadowGAN 对未配对的数据进行阴影特征学习和阴影去除。虽然数据集不需要一一对应,但仍然需要有阴影数据和无阴影数据,并在自己的数据中保持特征一致。之前收集的扣件数据只有阴影数据,因此把公共的阴影数据集加在一起作为训练数据。同时,根据实践经验将扣件数据集与公共阴影数据集的比例控制在 1∶9,以保证模型能够学到正确的阴影特征。最后,有 3 000 个阴影数据和 3 000 个无阴影数据用于模型训练。测试数据包括公共阴影数据集、阴影扣件数据。同时,在阴天拍摄的无阴影扣件数据的基础上,人为地加入阴影干扰,从而量化模型对扣件数据的去影效果。

使用随机噪声来初始化所有生成器和判别器的参数,以满足零均值的高斯分布。网络结构选用了 Adam 优化器,第一动量值设置为 0.5,第二动量值为 0.999。训练迭代次数为 200,学习率为 0.000 2。在前 100 个步长中保持相同的学习率,在后 100 个步长中线性衰减到零,然后完成训练。

2. 与其他方法比较

在一般阴影数据集(Test-A)、有人工阴影干扰的铁路扣件数据集(Test-B)和有阴影的铁路扣件数据集(Test-C)上,与其他最新和经典的算法在视觉和定量评价指标上进行了阴影去除效果的比较,如 CycleGAN(Cycle 对抗生成网络)、原始算法 Mask-ShadowGAN、单尺度增强算法(single scale retinex,SSR)和多尺度增强算法(multi scale retinex,MSR)等。

这些方法可以定性和定量地评估 Test-A 和 Test-B 的性能,因为去除阴影的图像可以与原始数据中配对的无阴影图像进行比较。此外,还定量评估了 Rail-ShadowGAN 模型算法对测试数据的影响,并与其他几种模型算法进行比较。对于这个实验,可以得到以下观察结果:①Rail-ShadowGAN 可以更好地去除一般数据集中存在的阴影,最大程度地减少图像失真,恢复阴影区域下的内容。②Rail-ShadowGAN 可以更好地去除铁路扣件数据集中存在的阴影,与其他模型算法相比,它能在更好地保留扣件原始特征的基础上,最大限度地去除阴影干扰。

对于测试 Test-A 的评价,一般数据集的阴影去除结果如图 3-3 所示,所有方法对普通数据集的阴影去除都有一定效果,但对于不同场景,各自的阴影去除效果不尽相同。对于图像中存在单一背景和阴影的场景,如 c、d、e 列,基于深度学习生成式对抗网络的 Rail-ShadowGAN、Mask-ShadowGAN 和 CycleGAN 都能达到良好的阴影去除效果,没有明显的视觉差异。对于 f 和 g 列,交互式阴影去除算法(interactive shadow removal,ISR)和配对阴影去除算法(paired regions shadow removal,PRSR)的算法是基于图像预设的,在去影效果稍差的情况下,去影部分的轮廓还是比较清晰的。对于 h 列和 i 列,基于图像增强的 retinex 算法,包括单尺度增强算法和多尺度增强算法,不具备学习阴影特征的能力,所以阴影去除效果较差,整体图像颜色失真多。

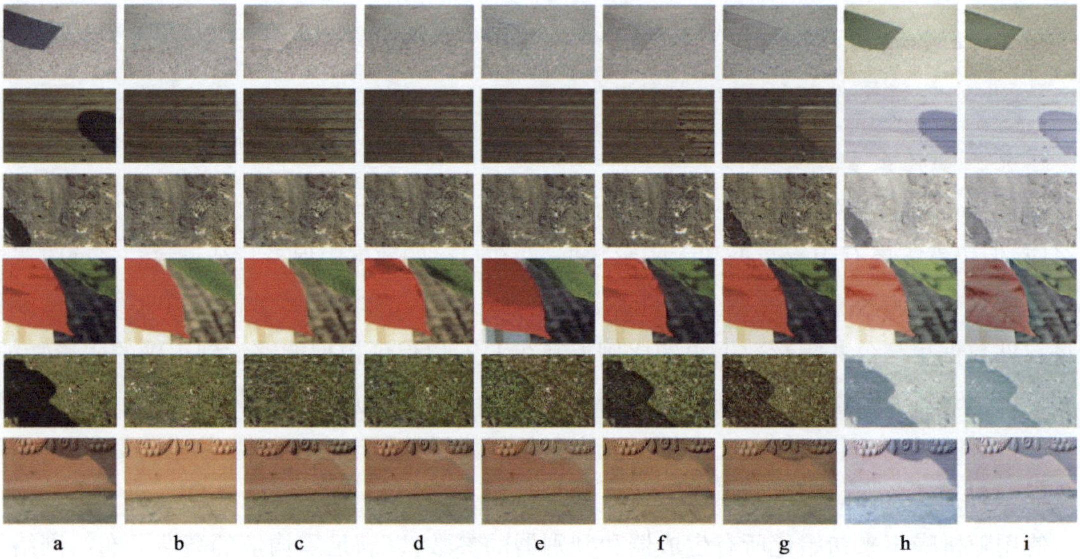

a—阴影图像;b—地面真像;c—Rail-ShadowGAN;d—Mask-ShadowGAN;e—CycleGAN;
f—交互式阴影去除算法;g—配对阴影去除算法;h—单尺度增强算法;i—多尺度增强算法。

图 3-3 一般数据集的阴影去除结果

对于背景复杂且阴影部分细节较多的图像,基于深度学习的生成式对抗网络,Mask-ShadowGAN 和 CycleGAN 优势比较明显,可以更好地区分阴影部分的前景和背景,尽可能地减少阴影部分的背景细节,减少图像的失真。但是,基于图像先验和图像增强的算法不能很好地区分和消除阴影部分,会受到暗部和色差的影响。阴影部分不能被很好地消除,原始图像的颜色也不能被很好地恢复。

对 Test-B 的评价，扣件数据集的阴影去除结果如图 3-4 所示，从Ⅰ、Ⅱ、Ⅲ行可以看出，对于在阴天环境下拍摄的扣件数据，由于不存在阴影干扰问题，便于做配对数据集来量化比较各模型算法的阴影去除效果。可以看出，每种模型算法都能在一定程度上去除阴影，但往往会导致阴影去除不均匀，图像细节丢失，颜色特征失真。例如，在 e、f、g 列中，CycleGAN、交互式阴影去除算法和配对阴影去除算法的结果仍有阴影。在 h 和 i 列中，单尺度增强算法和多尺度增强算法的结果显示了高度失真的色彩信息。从整体效果来看，由于更多的细节和更复杂的场景，该算法的阴影去除效果要比一般阴影场景的效果差一些。但从 c 列和 d 列可以看出，所提出算法和 Mask-ShadowGAN 的去除效果还是比较好。数据Ⅲ是阴影部分扣件的放大细节，可以看出所提出算法与 Mask-ShadowGAN 相比在图像细节和色彩还原上有更好的效果。本方法得到的去阴影图像更加清晰，原始图像的细节和色彩得到了更多还原。

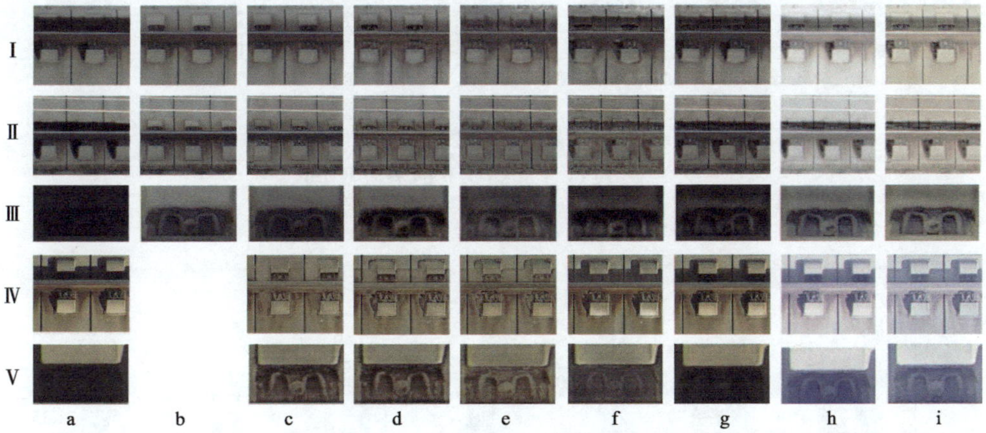

a—阴影图像；b—地面真像；c—Rail-ShadowGAN；d—Mask-ShadowGAN；e—CycleGAN；
f—交互式阴影去除算法；g—配对阴影去除算法；h—单尺度增强算法；i—多尺度增强算法。

图 3-4　扣件数据集的阴影去除结果

对 Test-C 的评价。可以通过图 3-4 行数据Ⅳ、Ⅴ发现，由于没有匹配的无阴影数据，原本为配对无阴影数据的 b 列缺失。在真实阴影的干扰下，阴影去除效果与人工扣件数据集（Test-B）相似，但整体去除效果较差。从 a 列的对比可以看出，真实扣件数据的阴影比人工添加的阴影更浅，难以与背景区分。而且真实阴影扣件数据的整体画面色调会比较暖，对阴影去除的干扰也进一步加大。但与其他算法相比，该方法得到的真实阴影数据的去阴影图像能更好地去除阴影，最大程度地恢复原始图像的细节，减少图像的色彩失真。与 Test-B 类似，行数据Ⅴ是真实阴影数据的部分扣件放大细节。

对 Test-A 和 Test-B 的定量评价：对两组成对的数据进行定量比较，通过评价指标计算出算法生成的阴影去除数据与原始无阴影数据之间的差异，以证明所提方法的性能。如图 3-5 和图 3-6 所示，Rail-ShadowGAN 的 RMSE（均方根差）和 SSIM（结构相似性）都高于其他经典方法，这进一步说明了该方法的优越性。

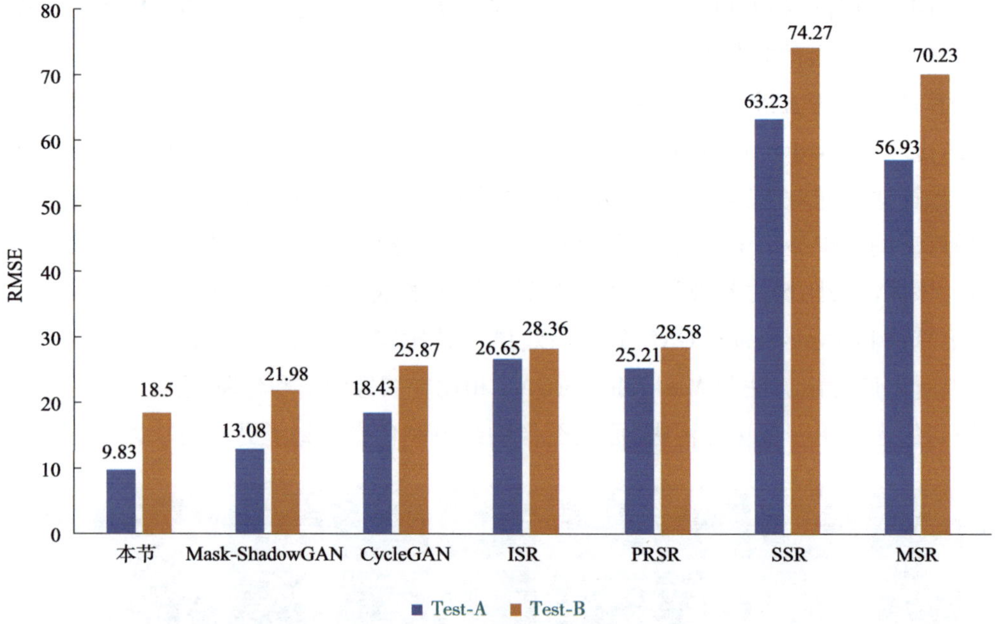

图 3-5　测试 A 和测试 B 的平均 RMSE

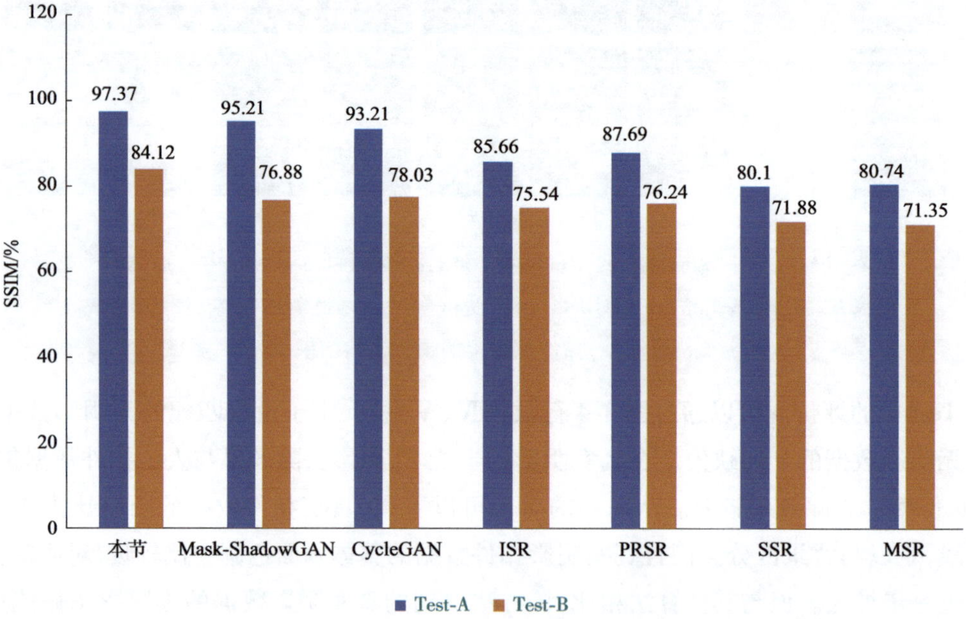

图 3-6　测试 A 和测试 B 的平均 SSIM

对于 Test-C 的数据，由于没有配对的扣件数据，无法通过评价标准进行定量比较，因此，选择图像直方图数据来定性地、直观地展示模型算法的阴影去除效果。有人工阴影干扰的扣件数据的直方图数据如图 3-7(a)所示，可以看出，所提出的模型算法可以消除低亮度部分而不影响高亮度部分的分布。真实的无匹配的阴影扣件数据如图 3-7(b)所示，从直方图可以看出，虽然低亮度部分被很好地去除，但高亮度部分的整体分布有移动的趋势，这也与上述结果中的图像失真一致。直方图结果表明，对于真实场景中的扣件阴影数据，在保证扣件细节的前提下，Rail-ShadowGAN 算法能够很好地去除阴影干扰，但仍存在小的图像颜色失真问题，不过这些问题不会影响后续的扣件检测。

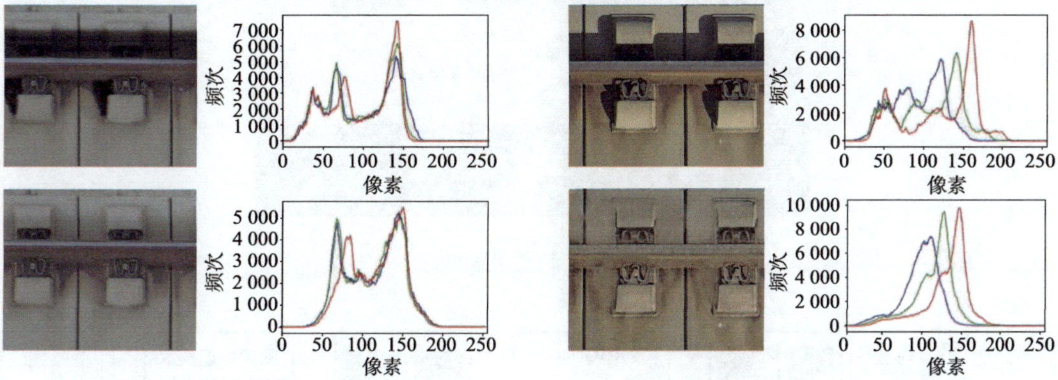

(a) 有人工阴影干扰的扣件数据　　(b) 真实的无匹配的阴影扣件数据

图 3-7　Rail-ShadowGAN 算法去除阴影效应的直方图分析

第二节　铁路线路钢轨典型小目标缺陷图像识别方法

钢轨作为铁路沿线重要的典型设备负责引导列车行进，随着服役时间的增长，钢轨表面逐渐产生缺陷，甚至发生断裂，严重影响行车安全。尤其在列车高速重载运行时，轮轨之间的接触面很小，压强很大，巨大的压强会导致钢轨表面迅速产生压陷或磨损，如图 3-8 所示。若发现不及时，伤损向内部发展，严重时将导致钢轨折断，直接危及列车运行安全。2008 年某铁路局管内线路共发生钢轨折断故障 45 起，影响线路正常行车 1 147 min，平均每起断轨造成延时 25 min。在这 45 起断轨故障中，从钢轨横断面或轨面能观察到的伤损共有 41 起，占比达 91%，因此，钢轨伤损是造成钢轨折断的最主要原因。据统计，90% 的列车脱轨事故与轨道断裂有关。目前，钢轨断裂及缺陷成为导致列车事故甚至脱轨的主要因素。基于图像智能分析的轨道表面缺陷检测流程如图 3-9 所示。

一、基于轨道边缘引导显著性检测网络的钢轨表面分割方法

钢轨表面缺陷尺寸在图像中占比非常低，因此钢轨分割是缺陷检测最重要的初始步骤。在铁路图像中，钢轨这类目标具有如下特点：高纵横比，钢轨位置不确定，轨道边缘复杂，太阳光强度和表面反射率多变，高显著性，阴影存在。一般表面缺陷检测方法都是要先将钢轨提取，然后利用简单的传统视觉方法检测表面缺陷。值得一提的是，也存在一些直接用深度学习的方法去检测表面缺陷的模型。但是针对复杂的铁路图像来说，直接用深度学习的方法并不能达到理想效果。而且，基于轨道图像特点，钢轨的位置、角度和长宽比都是变化的，这就造成了基于传统视觉钢轨分割方法的失败。同时，一些基于深度学习的像素级分割方法没有利用目标的边缘信息，由于轨道图像中复杂的边缘（轨枕等）造成钢轨边缘分割的不完整。因此，

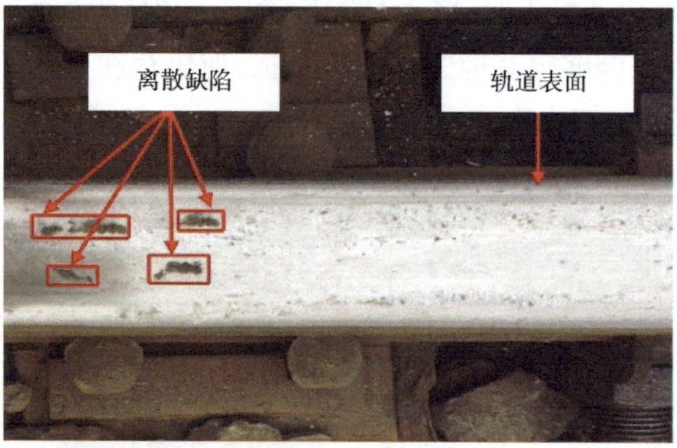

图 3-8　轨道表面缺陷

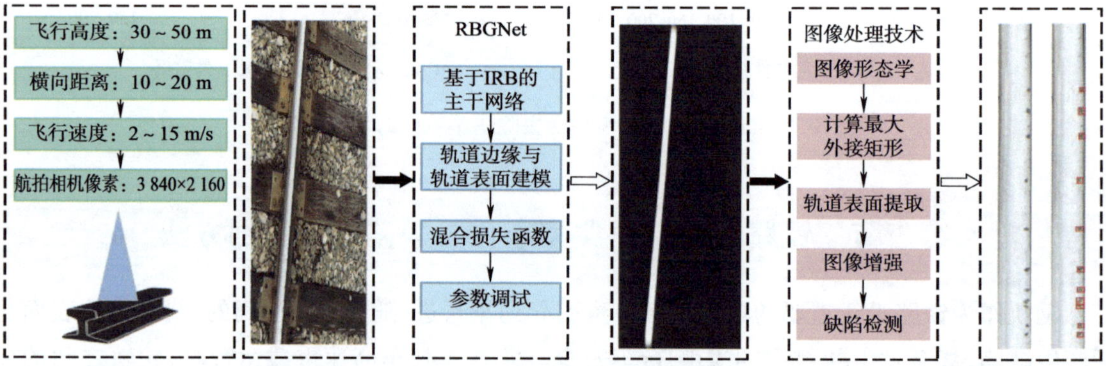

(a) 无人机轨道图像收集　(b) 基于RBGNet轨道表面显著性检测　(c) 基于图像处理技术的缺陷检测

图 3-9　轨道表面缺陷检测流程

利用基于轨道边缘引导网络(rail boundary guidance network, RBGNet)的钢轨表面分割方法对铁路线路钢轨进行分割。

1. 钢轨表面显著性检测网络设计

轨道表面分割是缺陷检测的第一步,也是最关键的一步,它将决定下一步轨道表面缺陷检测算法是否有意义,目标分割和定位任务可以受益于显著的边界检测结果。基于深度学习显著性检测理论,提出了一种新的端到端轨道表面分割网络 RBGNet,该网络结构融合了互补的显著轨道边缘信息和显著轨道表面特征,同时配备了用于轨道表面显著性检测的混合损失函数。RBGNet 主要由 4 个模块和显著性监督组成,其中 4 个模块分别为基于改进残差块(improved residual block, IRB)的主干网络、钢轨边缘显著性特征提取模块、钢轨表面显著性特征提取模块、引导模块,如图 3-10 所示。

(1)主干网络设计

大多数视觉任务,如图像超分辨率、目标检测,显著性检测都简单地利用 ResNet 结构作为主干,以优秀的性能解决时间和内存优化问题。然而,由于 ResNet 是用来解决诸如多目标分类等高层次计算机视觉问题的,因此将 ResNet 直接应用于低层次的视觉问题会导致模型效果

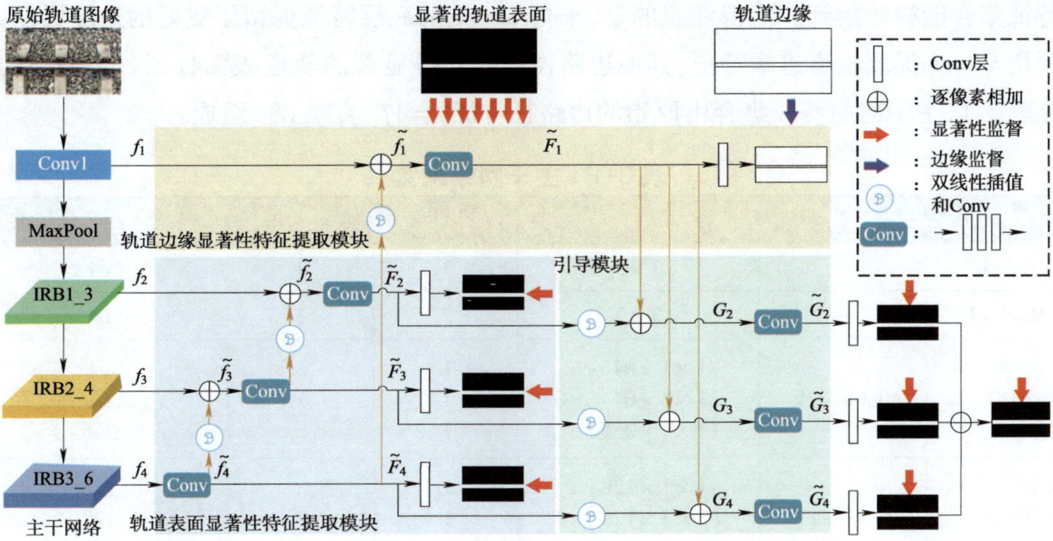

图 3-10　轨道边缘引导网络的结构

注：MaxPool 表示最大池化层。

达不到预期。一些研究利用 ResNet 作为显著性检测的基本单元，然而，这种结构因为增加并行分支会带来额外的计算开销。如图 3-11(a)所示，采用改进的无 BN(归一化)层的 ResNet 构建图像去雾网络，取得了良好的效果。此外，无归一化的 ResNet 也成功被用在了图像超分辨率和动态场景的图像去模糊上。因此，基于 BN 去除的成功，另外提出了改进残差块作为 REGNet 的主干网络的基本单元，如图 3-11(b)所示。

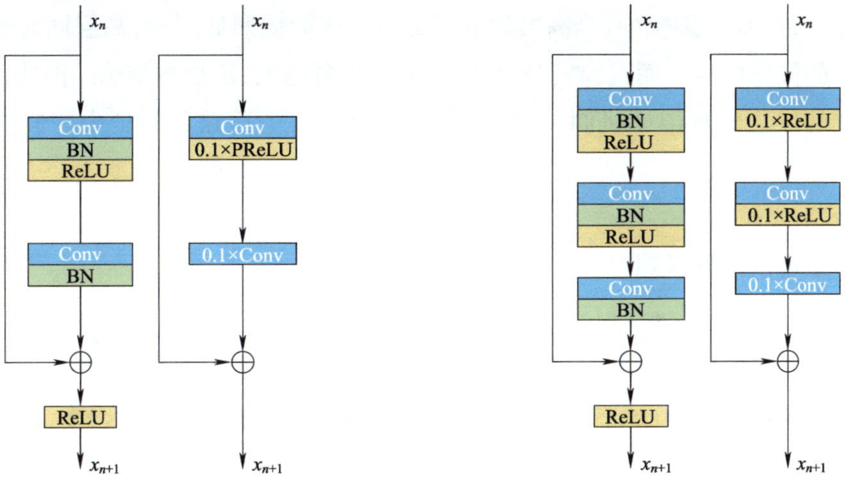

(a) 左：原始残差块，右：使用在DPRNet中的残差块　(b) 左：使用在EGNet 中的残差块，右：提出的改进残差块

图 3-11　残差块结构示意

在图 3-11 中，3 个 IRB 被用作 RBGNet 的主干网络的基本单元，并且生成 3 个边路径。除此之外，类似于主干网络构建时没有全连接层，但包含了用于生成另一侧路径的 Conv 层和用于减少参数的 MaxPool 层。因此，来自主干网 Conv1、IRB1_3、IRB2_4 和 IRB3_6 的四个边路

径特征集合能被收集到。值得注意的是,来自 Conv1 的底层特征保留了更好的边缘属性,因此利用 Conv1 提取轨道边缘特征,其他边路径用来获得显著的轨道表面特征。主干网的配置见表 3-1,主干网的特征集合由原始的边路径特征 $f=\{f_1,f_2,f_3,f_4\}$ 组成。

表 3-1　主干网络配置

网络层	类型	滤波器尺寸	步长	填充	输出通道
Conv1	—	7×7	3	3	64
MaxPool	—	3×3	2	1	64
IRB1	Bottleneck	$\begin{Bmatrix}1\times1\times64\\3\times3\times64\\1\times1\times256\end{Bmatrix}\times3$	1 1 1	1	64 64 256
IRB2	Bottleneck	$\begin{Bmatrix}1\times1\times128\\3\times3\times128\\1\times1\times512\end{Bmatrix}\times4$	1 1 1	2	128 128 512
IRB3	Bottleneck	$\begin{Bmatrix}1\times1\times256\\3\times3\times256\\1\times1\times1\,024\end{Bmatrix}\times3$	1 1 1	1	256 256 1 024

(2)钢轨表面显著性特征提取模块

钢轨表面显著性特征提取模块是 RBGNet 中一个生产多分辨率特征的模块,这个思想是参照于 UNet 和 EGNet。与原来的 UNet 不同,在边路径上加入卷积(Conv)操作来获取更多轨道表面显著性信息,并且在每个 Conv 层之后增加一个非线性激活函数(ReLU)层来保证模型的非线性。此外,在 U 形架构中,当高层的上下文信息逐渐传回低层时,高层同时也会逐渐丢失或稀释部分的位置信息。而且,高层特征映射的感受野越大,定位越准确。因此,RBGNet 使用了由高到低的位置信息传播机制,将高层信息融合到每个边路径特征中。假设融合特征集为

$$f=\{f_1,f_2,f_3,f_4\} \tag{3-7}$$

每个融合的特征可以计算得到

$$f_n=f_n+\Phi\{\Gamma\{Trans[f_{n+1},\varepsilon(f_n)]\},\mu(f_n)\},n=2,3 \tag{3-8}$$

$$f_4=\Psi(f_4),n=4 \tag{3-9}$$

其中,$Trans[\text{input},\varepsilon(*)]$表示用于改变特征输出通道数到 $\varepsilon(*)$ 的卷积操作;$\varepsilon(*)$ 是 $*$ 的特征通道数量;Γ 表示 ReLU 操作;$\Phi[\text{input},\mu(*)]$表示双线性插值,它是用于改变输入到 $\mu(*)$ 的形状;$\mu(*)$ 是 $*$ 的尺寸;$\Psi(*)$ 表示一系列的卷积和非线性操作。

使用卷积操作来增强显著的轨道表面特征,因此在每一条边路径中,增强的轨道表面特征可以定义为

$$F_n=\Psi(f_n),\ n=2,3,4 \tag{3-10}$$

(3)钢轨边缘显著性特征提取模块

钢轨边缘显著性特征提取模块用于建模显著的轨道边缘信息。然而，仅利用局部的特征信息是不够的。就像前文提到的，高层特征映射的感受野越大，定位越准确，因此，为了抑制非边缘显著性信息，把高层的轨道表面上下文信息增加到边缘特征 f_1 里。同样地，加强的显著轨道边缘特征可以被定义为

$$F_1 = \Psi\{f_1 + \Phi\{\Gamma\{Trans[f_4, \varepsilon(f_1)]\}, \mu(f_1)\}\} \tag{3-11}$$

因此，由轨道边缘显著性特征和轨道表面显著性特征组成的加强特征集合 F 为

$$F = \{F_1, F_2, F_3, F_4\} \tag{3-12}$$

(4)引导模块

在提取互补的轨道边缘和轨道表面显著性特征后，利用轨道边缘特征引导显著的轨道表面的定位和分割。对于原始的 U 形结构，简单的方法是将高层的轨道表面特征逐步传输到低层(轨道边缘提取)，但同时高层的位置信息也将被逐渐稀释。此外，RBGNet 结构设计的目的是在钢轨边缘信息的引导下，融合钢轨边缘的显著性特征和各边路径的轨道表面显著性特征，从而获得更准确的表面预测效果。因此，在 RBGNet 中建立了引导模块，该模块可在轨道边缘信息的引导下，精确预测轨道表面位置和轨道边缘。更重要的是，对于每个边路径的轨道表面位置预测，通过增加显著的轨道边缘信息，可使分割后的轨道表面细节更丰富，高层预测更准确。假设融合的轨道表面显著性引导特征集为

$$G = \{G_2, G_3, G_4\} \tag{3-13}$$

每个融合的引导特征可以类似地表示为

$$G_n = \Phi\{\Gamma\{Trans[F_n, \varepsilon(F_1)]\}, \mu(F_1)\} + F_1, n = 2, 4 \tag{3-14}$$

$$G_n = \Psi(G_n) \tag{3-15}$$

因此，一组轨道边缘引导下的加强轨道表面特征集为

$$G = \{G_2, G_3, G_4\} \tag{3-16}$$

2. 混合损失函数

二值交叉熵作为经典的损失函数之一，被用于大多数显著性目标检测网络。然而，仅用此损失训练的模型在区分边界像素方面的性能通常较差。其他广泛使用的损失函数，如交并比，可以在全局范围内监督预测结果，但缺乏捕获精细结构的能力。此外，为了考虑图像的结构和空间相干性，结构相似性指标损失被成功应用在多个视觉任务中，因此提出一种由二值交叉熵、结构相似性指标和交并比组成的混合损失函数。

显著的轨道边缘和所有显著的轨道表面监督都是基于一个混合损失函数，这些损失的和被定义为

$$Loss = \sum_{n=1}^{N} l^{(n)}, N = 8 \tag{3-17}$$

$$l^{(n)} = l^n_{\text{BCE}} + l^n_{\text{SSIM}} + l^n_{\text{IOU}} \tag{3-18}$$

式中 $l^{(n)}$——第 n 个边路径输出损失；

N——输出的个数；

l^n_{BCE}，l^n_{SSIM}和 l^n_{IOU}——二值交叉熵损失、结构相似性指标损失和交并比损失。

整个网络是被 8 个输出深度监督($N=8$)，其中包括了 1 个来自轨道边缘显著性特征提取模块的输出，3 个轨道表面显著性特征提取模块的输出，4 个最后的监督输出。

二值交叉熵损失 BCE 是二元分类中最常用的损失函数，可被定义为

$$l^n_{\text{BCE}} = -\sum_{(i,j)} \{GT(i,j)\lg S(i,j) + [1 - GT(i,j)]\lg[1 - S(i,j)]\}$$
$$S \in \{\varphi(F), \varphi(G), \varphi[\text{sum}(G)]\}, GT \in \{Edge, Object\} \tag{3-19}$$

式中 $GT(i,j)$——像素(i, j)的真实值，$GT(i,j) \in \{0,1\}$；

$S(i, j)$——成为钢轨表面或者边缘的预测概率；

$\varphi(\cdot)$——一个尺寸为 3×3，填充为 1，通道数为 1 的过渡卷积层，它的作用是将多通道输入特征映射转换成单通道映射；

F——加强的轨道边缘特征和轨道表面特征集；

G——轨道边缘信息引导下的加强轨道表面特征集；

$Edge, Object$——显著的轨道边缘真实值和显著的轨道表面真实值。

结构相似性指标 SSIM 能够捕获图像中的结构信息，它最开始被提出是用于图像质量评价。一些计算机视觉任务成功地将结构相似性指标引入训练损失中，并获得了很有吸引力的结果。因此，也在损失函数中引入它来学习显著的钢轨边缘真实值和显著的轨道表面真实值的结构信息。假设两个图像子区域的像素集合 x 和 y，他们分别被截取于预测的概率映射 $S(i,j)$和相应的真实值 $GT(i,j)$中。这两个集合被定义为

$$x = \{x_{i,j}: i,j = 1,2,\cdots,N\}, y = \{y_{i,j}: i,j = 1,2,\cdots,N\}$$
$$x \subseteq S, y \subseteq GT \tag{3-20}$$
$$S \in \{\varphi(F), \varphi(G), \varphi[\text{sum}(G)]\}, GT \in \{Edge, Object\}$$

x 和 y 的 SSIM 损失被表示为

$$L_{\text{SSIM}} = 1 - \frac{(2\mu_x\mu_y + C_1)(2\sigma_{xy} + C_2)}{(\mu_x^2 + \mu_y^2 + C_1)(\sigma_x^2 + \sigma_x^2 + C_2)} \tag{3-21}$$

式中 μ_x，μ_y——x 和 y 的均值；

σ_{xy}——x 和 y 的协方差；

C_1, C_2——常数，分别设为 0.012 和 0.032；

σ_x，σ_y——x 和 y 的标准差。

交并比 *IoU* 最初用于两个集合的相似性度量，然后用作对象分割和检测的标准评估度量。近年来，许多先进的图像分割方法使用交并比作为训练损失函数。在 RBGNet 的训练中引进交并比损失，定义为

$$L_{\mathrm{IOU}} = 1 - \frac{\sum_{i=1}^{h}\sum_{j=1}^{w} S(i,j)GT(i,j)}{\sum_{i=1}^{h}\sum_{j=1}^{w}[S(i,j) + GT(i,j) - S(i,j)GT(i,j)]} \tag{3-22}$$

$$S \in \{\varphi(F),\varphi(G),\varphi[\mathrm{sum}(G)]\},GT \in \{Edge,Object\}$$

混合损失函数由二值交叉熵损失、结构相似性指标损失和交并比损失组成。

3. 实际轨道数据钢轨分割结果分析

RBGNet 和其他模型之间定性比较的直观证据如图 3-12 所示，大多数基于卷积神经网络的方法无法生成准确的轨道表面，这使轨道表面缺陷检测不切实际。RBGNet 能够精确地分割具有复杂轨道边缘的图像，而其他模型漏掉了大量的钢轨表面，或者产生模糊的边缘。这是因为 RBGNet 能够处理轨道不同区域的不同反射属性和不一致的光照条件带来的挑战。如图 3-12 中 d、g、h 和 i 列所示，UNet 和这些由 U 形网络结构改进而来的网络，如 UNet、U2Net 和 UNet + +，预测出了错误的轨道表面或不完整的轨道边界。如图 3-12 中 b 和 c 列所示，一些边缘感知的网络（如 EGNet 和 BASNet）对具有复杂边界或不均匀照明条件的轨道表面图像分割效果不够好。尽管 BASNet 装备了先进的损失函数，它的性能仍然不如 EGNet。当比较图 3-12 中 e 列和 f 列时，PoolNet 和配备了先进的 ResNet 的 SOD100K 获得了具有竞争力的性能。然而，U 形网络 PoolNet 对包含黑暗部分的轨道表面的分割效果差，并且 SOD100K 无法实现对这些轨道的完整表面和边界的预测。如图 3-12 中第 j 列所示，提出的轨道边缘引导网络 RBGNet 获得了最好的视觉效果。

二、基于局部类韦伯对比与灰度延伸最大熵的钢轨表面缺陷检测方法

铁路线路钢轨表面缺陷包括轮轨接触引起的波纹和离散缺陷。当列车在轨道上运行时，车轮在轨道上周期性滑动会产生波纹。离散缺陷在钢轨表面以明显的随机方式产生，没有周期性特征，这些缺陷可能会导致严重事故，甚至可能导致灾难性的车辆脱轨。铁路钢轨表面缺陷图像智能检测存在以下挑战：缺陷点、背景点以及不规则点（噪声）灰度值混乱；钢轨局部灰度范围变化小；全局灰度范围变化大；缺陷的灰度值低；缺陷深度结构信息和具体形状特征极少。经过调研，像轨道表面离散缺陷这类目标，没有明显结构特征，包括纹理、边缘等特征，因此基于深度学习的方法对这种缺陷检测效率较低。另外，一些基于传统图像处理技术的方法，容易受到变化的太阳光照、不均匀的轨道表面或者噪声的影响。因此，基于数字图像处理技术，根据钢轨表面特点，提出类韦伯对比 - 最大熵阈值模型，从图像增强和优化的分割阈值入手，解决了以上挑战并有效检测出这类铁路沿线典型设备缺陷。

1. 韦伯对比、最大熵阈值理论以及小波理论

（1）韦伯对比定律

作为最经典的亮度对比度统计方法之一，韦伯对比度被广泛应用于处理较大均匀背景上的小而尖锐的图形目标，可被定义为

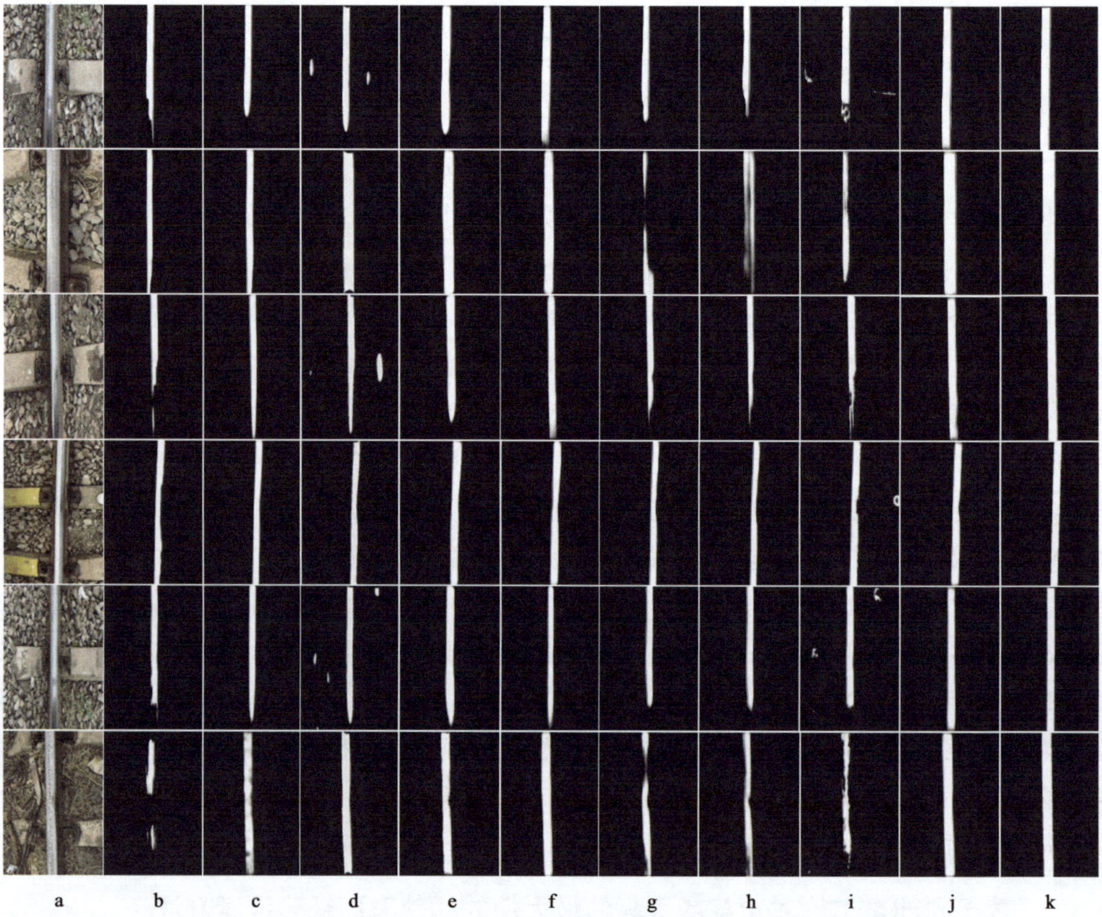

a—原始图片；b—边缘注意显著性网络；c—边缘导向网络；d—U 形网络；e—基于池化网络；
f—100K 显著目标检测网络；g—深度 U 形网络；h—轻型深度 U 形网络；i—改进版 U 形网络；
j—提出的轨道边缘引导网络；k—真实值。

图 3-12　RBGNet 和其他模型对比

$$C_{\mathrm{w}} = \frac{L_{\mathrm{o}} - L_{\mathrm{b}}}{L_{\mathrm{b}}} \tag{3-23}$$

式中　L_{o}——目标的亮度；

L_{b}——背景的亮度。

当背景的亮度高于目标亮度时，C_{w} 是负数，并且范围从 0 到 -1。当背景的亮度比目标暗时，C_{w} 是正数，范围从 0 到无穷。

(2)最大熵阈值理论

最大熵阈值方法能确定一个分割阈值，这个阈值可以通过累加的目标概率分布 ϕ_{o} 和累加的背景概率分布 ϕ_{b}，最终最大化总体信息内容。这两个概率分布被定义为

$$\phi_{\mathrm{o}} = \sum_{n=0}^{T-1} P_n, \phi_{\mathrm{b}} = 1 - \phi_{\mathrm{o}} \tag{3-24}$$

$$P_n=\frac{f_n}{M},n\in[0,255] \tag{3-25}$$

式中　P_n——图像中灰度值 n 的概率；

f_n——图像 I 中灰度值 n 的频率；

M——图像中包含的灰度级总量。

因此，给定一张拥有 256 个灰度级的图像 I，ϕ_o 和 ϕ_b 的熵可以表示为

$$H_o(T)=-\sum_{n=0}^{T-1}\left[\frac{P_n}{\phi_o(T)}\ln\frac{P_n}{\phi_o(T)}\right] \tag{3-26}$$

$$H_b(T)=-\sum_{n=T}^{255}\left[\frac{P_n}{\phi_b(T)}\ln\frac{P_n}{\phi_b(T)}\right] \tag{3-27}$$

因此，一个优化的阈值 T^* 为

$$T^*=\text{argmax}[H_o(T)+H_b(T)],\ T\in[0,255] \tag{3-28}$$

由式(3-28)可以看出，最大熵阈值方法既考虑了图像像素灰度的分布信息，又考虑了像素的空间信息。

(3) 二维离散小波变换

离散小波变换不仅可以方便、有效地表达信号的某些特征，而且可以深入了解图像的空间和频率特性。图像等二维函数可以由一维小波变换展开。在二维中，1 个二维尺度函数和 3 个二维小波函数表示为

$$\begin{cases}\varphi(x,y)=\varphi(x)\varphi(y)\\ \Psi^H(x,y)=\Psi(x)\varphi(y)\\ \Psi^V(x,y)=\varphi(x)\Psi(y)\\ \Psi^D(x,y)=\Psi(x)\Psi(y)\end{cases} \tag{3-29}$$

其中，$\varphi(x,y)$ 是二维尺度函数，Ψ^H 对应于沿列的某些变化（例如水平边），Ψ^V 对应于沿行的变化（例如垂直边），Ψ^D 对应于对角线的变化。

它们都可以看作两个一维函数的乘积。如果二维尺度函数和小波函数能被给出，那么二维小波变换可以由一维离散小波变换扩展得到。尺度函数和转换基函数定义为

$$\varphi_{j,m,n}(x,y)=2^{\frac{j}{2}}\varphi(2^jx-m,2^jy-n) \tag{3-30}$$

$$\Psi^i_{j,m,n}(x,y)=2^{\frac{j}{2}}\Psi(2^jx-m,2^jy-n),i=\{H,V,D\} \tag{3-31}$$

其中，索引 i 是一个上标，它假定 H、V 和 D 的值。

那么一幅 $M\times N$ 图像 $f(x,y)$ 的离散小波变换可以定义为

$$W_\varphi(j_0,m,n)=\frac{1}{\sqrt{MN}}\sum_{x=0}^{M-1}\sum_{y=0}^{N-1}f(x,y)\ \varphi_{j_0,m,n}(x,y) \tag{3-32}$$

$$W^i_\Psi(j,m,n)=\frac{1}{\sqrt{MN}}\sum_{x=0}^{M-1}\sum_{y=0}^{N-1}f(x,y)\Psi^i_{j,m,n}(x,y),i=\{H,V,D\} \tag{3-33}$$

式中　　j_0——默认设置为0的任意起始比例；

$W_\varphi(j_0,m,n)$——$f(x,y)$在比例j_0下的一个近似值，为$j\geqslant j_0$添加了水平、垂直和对角线细节。

二维离散小波变换是通过使用数字滤波器和下采样来实现的，如图3-13所示。根据二维离散小波变换尺度和小波函数，可以得到$f(x,y)$的行的一维快速小波变换，后面紧跟着是列的一维小波变换。因此，通过高通和低通滤波器可以将原始二维图像分解为四个子图像集，这些子图像集包含不同的频率特性：1组包含低通信息的比例系数，3组小波系数W_Ψ^H，W_Ψ^D和W_Ψ^V分别对应于水平、对角线和垂直方向细节。一维离散小波变换方法还可以降低噪声和背景干扰。

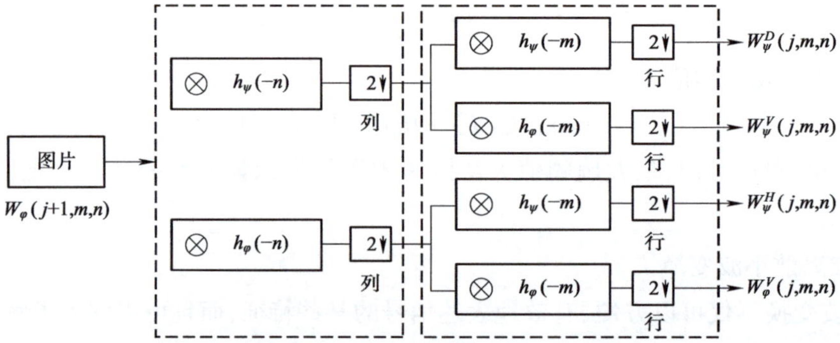

图3-13　使用数字滤波器和下采样的二维小波离散变换流程

注：四个子图像可以由原始的二维图像分解得到一个尺度系数W_φ和三个小波系数W_Ψ^H，W_Ψ^D和W_Ψ^V；图中⊗表示卷积操作，h_ψ表示低通滤波，h_φ表示高通滤波。

2. 钢轨表面缺陷特点

根据调研，轨道图像有以下特点。

（1）局部区域灰度值变化范围较小。均匀照射下，轨道表面图像中各纵线的反射特性和照度是稳定的。在局部线窗口中，灰度值的变化范围较小，这个明显的特征可以用于图像增强。

（2）全局范围内灰度值变化范围较大。一般来说，由于不均匀照射和钢轨表面不同部分的反射属性，钢轨图像在全局范围内的灰度变化范围很大。钢轨表面光滑部分的反射光强度大于粗糙部分的反射光强度。

（3）缺陷和背景之间的混乱灰度值。一般来说，轨道表面缺陷的灰度值比背景的灰度值要低，但由于光照不均匀和噪声等影响，这种顺序常被打乱，如图3-14所示。

（4）沿轨道纵向方向的特征一致性。实际上，当列车在钢轨上运行时，钢轨表面在沿轨道纵向方向上具有一致的特征，因为钢轨表面和车轮之间的纵向摩擦点对钢轨表面的影响几乎相同。在钢轨图像中，沿着轨道纵向方向的像素点强度变化与缺陷点和噪声点引起的相对灰度值改变是一致的。因此，通过对轨道纵向区域像素信息的分析，可以检测到表面离散缺陷。

（5）钢轨每条纵向线的灰色平均值较高。根据观察，在正常情况下，轨道图像的纵向灰度均值较高，如图3-14所示。

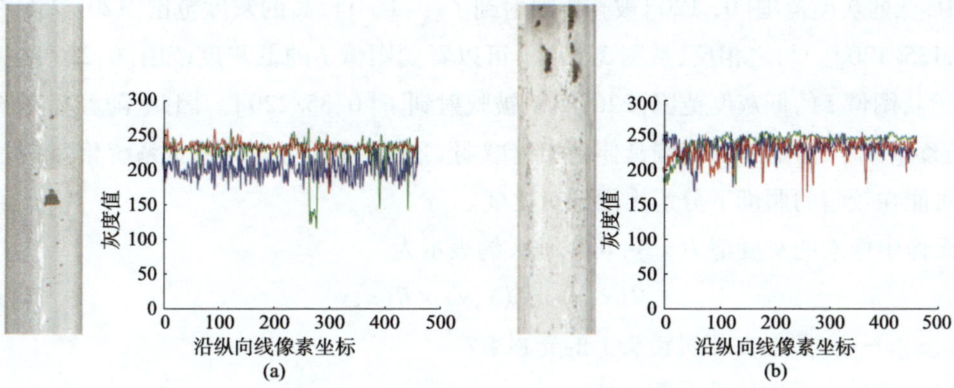

图 3-14　轨道图像沿轨道纵向线灰度值

注:红色为第 10 条线,蓝色为第 80 条线,绿色为第 110 条线。

3. 基于局部类韦伯对比定律的钢轨表面增强方法

(1)局部类韦伯对比定律

局部类韦伯测量结果如图 3-15 所示,沿轨道纵向线的灰度均值较高,而缺陷的亮度很低。一般来说,钢轨图像中有较少的缺陷,因此,这个纵向线灰度平均值可被视为纵向线上的背景。根据式(3-23),这个特征完全满足韦伯对比度的适用范围。受韦伯对比度的启发,并且针对轨道图像的这些特点,提出了局部类韦伯对比(local weber-like contrast,LWLC)定律图像增强算法,以适应不同的太阳光照度,消除图像灰度的显著变化。假设轨道图像中一个像素 $I(x,y)$ 和它所在的窗口 T,每个像素的 $LWLC_{(x,y)}$ 可以被定义为

$$LWLC_{(x,y)}=\frac{I(x,y)-E[I(\tilde{x},\tilde{y})]}{E[I(\tilde{x},\tilde{y})]},(\tilde{x},\tilde{y})\in T \tag{3-34}$$

式中　$I(x,y)$——图像中像素灰度值;

E——窗口 T 中的 $(\tilde{x},\tilde{y})$ 的均值。

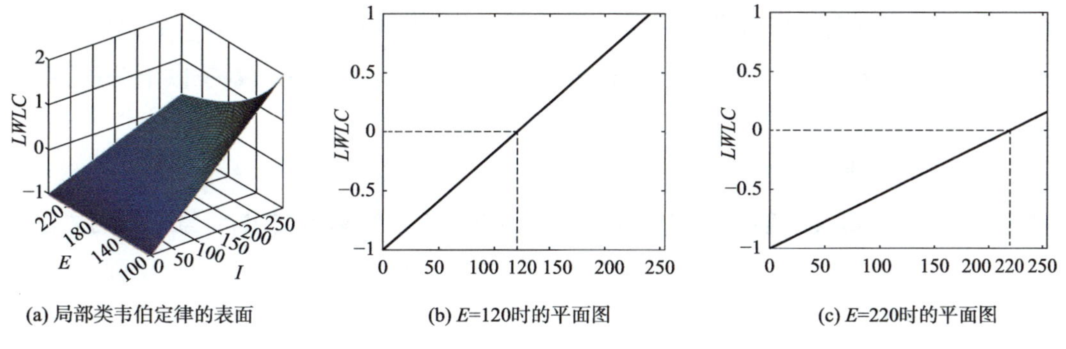

图 3-15　局部类韦伯测量结果

由于轨道图像的高亮度特点,图 3-15(a)展示了范围在[100, 255]的 $LWLC$ 映射值。图 3-15(b)和图 3-15(c)分别展示了 $E=120$ 和 $E=220$ 的 $LWLC$ 曲线。如图 3-15(b)所示,在

图像 I 中,低的灰度范围[0, 120]被直接映射到了[−1, 0],高的灰度范围[120, 255]被映射到了[0,135/120]。与之相反,从图 3-15(c)可以看到图像 I 的低灰度范围[0,220]被映射到了[−1,0],图像 I 的低灰度范围[220,255]被映射到了[0,35/220]。因此,随着亮度的增加,*LWLC* 值逐渐减小,并且 I 的范围延伸也相继减弱。这些特征与人类视觉系统相似,人类视觉系统更可能在较暗的照度下分辨出图像对比度。

设图像中像素的灰度值 $I(x,y)$ 可以被大约表示为

$$I(x,y)=L(x,y)\times R(x,y) \tag{3-35}$$

式中 $L(x,y)$——照射在相机镜头上的光强度;

$R(x,y)$——反射属性系数。

在局部窗口 T 中,由于在阳光照射下,轨道表面反射的这一微小区域的阳光强度几乎没有变化,因此 $L(x,y)$ 可以被当成是常数 L。基于以上分析,式(3-34)可以被代替为

$$\begin{aligned} LWLC_{(x,y)} &= \frac{I(x,y)-E[I(\tilde{x},\tilde{y})]}{E[I(\tilde{x},\tilde{y})]} \\ &= \frac{I(x,y)-E[L(\tilde{x},\tilde{y})\times R(x,y)]}{E[L(\tilde{x},\tilde{y})\times R(x,y)]} \\ &= \frac{L\times R(x,y)-L\times\overline{\mu_R}(\tilde{x},\tilde{y})}{L\times\overline{\mu_R}(\tilde{x},\tilde{y})} \\ &= \frac{R(x,y)-\overline{\mu_R}(\tilde{x},\tilde{y})}{\overline{\mu_R}(\tilde{x},\tilde{y})},(\tilde{x},\tilde{y})\in T \end{aligned} \tag{3-36}$$

式中 $\overline{\mu_R}(\tilde{x},\tilde{y})$——局部窗口 T 中反射属性系数 $R(x,y)$ 的平均值。

从式(3-36)可以看出,*LWLC* 只是依赖于 $R(x,y)$ 和 $\overline{\mu_R}(\tilde{x},\tilde{y})$,而和照射光强度 $L(x,y)$ 无关。因此,可以假设 *LWLC* 在太阳光照度变化的情况下能保持稳定。此外,在局部窗口 T 中的反射属性系数 $R(x,y)$ 通常变化很小,这就意味着 $R(x,y)-\overline{\mu_R}(\tilde{x},\tilde{y})$ 趋于 0。因此,当一幅钢轨图像中存在一个拥有高反射系数均值 $\overline{\mu_R}(\tilde{x},\tilde{y})$(平滑表面)的窗口 T_1 和一个拥有低反射系数均值 $\overline{\mu_R}(\tilde{x},\tilde{y})$(粗糙表面)的窗口 T_2,它们的 *LWLC* 差异并不明显。基于以上分析,局部类韦伯对比定律图像增强算法能生成一幅背景均匀的钢轨图像。

(2)滑动窗口选择与动态阈值设置

简言之,通过局部类韦伯对比定律算法可以使钢轨表面缺陷更突出,背景更均匀。由于轨道表面在不同日照强度下的反射属性不同,利用局部类韦伯对比定律算法可以增强轨道图像,消除亮度不均匀性。

局部窗口 T 大小的选择非常重要,因为它影响了算法的质量和效率。基于上述沿轨道纵向轨道图像特征的一致性,使用线性窗口 $T(100\times1)$。

在局部线性窗口中,缺陷的灰度值低于钢轨表面的其他区域,因为局部窗口 T 的光线被认为是相等的,缺陷反射的光线较少。因此,如果某像素的灰度值低于该窗口中所有像素的平均

值,则可以将其视为缺陷点。相反,这被视为一个背景点,通过设置一个动态阈值$E[I(\tilde{x},\tilde{y})]$,可以将非缺陷点(背景和不规则点)的像素转换为均匀背景。因此,动态的 *LWLC* 可以表示为

$$LWLC_{(x,y)}=\begin{cases}\dfrac{I(x,y)-E[I(\tilde{x},\tilde{y})]}{E[I(\tilde{x},\tilde{y})]}, & I_{x,y}<E[I(\tilde{x},\tilde{y})]\\ 0, & \text{其他}\end{cases} \tag{3-37}$$

4. 基于灰度延伸最大熵的表面缺陷检测方法

灰度延伸最大熵(gray stretch maximum entropy, GSME)算法通过在目标和背景之间拉伸灰度范围来确定最佳分割阈值,并在图像的小波域中降低噪声,算法流程如图 3-16 所示。

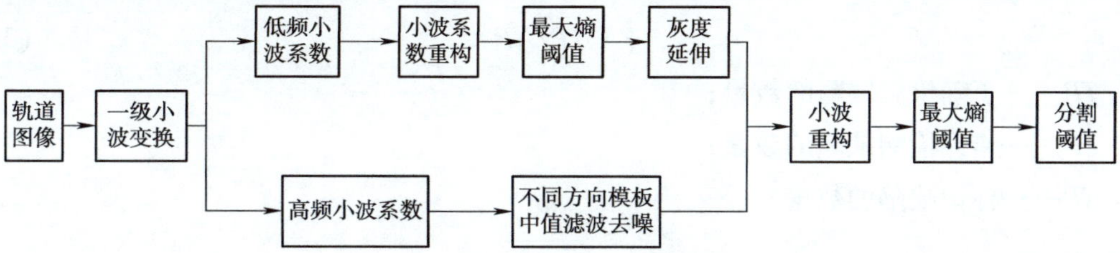

图 3-16 灰度延伸最大熵算法流程

基于一级二维离散小波变换,将钢轨图像分解为 LL、HL、LH、HH 四个频段。对于 LL 频段来说,在重构系数以后,利用最大熵阈值算法获得一个分割阈值;然后使用灰度延伸的方法增强背景和前景之间的对比度。对于 HL、LH 和 HH 频段来说,采用水平线、垂直线和对角线的中值滤波模板分别对三个高频小波系数进行去噪;然后,在重建钢轨图像后,采用最大熵阈值算法生成一个分割阈值。

具体步骤如下:

(1)基于一级 2-D 离散小波变换,将钢轨图像分解为四个小波系数,包括近似值(低频区)、水平、垂直和对角线细节。

(2)对小波分解后的图像低频区域(LL 区域),在重构其系数后,用最大熵算法得到分割阈值,然后用灰度延伸的方法增强背景与前景的对比度,表示为

$$f_{\varphi}(x,y)=\frac{1}{\sqrt{MN}}\sum_{m}\sum_{n}W_{\varphi}(j_0,m,n)\varphi_{j_0,m,n}(x,y) \tag{3-38}$$

$$f_{\varphi}^{*}(x,y)=\begin{cases}f_{\varphi}(x,y)-af_{\varphi}(x,y), & f_{\varphi}(x,y)<T^{*}\\ f_{\varphi}(x,y)+af_{\varphi}(x,y), & \text{其他}\end{cases} \tag{3-39}$$

式中 $f_{\varphi}(x,y)$——重构图像函数;

a——通常被设置为 0.1 的延伸因子。

(3)对于图像,其能量主要分布在低频区域。在高频区域,噪声能量所占的比例较大,因此重点研究高频区域的去噪问题。使用水平线、垂直线和对角线的中值滤波模板分别对三个高频小波系数进行去噪。

(4)利用离散小波逆变换算法对钢轨图像进行重构,重建图像表达式见式(3-40)。

$$f(x,y)=f_{\varphi}^{*}(x,y)+\frac{1}{\sqrt{MN}}\sum_{i=H,V,D}\sum_{j=j_0}^{\infty}\sum_{m}\sum_{n}W_{\Psi}^{i}(j,m,n)\Psi_{j,m,n}^{i}(x,y) \tag{3-40}$$

(5)采用离散小波逆变换重构钢轨图像后,利用最大熵阈值算法生成优化的分割阈值。

5. 仿真分析与验证

包含离散缺陷的轨道图像示例如图 3-17 所示。根据缺陷大小和铁路实际养护标准,将钢轨表面缺陷分为两类:一般情况下,尺寸大于 255 mm^2 的缺陷应尽快检查,因为它可能导致严重事故;当缺陷面积超过 25 mm^2 时,对缺陷进行标记。精确率 P 和召回率 R 定义为

$$P=\frac{TP}{TP+FP} \tag{3-41}$$

$$R=TP/NP \tag{3-42}$$

式中 TP——正确检测缺陷的数量;

FP——错误检测缺陷的数量;

NP——标记缺陷的数量。

图 3-17 包含轨道表面缺陷的轨道示例

(1)图像增强实验对比与分析

通过对随机选取的多幅图像进行实验,验证了该方法的有效性。应该注意的是,这些选择的图像具有低对比度和不同光照强度的特征。将局部类韦伯对比算法与直方图均衡(histogram equalization,HE)、局部归一化(local normalized,LN)、类迈克逊对比(Michelson-like contrast,MLC)等经典增强方法进行比较,结果如图 3-18 所示。直方图均衡方法只对图像的灰度分布进行了平均,没有放大图像的灰度范围,且保留了大量的不规则(噪声)点,如图 3-18 的 b 列所示。LN 方法由于图像丢失了大量的重要细节信息,增强效果较差。MLC 算法在轨道图像上取得了有竞争力的性能,而且突出了缺陷。然而,对于亮度均值较高、不规则点较多的轨道图像,该算法对扩展背景点与不规则点、缺陷点之间的灰度范围能力较差。虽然

MLC 能够较好地区分缺陷和背景,但对不规则(噪声)点和缺陷点的识别能力不如 LWLC 算法。如图 3-18 的 d 和 e 列所示,使用 LWLC 增强算法比 MLC 算法更明显地突出了缺陷。值得注意的是,LWLC 能有效地消除光照不均匀的影响。

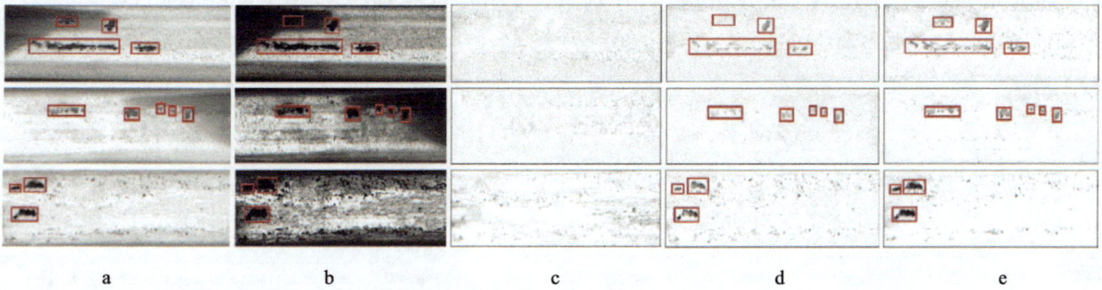

a—截取的轨道图片;b—直方图均衡;c—局部归一化;d—类迈克逊对比;e—局部类韦伯对比。

图 3-18　不均匀照度的轨道表面增强方法比较

注:图中用红色矩形标记图像上的离散缺陷。

对于图 3-18 的 a 列前两行有多个阴影的图像来说,由于全局图像增强方法(直方图均衡方法)是一种线性算法,只对灰度分布进行均衡,这使得图像丢失了细节信息,且放大了不规则点(噪声点和阴影点)。此外,LN 方法,如图 3-18 的 c 列所示,虽然可以去除阴影,但也去除了缺陷点。这是由于钢轨表面存在的缺陷较少,缺陷与背景在沿轨道纵向方向上的差异较大,且钢轨表面具有高反射特性,使沿轨道纵向线的平均亮度接近背景亮度。基于这个特点,基于韦伯定律的 LWLC 算法可以解决这些问题,并有效消除了不均匀光照。最后,从图 3-18 的 e 列可以看出,所提出的 LWLC 算法优于其他方法。

(2)缺陷检测实验对比与分析

①质量(视觉)评估

在局部类韦伯对比算法的基础上,将灰度延伸最大熵算法与经典的图像分割方法进行了比较,包括最大熵(maximum entropy, ME)算法、比例强调最大熵(proportion emphasized maximum entropy,PEME)算法和灰度延伸阈值(gray stretch and threshold algorithm,GSTA)算法。ME 算法可以确定一个阈值,使目标分布和背景分布提供的信息总内容最大化。PEME 是一种改进的最大熵方法,它减少了背景信息的比例,增加了原方程的指数因子。GSTA 算法利用小波变换和大津算法对图像进行边缘增强,然后利用大津算法提取图像的目标。在对比实验中,PEME 方法采用 MLC 进行图像增强,其他三种方法采用相同的 LWLC 增强方法。以上方法均采用相同的评价标准,比较如图 3-19 所示。

如图 3-19 的 b 列所示,LWLC + ME 比 LWLC + GSTA 方法和 MLC + PEME 方法能够保留更详细的缺陷信息,但其在噪声抑制、非缺陷点去除方面的性能比 LWLC + GSME 弱。PEME 方法不适用的原因如下:一是由于基于自然光的照明方式,图像对比度较低,纹理特征相对模糊,噪声较大;二是自然光照的变化是人类无法控制的,它对缺陷提取有着不可避免的影响;三是图像在采集时,相机与地面距离无法确定,这导致了图像无法一致的特性。因此,PEME 模

型的指数因子 β 就没有统一的模型来设定。在图 3-19 的 c 列中,LWLC + GSTA 方法不能有效地保留包括形状和面积信息的缺陷细节,并且比其他方法有更多的噪声和非缺陷点。图 3-19 的 d 列显示 MLC + PEME 突出显示缺陷区域,但图像中的噪声和非缺陷点无法抑制。图 3-19 的 e 列显示,基于 LWLC + GSME 的缺陷分割是显著的,具有最少的噪声和非缺陷点。

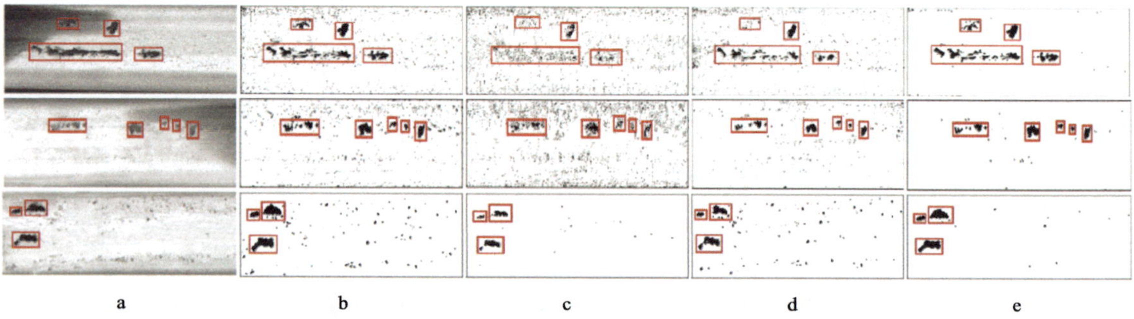

a—截取的轨道图像;b—局部类韦伯 + 最大熵阈值;c—局部类韦伯 + 灰度延伸和阈值;
d—类迈克逊算法 + 强调比例最大熵;e—局部类韦伯 + 灰度延伸最大熵。

图 3-19　轨道表面缺陷分割方法比较

注:图中用红色矩形标记图像上的离散缺陷。

②量化评估

分割后缺陷检测的定量分析如图 3-20 所示。该实验进一步说明了 LWLC + GSME 方法更适合基于图像智能分析的钢轨表面缺陷检测。

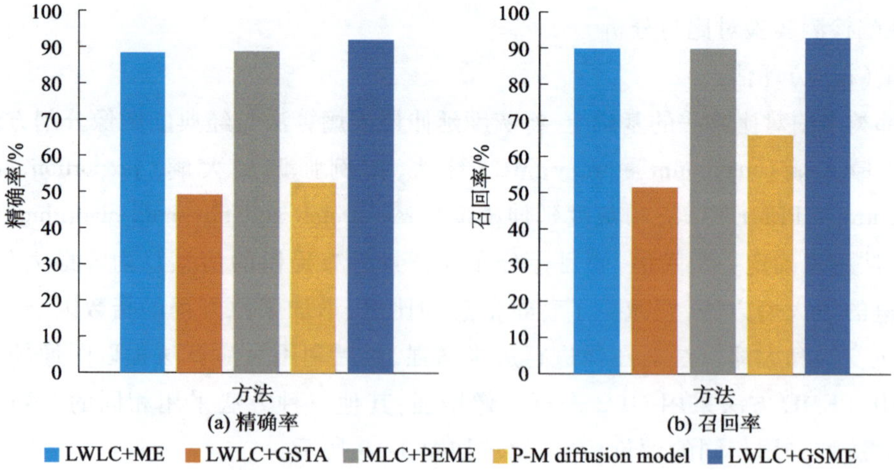

图 3-20　四种缺陷检测方法的精确率和召回率比较

GSTA 方法虽然增强了图像对比度,但不能有效地抑制噪声的干扰。其他三种方法由于易受噪声和背景点的影响,分割效果较差。相反,LWLC + GSME 不仅实现了缺陷与背景的对比度增强,而且获得了最佳的分割效果。例如,LWLC + GSME 对缺陷的识别精度为 92.25%,

对缺陷识别的召回率是 93.16%。值得注意的是，LWLC + GSME 比 LWLC + ME 和 MLC + PEME 的检测效果略好一些，主要是因为这些分割算法都是基于 ME 方法演变而来的。但是 GSME 具有消除噪点和不规则点的能力，对那些钢轨被严重腐蚀或者图像质量很差的图片效果更佳。

另外，根据 ME 原理和上述缺陷的特点，在保留完整缺陷的条件下，合适的分割阈值应该相对较小。四种分割方法的分割阈值见表 3-2，可以看出，基于 LWLC + GSME 获得相对较小的分割阈值，因为 GSME 延伸了图像的灰度范围，使缺陷的灰度范围更低，这进一步说明了该方法可以更好地分割出缺陷目标。需要注意的是，虽然基于 LWLC + GSTA 的阈值最小，但是该方法对于缺陷实现了较差的性能。这可能是因为该方法利用高斯核在小波域对高频区域的目标边缘进行增强，而图像中含有大量的不规则（噪声）点。因此，该方法还增强了钢轨图像中的噪声，导致缺陷检测性能较差。

表 3-2 四种分割方法的分割阈值

图 片	LWLC + ME	LWLC + GSTA	MLC + PEME	LWLC + GSME
图 3-19 的 a 列第一行	228	140	226	189
图 3-19 的 a 列第二行	213	120	225	170
图 3-19 的 a 列第三行	188	82	206	161

第三节 铁路接触网典型小目标缺陷图像识别方法

接触网支持设备作为接触网系统的重要组成部分，常因为受电弓与接触网之间的力而产生损坏或缺陷等。例如，由于列车高速运行而产生的强振动环境可使接触网支持设备上的紧固件[图 3-21(b)]出现松动、断裂或丢失。因此，对接触网支持设备紧固件进行巡检与监控，从而及时对损坏的零部件进行维修与更换，清除安全隐患是非常必要的。接触网支持设备紧固件在图像中小而且方向多变，因此，需要先对其所在的连接处进行定位检测。但是大多数方法仍然受限于铁路数据样本少和冗余高带来的挑战，在模型训练时会遇到过拟合或精度低的问题。综上，本书基于深度学习目标检测技术提出了级联 YOLO，同时引进 Gridmask 图像增广方法用于解决以上问题，并且在轨检车数据集上分别验证了该方法的性能。接触网支持设备及其悬臂连接处如图 3-21(a)所示；连接处上的紧固件如图 3-21(b)所示，其中红色、橙色、绿色、蓝色和紫色框分别代表螺母 A、螺母 B、紧固螺栓、开口销 A、开口销 B。

本节展示了一个二阶段的接触网支持设备紧固件缺陷检测方法，如图 3-22 所示。其中阶段 1 是一个用于支持设备连接处定位的级联 YOLO(cascaded YOLO，CYOLO)；阶段 2 是一个基于旋转框的检测器 RRNet(rotation RetinaNet，RRNet)。本节主要介绍 CYOLO 网络。

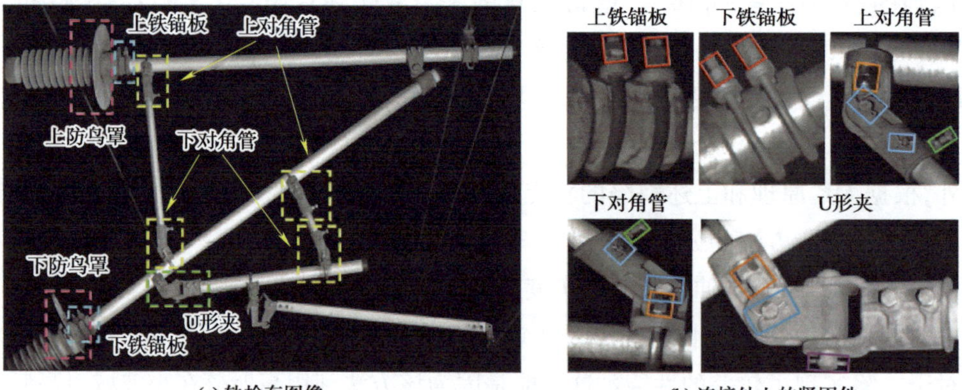

(a) 轨检车图像　　(b) 连接处上的紧固件

图 3-21　接触网支持设备及连接处

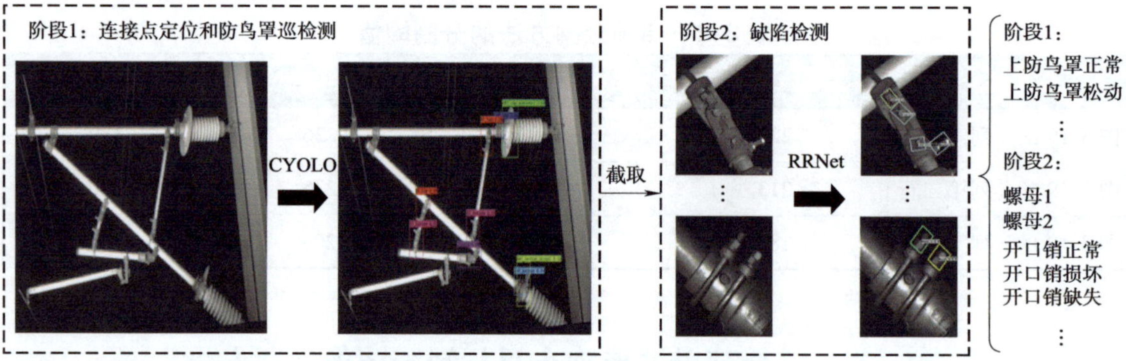

图 3-22　接触网支持设备巡检流程

一、基于级联 YOLO 的接触网支持装置连接处定位

在图像中正确定位到接触网支持设备上的紧固件的大致位置(连接处),面临着如下挑战:小目标且高度冗余的数据;有限的语义信息;样本量少和过拟合。本书提出了一种用于支持设备连接点定位的级联 YOLO(CYOLO)算法,重点研究了网络结构和数据增广两个关键问题,以解决以上所有挑战。

1. 级联 YOLO 网络结构设计

为了减少计算开销和内存使用,YOLO 网络通常需要将原始的 6 576 × 4 384 和 5 184 × 3 888 像素图像调整为 320 × 320、416 × 416 或 608 × 608 分辨率。对在原始接触网支持设备图像中包含几百个像素到几千个像素的连接处来说,在 YOLOv3 网络中通常将基于 32 的因子通过 5 个下采样层压缩,从而导致连接处的有效像素数非常有限。因此,如图 3-23 所示,在所提出的 CYOLO 结构中,仅使用四个下采样层。此外,将输入图像的大小调整为 416 × 512 以匹配原始输入图像的长宽比。因此,416 × 512 图像将生成最后的 26 × 32 预测网格。同时,根据 YOLT 的策略,针对对象小、语义信息缺乏的问题,提出对特征层进行重构的方法。特征层重构(类似于级联结构)将 52×64、104×128 和 208×256 层的可用语义信息连接到最后的两个 YOLO 预测层上,使得网络能够从最后的 YOLO 层(26×32 和 52×64)中获得更多更精细的特征信息。例如,在图 3-23 D 的重构层中,使用步长 = 4 将 RDB_1(残差块_1)的 $n/4\times n/4\times 2s$ 特征拼接到最后一个 YOLO 预测层上。值得注意的是,浅层包含了丰富的对象边缘信息,因此在特征图的两个不同起点上,从 RDB_1 重构了两组特征(将 $n\times n\times s$ 重构为 $n/4\times n/4\times 2s$),以保留边界特征。

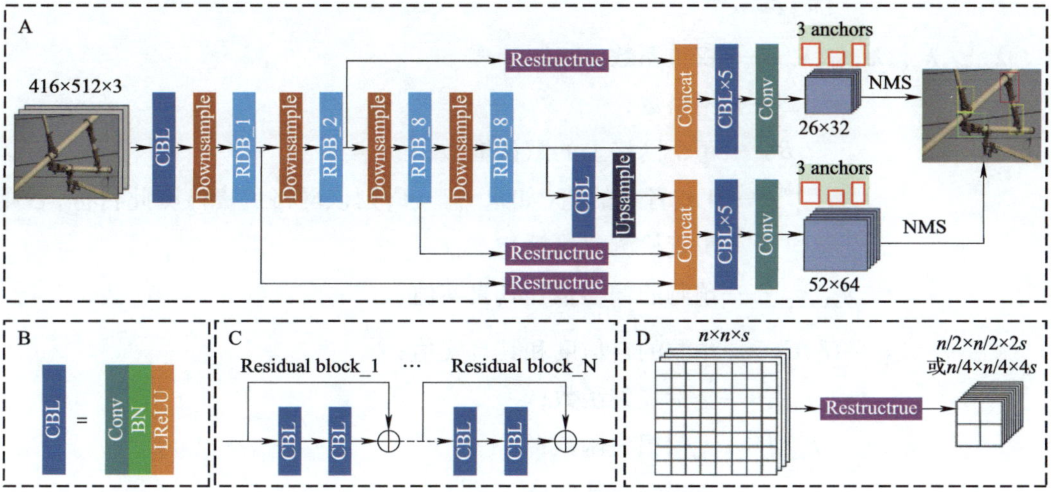

图 3-23　CYOLO 网络结构

注:CBL 表示 Conv + BN + LReLu,Downsample 表示下采样模块,Restructure 表示重构操作,NBS 表示极大值抑制算法,Residual block 表示残差块。

2. 级联训练策略和损失函数

如图 3-24 所示,根据标注的训练集和 CYOLO 网络结构(CYOLO 仅仅使用了 2 个预测尺度 26×32 和 52×64),利用 K-mean 算法聚类出 6 个不同大小的初始锚框。然后,在最后的 26×32 预测网格上用最大的 3 个锚框检测大目标,在 52×64 预测网格上用其他三个锚框检测小目标。对于最后一个 $M\times N$ 特征映射上的默认框来说,接触网图像预测了 5 类目标、1 个置信度、预测框的 4 个坐标(x、y、w、h),因此输出张量具有 $M\times N\times(5+5)\times 3$ 维。

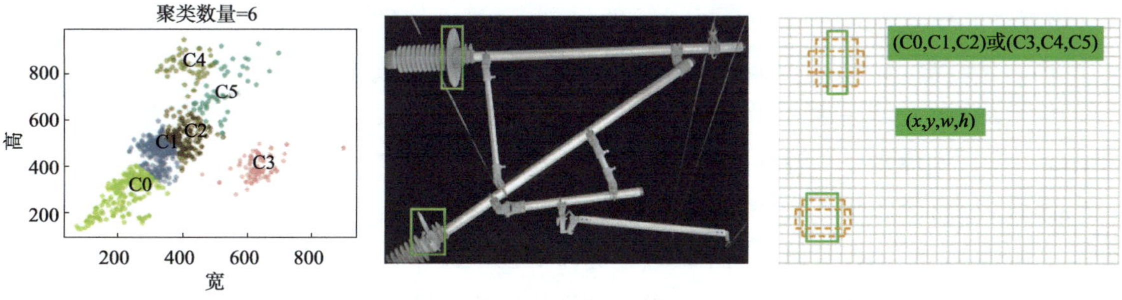

图 3-24　通过 K-means 算法计算的不同尺寸的锚框

此模型用的多任务损失函数定义为

$$Loss = \lambda_{\text{coord}} \sum_{i=1}^{S\times S} \sum_{j=0}^{B} \sum_{k\in(x,y,w,h)} I_{ij}^{\text{obj}} \times L_{\text{reg}}(\tilde{v}_{ijk}, v_{ijk}) +$$
$$\lambda_{\text{obj}} \sum_{i=0}^{S\times S} \sum_{j=0}^{B} I_{ij}^{\text{obj}} \times L_{\text{conf}}(\tilde{C}_i^j, C_i^j) + \lambda_{\text{noobj}} \sum_{i=0}^{S\times S} \sum_{j=0}^{B} I_{ij}^{\text{noobj}} \times L_{\text{conf}}(\tilde{C}_i^j, C_i^j) +$$
$$\lambda_{\text{cls}} \sum_{i=0}^{S\times S} \sum_{c\in classes} I_{ij}^{\text{obj}} \times L_{\text{cls}}(\tilde{P}_i^j, P_i^j) \tag{3-43}$$

式中 $\lambda_{\text{coord}}, \lambda_{\text{obj}}, \lambda_{\text{noobj}}, \lambda_{\text{cls}}$——权重系数；

S——网格数；

B——每个网格上的默认框数；

$I_{ij}^{\text{obj}}, I_{ij}^{\text{noobj}}$——0 或者 1 的值(如果 $I_{\text{ij}}^{\text{obj}}=1$,则该网格负责检测此目标,否则不负责检测此目标)；

$\tilde{v}_{ijk}, v_{ijk}$——预测的偏移量和其真实值；

$\tilde{C}_i^j, C_i^j$——预测的自信度和其真实值；

L_{reg}——坐标损失函数；

L_{conf}——置信损失函数；

L_{cls}——类损失函数；

$\tilde{P}_i^j$——预测的不同类的概率分布；

P_i^j——某个目标的真实标签。

值得注意的是,坐标损失函数 L_{reg} 是 L_1 损失,置信损失函数 L_{conf} 是 focal 损失,类损失函数 L_{cls} 是 sigmoid 交叉熵。

3. 基于 Gridmask 数据增广方法

为了克服样本间的相似性和有限样本数量导致的模型过度拟合问题,本书引进了一种数据增广方法 Gridmask,这种方法可以在图像中某些区域信息的保留和删除之间达到合理的平衡。该算法使用离散的像素集合 $\in \{0,1\}$ 与原始图像相乘,以达到去除多个离散区域的目的,如图 3-25 所示。

该算法可被定义为

$$Output(i,j) = Input(i,j) \times Mask(i,j) \tag{3-44}$$

其中,$Input(i,j) \in R^{H\times W\times C}$ 表示一张输入图像;$Mask(i,j)$ 是 0 或 1 的数值。如果 $Mask(i,j)=1$,则像素 (i,j) 被保持在原图像中,否则它将被置零。

mask(掩模)的形状类似于网格,每个 mask 都是通过平铺单元(红色矩形)构成的,如图 3-25 所示,一个 mask 可以由四个参数定义$(s,l,\Delta x,\Delta y)$。s 是单位(红色矩形)中较短灰色边缘的占比,Δx 和 Δy 分别是从第一个单元到图像最近边界的水平距离和垂直距离。

为了充分利用 Gridmask 方法,mask 的保持率 k 为

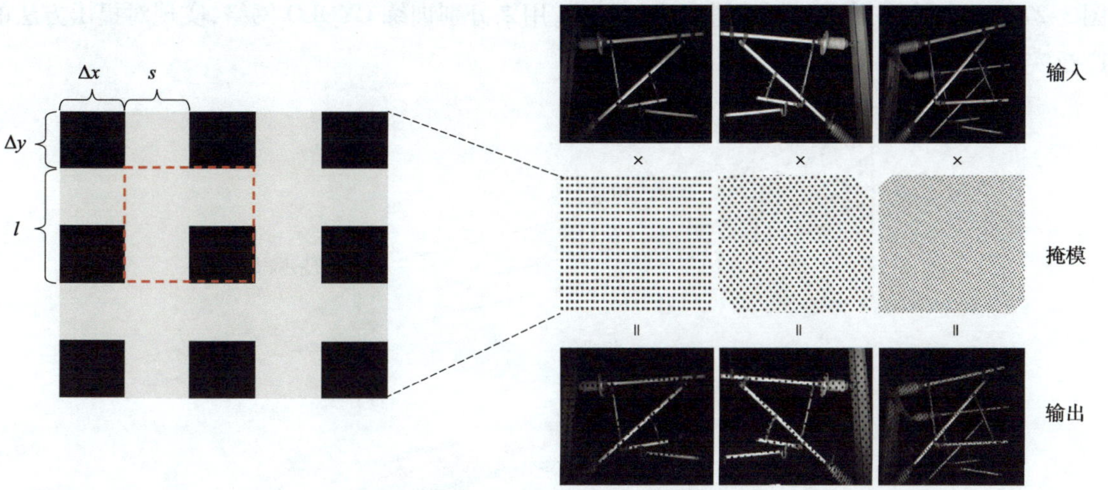

图 3-25　基于 Gridmask 的图像增广方法

$$k=\frac{\mathrm{sum}(Mask)}{H\times W} \tag{3-45}$$

这意味着 k 与整个输入图像上的保留区域成比例。保持率是此算法的一个重要控制参数。在保持率较高的情况下，卷积神经网络训练可能仍然会出现过度拟合的问题。如果它太小，可能会丢失过多的信息，导致欠拟合。s 和 k 之间有一种内在的关系。如果忽略 mask 中的不完整单位，k 可计算为

$$k=1-(1-s)^2=2s-s^2 \tag{3-46}$$

一个单元 l 的长度不影响保持率，但它决定了一个单元的大小。当 s 固定时，一个漏掉一块的单元边长 d 与 l 之间的关系为

$$d=l\times s \tag{3-47}$$

可以看出，l 越大，d 越大。保持率在训练中是一个常数。但是，为了考虑增加随机性以丰富接触网支持设备数据集的多样性，l 应从以下范围中随机选择

$$l=\mathrm{rand}(l_{\min},l_{\max}) \tag{3-48}$$

Δx 和 Δy 能改变 mask 给定的 s 和 l，使 mask 覆盖整个可能区域。因此 Δx 和 Δy 也可以从如下范围选择

$$\Delta x(\Delta y)=\mathrm{rand}(0,l-1) \tag{3-49}$$

合理选择上述参数，可以实现模型过拟合与欠拟合之间的平衡。在此研究中，$l_{\min}$ 被设为 96，$l_{\max}$ 被设为 224，s 被设为 0.6。

4. 仿真分析与验证

(1)实验环境

本研究在轨检车图片上做了比较实验。文中使用的接触网支持设备数据集由安装在轨检车顶部的一组摄像头收集，如图 3-26 所示。该轨检车运行在夜间的铁路检修窗口期，来自这组摄像头的图像分辨率最大是 6 576 × 4 384。本书收集的接触网支持设备图像示例如

图 3-27 所示。本书对这些图片进行人工标注，用来分别训练 CYOLO 网络，实现对提出方法的广泛实验验证。

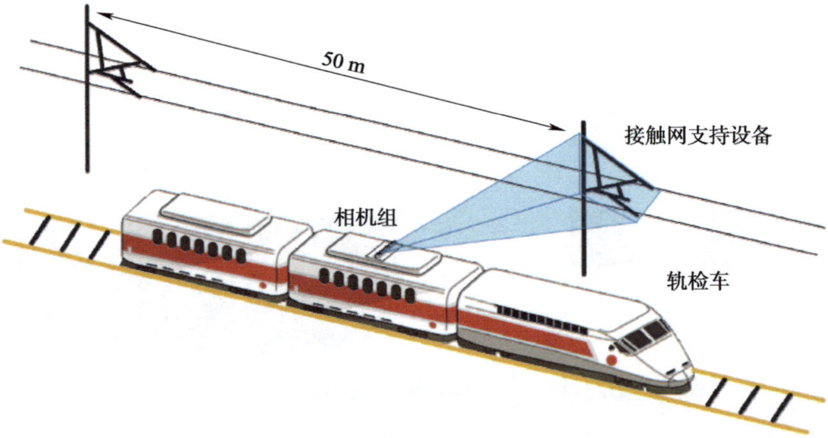

图 3-26　接触网支持设备巡检车

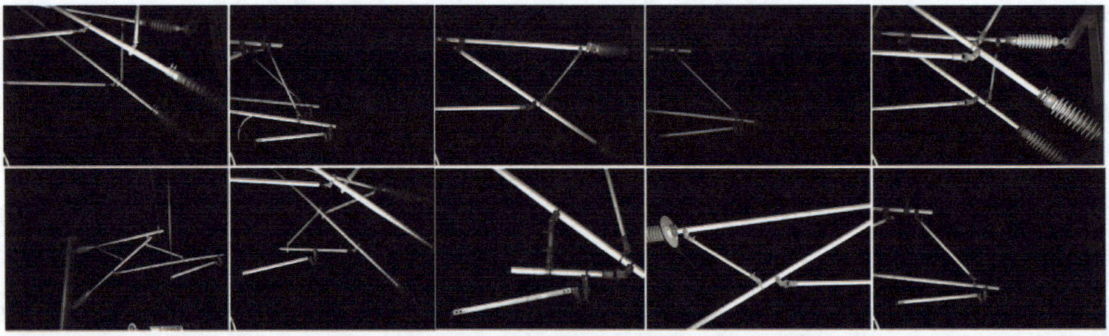

图 3-27　接触网支持设备数据集示例：轨检车图像

（2）评估标准

本书从精确率 P、召回率 R、平均精度 AP、平均精度 mAP 和处理速度（帧/s）等方面全面评价该方法的有效性，定义为

$$P = \frac{TP}{TP + FP} \times 100\%$$

$$R = \frac{TP}{TP + FP} \times 100\%$$

$$\mathrm{AP} = \int P(R)d(R) \tag{3-50}$$

$$\mathrm{mAP} = \frac{1}{n_{classes}} \int P(R)d(R) \tag{3-51}$$

(3)训练细节

测试和网络训练在装有 TensorFlow 的计算机上完成,该计算机具有英特尔处理器和多个 GeForce GTX 1080 图形处理器。使用反向传播和梯度下降对整个网络进行端到端训练。

在接触网图像数据集中,手动标注目标的边界框,并为大约 800 张接触网支持设备图像分配标签。同时,为了避免过拟合,采用 Gridmask 对图像进行增广。此外,本书还引入了随机旋转和水平翻转等增强方法来增加训练样本,因此,样本总数为 2 400 张。将训练集、测试集、验证集,按照 8∶1∶1 的比例分配。在整个训练过程中,初始学习率设定为 0. 000 5,每 1 000 次训练衰减 0. 96,该网络总共被训练 8 000 次。对于损失函数,如果损失函数中分类误差权重与坐标项的系数保持一致,那么会导致训练过程中模型的不稳定。此外,在网络生成的大多数锚框里没有检测对象,因此,λ_{coord} 和 λ_{cls} 分别设置为 2 和 1,而 λ_{obj} 和 λ_{noobj} 分别设置为 0. 7 和 0. 3。

在轨检车数据集中,大约搜集了 800 张接触网支持设备图像,并为之分配标签,以建立训练、验证和测试数据集。同样,采用 Gridmask、随机旋转和水平翻转等增强方法来增加训练样本。因此,样本总数为 3 200 张,包括训练集中的 2 320 张图像、验证集中的 580 张图像和测试集中的 300 张图像。初始学习率设定为 0. 000 6,每 1 000 次训练衰减 0. 96,该网络总共被训练 10 000 次。

(4)消融实验

因为 IYOLO 的提出是用于解决基于轨检车图片的接触网巡检,因此为了公平地比较,这里在轨检车图片上验证 CYOLO 网络结构的改进。在第 1 阶段,为了确认 CYOLO 结构和其他改进的有效性,本书展现了参数调整过程的召回率,如图 3-28 所示。请注意,在铁路维修中,召回率比精确率更为关键(这些模型中有明显不同的召回率,但它们的精度都接近 1),因为漏检可能会造成严重后果。近期的研究 IYOLO 是基于 YOLOv3 改进而来的,主要改进是使用了 4 个下采样(这一点和 CYOLO 一样)和不同的输入图片尺寸。

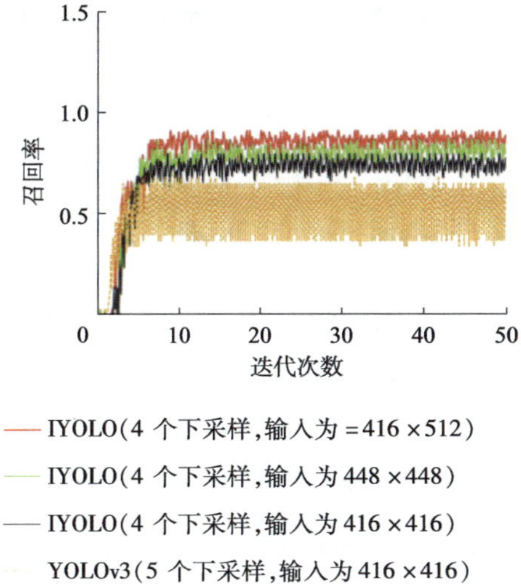

(a)

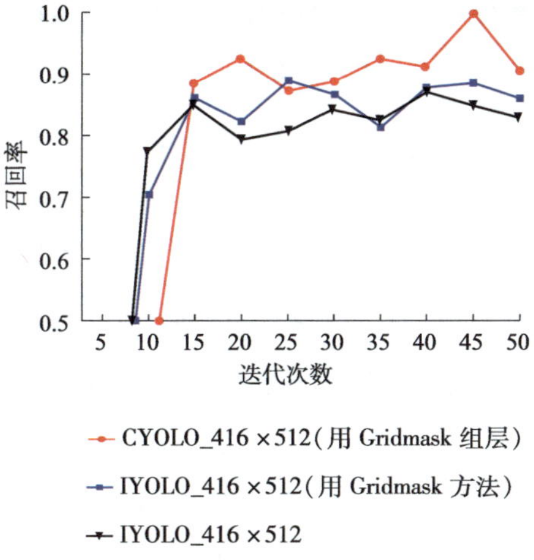

(b)

图 3-28　CYOLO 与 IYOLO，YOLOv3 的消融实验

如图 3-28(a)所示,采用 4 个下采样层,输入尺寸为 416×512 的 IYOLO 比其他 IYOLO 和原始 YOLOv3 具有更高的召回率。类似地,CYOLO 采用了 4 个下采样,输入尺寸也是 416×512。不同的是 CYOLO 使用了级联结构。因此,基于相似的参数,包括输入大小和下采样层的数量等,本书将提出的 Gridmask 用于 CYOLO 与 IYOLO 上,并且做了比较实验。如图 3-28(b)中蓝线和黑线所示,使用了 Gridmask 的 IYOLO 实现的召回率要高于原始的 IYOLO,这验证了 Gridmask 在模型训练中的作用。而且,如图 3-28(b)中的红线和蓝线所示,拥有级联结构的 CYOLO 获得了更高的召回率,实现了优越的效果。

(5)与经典方法的比较实验

在第 1 阶段,见表 3-3,平均精度表明 PVANET++和 PVANET+具有相似的性能。它们在斜撑套管检测方面表现最好,优于 SSD、ISSD、Faster R-CNN 和 YOLO。YOLOv3 取得了较好的性能,特别是在铁锚板、上防鸟罩、下斜撑管和 U 形夹的检测方面表现良好。一个可能的原因是 YOLOv3 以 Darknet-53 为主干,充分利用了 FPN 和 ResNet 的网络架构来获取更多语义信息。在表 3-3 中,可以观察到提出的 CYOLO 网络平均精度超过了其他模型,对大多数检测目标实现了最高的平均精度。将提出的 CYOLO 与 YOLOv3 进行比较,可以发现 CYOLO 性能有显著改进。

表 3-3　CYOLO 和传统方法的连接处定位平均精度比较

方　法	上铁锚板	下铁锚板	上斜撑管	下斜撑管	U 形夹
PVANET	—	—	0.840	0.790	0.935
PVANET+	—	—	0.950	0.905	0.889
PVANET++	—	—	0.948	0.902	0.913
ISSD	—	—	0.879	0.832	0.917
Faster R-CNN	0.687	0.660	0.688	0.698	0.886
SSD	0.831	0.915	0.872	0.861	0.912
YOLO	0.732	0.810	0.789	0.765	0.873
YOLOv3	0.912	0.920	0.926	0.933	0.952
CYOLO	0.960	0.940	0.996	0.992	0.982

如图 3-29 所示,平均精度均值进一步表明,拥有级联结构的 CYOLO 可以获得更好的接触网连接处定位结果,获得了最高的平均精度均值。本书提出的 CYOLO 网络装备级联结构,从浅层获取了更多的边缘信息,同时使用 Gridmask 图像增广方法,有效避免了图像相似度高引起的过拟合问题。本节主要讲述系统第 1 阶段接触网支持设备连接处定位方法。CYOLO 的一些实验结果如图 3-30 所示,可以看到,本书提出的模型成功检测出所有的连接点和防鸟罩缺陷。

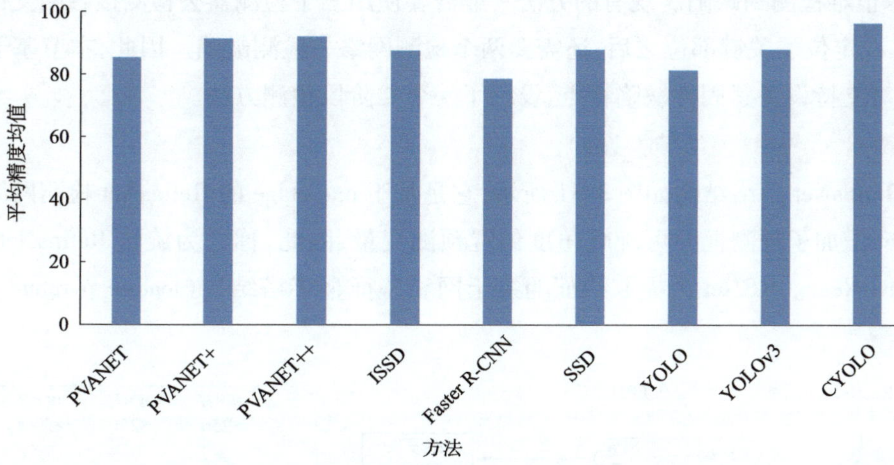

图 3-29　不同方法验证在轨检车数据集上的平均精度均值

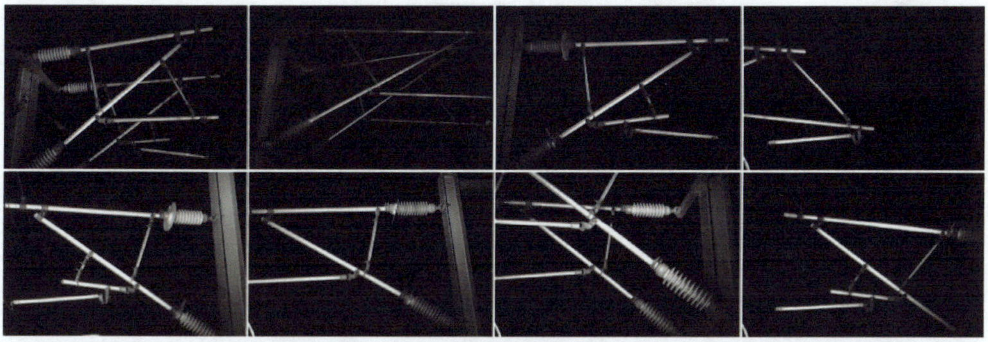

(a) 原始轨检车图像

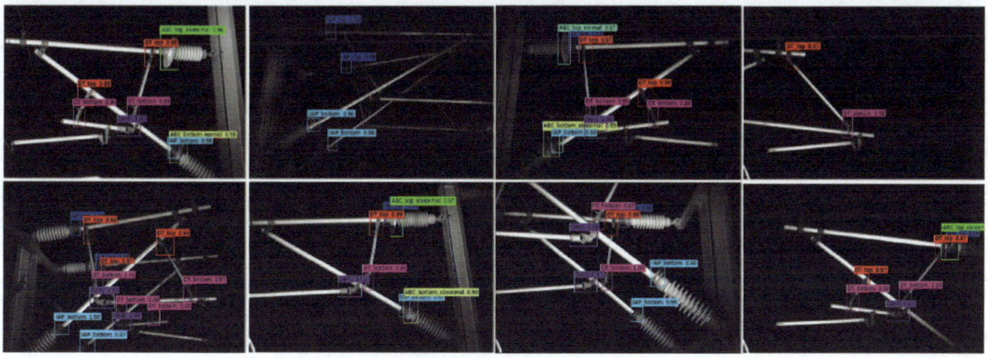

(b) 基于CYOLO的连接处定位结果

图 3-30　接触网支持设备轨检车图像连接处定位示例

二、基于旋转 RetinaNet 的接触网支持装置紧固件缺陷识别

接触网支持设备紧固件这类铁路目标具有如下特点：目标尺寸小，方向任意多变。例如，在支持设备上斜撑套管和下斜撑套管上的同一种开口销具有多种不同的朝向，那么对于以上基于水平框的检测器来说，区分不同方向的相同零部件效果不佳，而且环境的复杂也使数字图

像处理技术很难检测到缺陷。现有的方法一般需要使用三个检测器去检测接触网支持设备紧固件缺陷，在定位了关键部位之后，还需要两个检测网络去检测缺陷。因此，本节基于深度学习网络，针对支持设备紧固件缺陷特点，设计了一个二阶段检测方法。

1. 旋转 RetinaNet 网络结构设计

旋转 RetinaNet 网络结构如图 3-31 所示，它是基于 one-stage 的 RetinaNet 检测网络。这里给 RetinaNet 增加了预测框的可旋转角度偏置预测变量，因此，称之为旋转 RetinaNet(rotation RetinaNet, RRNet)。RRNet 由提取特征的主干网和特征金字塔结构(feature pyramid network, FPN)组成。

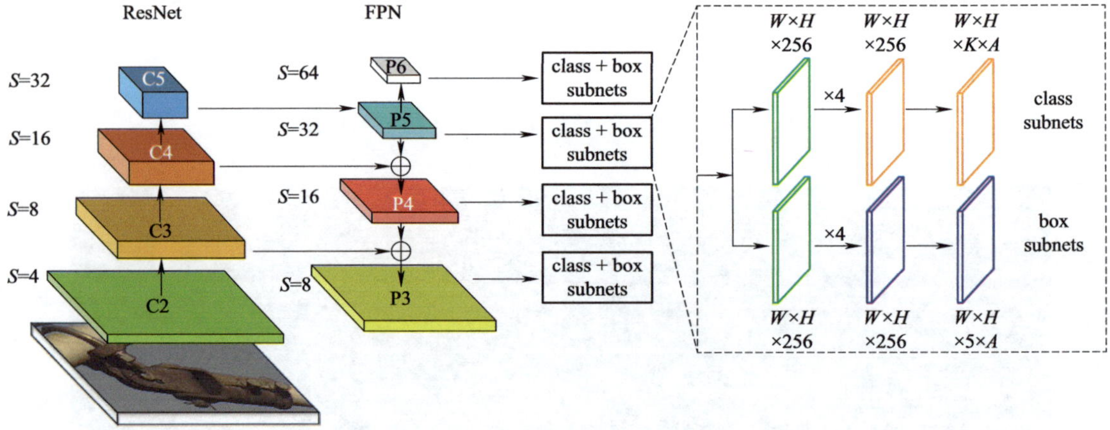

图 3-31　旋转 RetinaNet 网络结构

注：class subnets 表示目标类子网，box subnet 表示预测框子网，class + box subnets 表示连接两个预测子网；K 为类别的数量，A 为生成的预测框数量。

2. 用于分类和回归的子网络

RetinaNet 的主干网络采用 ResNet 结合 FPN 结构。这种多尺度金字塔网络，采用自上向下的路径和横向的连接结构，增强了检测器的性能。金字塔中的每一层都用来在不同的尺度下检测目标。

在基于水平预测框的检测器中，S 值是特征映射相对于原始图像的缩减因子(2 的指数幂)。RRNet 使用 ResNet 中的 C3 和 C4 作为压缩级联存储机制，可以平衡语义信息和位置信息。例如，基于压缩连接的存储机制，网络向上采样 P5 以融合 C4，从而可以获得 P4。

如图 3-32 所示，较大的跨步采样可能偏离检测目标。相反，较小的跨步可使预测框更容易采集到目标。因此，小的跨步可以提取更多高质量的样本。此外，根据调研，接触网数据集中的大多数紧固件(如螺母和开口销)都小于 128 像素，因此，在 RRNet 的 FPN 结构中，仅仅使用了 4 个金字塔层[P1, P2, P3, P4]。

3. 损失函数设计

在 RRNet 中，五个参数(x,y,w,h,θ)被用来定义一个唯一的预测框。θ 是相对于 x 轴的角

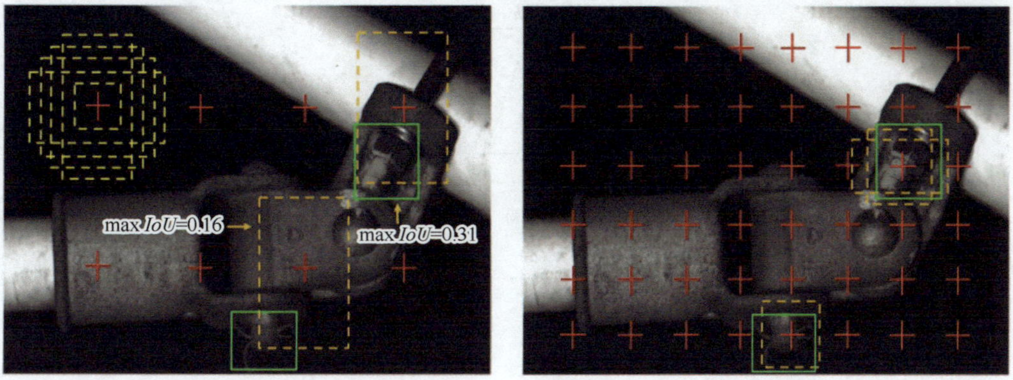

图 3-32　跨步分别为 128 和 64 的采样结果(跨步等于折减因子 S)

度,相应的边被定义为 w,另一个边被定义为 h。因此,旋转框可以表达为

$$t_x=(x-x_a)/w_a$$

$$t_y=(y-y_a)/h_a$$

$$t_w=\lg(w/w_a),t_h=\lg(h/h_a),t_\theta=\theta-\theta_a$$

$$\tilde{t}_x=(\tilde{x}-x_a)/w_a$$

$$\tilde{t}_y=(\tilde{y}-y_a)/h_a$$

$$\tilde{t}_w=\lg(\tilde{w}/w_a),\tilde{t}_h=\lg(\tilde{h}/h_a),\tilde{t}_\theta=\tilde{\theta}-\theta_a$$

其中,(x,y,w,h,θ)代表中心坐标、宽、长和旋转框的角度;$x,x_a,\tilde{x}$分别是真实值、锚框和预测的框,y,w,h,θ也与之相同。

该模型的损失函数定义为

$$L=\frac{\lambda_{\text{coord}}}{N}\sum_{n=1}^{N}\sum_{j\in\{x,y,w,h,\theta\}}\tilde{t}_nL_{\text{sreg}}(\tilde{v}_{nj},v_{nj})+\frac{\lambda_{\text{cls}}}{N}\sum_{n=1}^{N}L_{\text{cls}}(p_n,t_n) \tag{3-52}$$

式中　N——预测框的数量;

$\tilde{t}_n$——等于 0 或 1 的数值(如果 $\tilde{t}_n=1$,表示有个检测目标落在这个框中,否则没有目标落在这个框中);

$\tilde{v}_{nj},v_{nj}$——预测偏移量和真实偏移量;

p_n——不同类的概率;

t_n——真实标签。

然而在实验中发现,最初预测的旋转框的角度很不准确。一个可能的原因是角度存在周期性,导致原始的损失函数在复杂的情况下进行回归,这和图 3-33 中的场景不一样,理想的情况应该是黑色框逆时针转向橙色框。如果 $\theta_1\gg\theta_2$(分别是真实值的角度和预测框的角度),那么这个损失函数就需要回归在复杂的情况下。例如,预测的偏移角度 $pi/2-\theta_2\gg0$,目标偏移角度 $pi/2-\theta_1\ll0$,则 $Loss(\theta)\gg0$,这将引起黑色框顺时针旋转到橙色框,进而使损失函数在复杂的情况下回归。

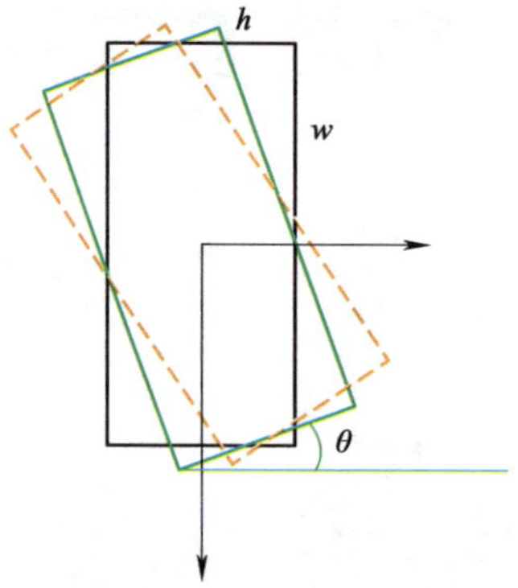

图 3-33　复杂情况下的角度回归

注：黑色表示建议的目标框，绿色表示真实值，橙色表示预测的目标框。

考虑到上述事实，本书在损失函数中引入了一种新的基于旋转交并比(rotation intersection over union，RIoU)的损失项，定义为

$$L\_IoU = \frac{\lambda_{\mathrm{iou}}}{N}\sum_{a_n=1}^{N}\tilde{t}_n L_{\mathrm{reg}}(RIoU_{a_n}^{\mathrm{rec}},1),a_n = [x,y,w,h,\theta] \tag{3-53}$$

式中　$RIoU_{a_n}^{\mathrm{rec}}$——第 n 个预测框的外接矩形和其真实值之间的交并比。

因此，RRNet 的多任务损失函数可定义为

$$Loss = \frac{\lambda_{\mathrm{coord}}}{N}\sum_{n=1}^{N}\tilde{t}_n \sum_{j\in(x,y,w,h,\theta)} L_{\mathrm{sreg}}(\tilde{v}_{nj},v_{nj}) + \frac{\lambda_{\mathrm{cls}}}{N}\sum_{n=1}^{N}L_{\mathrm{cls}}(p_n,t_n) + \frac{\lambda_{\mathrm{iou}}}{N}\sum_{a_n=1}^{N}\tilde{t}_n L_{\mathrm{reg}}(RIoU_{a_n}^{\mathrm{rec}},1) \tag{3-54}$$

式中　L_{sreg}，L_{reg} 和 L_{cls}——smooth L_1 损失，L_1 损失和 focal 损失。

总的来说，这个损失函数通过增加一个角度回归约束来解决预测角度的不精确问题。

4. 仿真分析与验证

(1)实验环境及数据

接触网支持设备连接处类型及紧固件缺陷类型(需要巡检的内容)如图 3-34 所示，将连接处紧固件完好、损坏和缺失分别定义为 normal、potential missing 和 missing，在网络训练中使用英文命名。

通过 CYOLO 的检测结果，可以通过批量截取的方法得到接触网连接处区域图片，然后在这些图片上人工标注紧固件缺陷类别，以此训练提出的 RRNet，一些来自接触网连接处数据集的图片示例如图 3-35 所示。

(2)评估标准

从平均精度均值和处理速度等方面全面评价该 RRNet 的有效性。

(3)训练细节

同样地，这个模型也是在一台装有 TensorFlow 的计算机上运行的。这台电脑的配置是英特尔中央处理器和 GTX 1080。训练过程中使用反向回归和梯度下降。在第二阶段的 RRNet

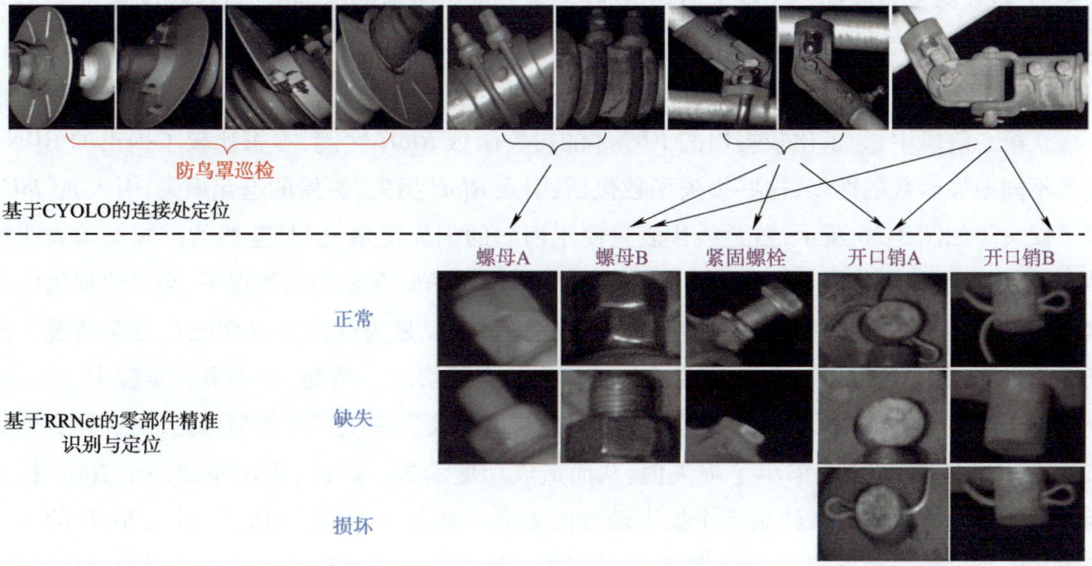

图 3-34　接触网连接处类型和紧固件缺陷分类

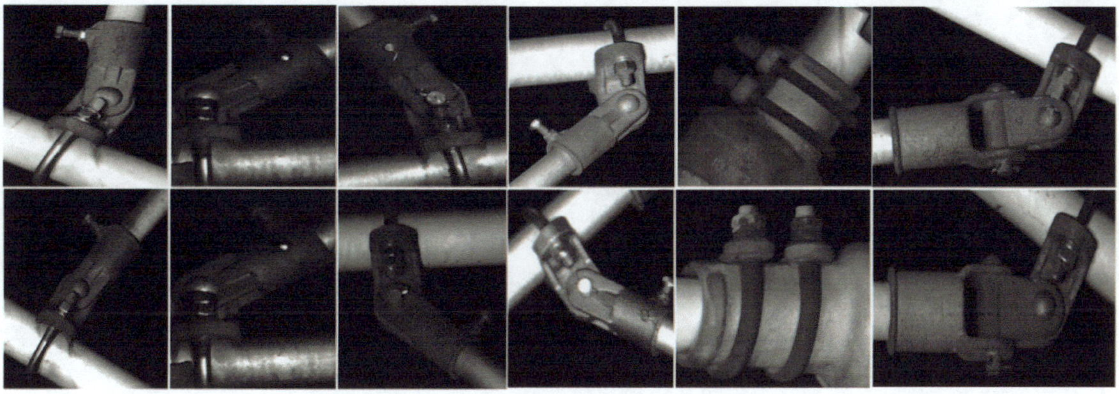

图 3-35　接触网连接处数据集示例:轨检车图像

中,采用预训练的 ResNet-101 模型进行初始化。从 CYOLO 检测的支持设备连接处图像中裁剪出关键区域,并对其中 2 000 张图像(包括螺母 A、螺母 B、开口销 A、开口销 B 等)进行人工标注,其中训练数据集、测试数据集和验证数据集的分配比率分别为 80%,10%,10%。该网络总共经过 40 万次迭代训练,学习率从 5×10^{-4} 到 5×10^{-6} 不等。动量衰减和权重衰减分别为 0.9 和 0.000 1。对于锚点跨距 S,应分别设置为 8、16、32、64。因此,基础锚框尺寸为 128、64、32、16,分别分配给 P6、P5、P4、P3(对应图 3-31)。针对支持设备连接处中紧固件不同尺度和多类别目标,将锚框比设置为[1, 1/2, 2, 1/3, 3, 1/5, 4/5],以保证每个真实值与正样本之间的合理匹配。当 $IoU>0.5$ 时,该锚框被指定为正样本,如果 $IoU<0.4$,则被指定为负样本。同样,在实践中,考虑到坐标损失对性能的贡献,坐标损失也被分配了较大的权重。而且,由于分类任务简单,分类损失所占比例应该较小。此外,总损失函数中负责坐标回归任务的 $RIoU$

损失项,旨在减少角度误差。综上所述,这些控制着网络平衡的超参数,默认被设置为 $\lambda_{coord}=2, \lambda_{cls}=1, \lambda_{iou}=0.5$。

(4)消融实验

在第二阶段中,为了比较提出的 RRNet 的损失函数 *RIoU* 性能,本书比较了提出的 RRNet 装备不同损失函数的性能,这些损失函数包括:引入 *RIoU* 损失,原始的退化损失,引入 lg(*IoU*)因子损失。如图 3-36 所示,蓝色线代表只使用回归的损失函数,但是蓝线的巨幅振动表明模型训练不稳定,损失值振动比较大。这可能是因为角度回归在复杂的情况下,会导致损失值突然增大。图 3-36 中灰线引入 lg(*IoU*)的因子损失,该损失是为解决角度回归在复杂情况下的问题而提出的,通过引入一个 lg 因子来压缩损失的突然增大。然而,在本书的实验中,引入这个因子会使模型在训练过程中不收敛,或者造成梯度消失。一个可能的原因是,对铁路数据集来说,是这个 lg 因子大大缩小了损失值,从而造成梯度消失。因此,提出添加一个 *RIoU* 损失函数项和控制权重因子来约束整个损失函数的走向。如图 3-36 黑线所示,引入 *RIoU* 的损失函数在训练过程中表现得最稳定,取得了较好的训练效果。这足以说明该损失函数的优越性。

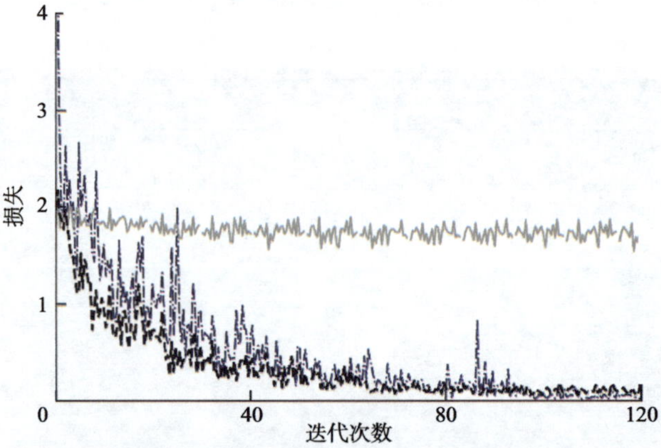

图 3-36　旋转 RetinaNet 装备不同损失函数的训练损失

注:灰线、蓝线和黑线分别代表了引入 lg(*IoU*)因子损失、回归损失和引入 *RIoU* 损失。

(5)与经典方法比较实验结果分析

对于紧固件缺陷分类来说,为了公平地比较 RRNet 与现有方法的性能,本书将 RRNet 与传统的基于水平预测框的方法进行比较,包括 SSD、YOLOv3、Faster R-CNN 和 3 阶段的 DCNN 方法。所有类型紧固件的 3 种检测结果的评估如图 3-37 所示,RRNet 在 CYOLO 的定位结果上检测到紧固件缺陷的一些示例如图 3-38 所示。根据图 3-37,在基于水平框的检测器中,Faster R-CNN 对正常状态检测具有最高的平均精度均值,但在缺失的紧固件检测方面落后于 SSD 和 YOLOv3。三阶段的卷积神经网络 DCNN 的性能优于所有基于水平框的方法,并在缺失的紧固件检测中实现了最高的平均精度均值。其中一个可能的原因是,对于基于水平框的检测器来说,直接对具有任意方向的目标进行分类(不采取多个网络,像三阶段的 DCNN),给网络增加了很大困难。另外,尽管三阶段 DCNN 在紧固件缺失检测方面比 RRNet 有更好的性能，但 RRNet 也获得了最高 92% 的平均精度均值。值得注意的是，对于定位后的缺陷检测分类来说，RRNet 只使用一个网络，而三阶段的 DCNN 却使用两个经过训练的检测器。这里给出的结果只是对第二阶段 RRNet 的性能验证和一些结果图像。

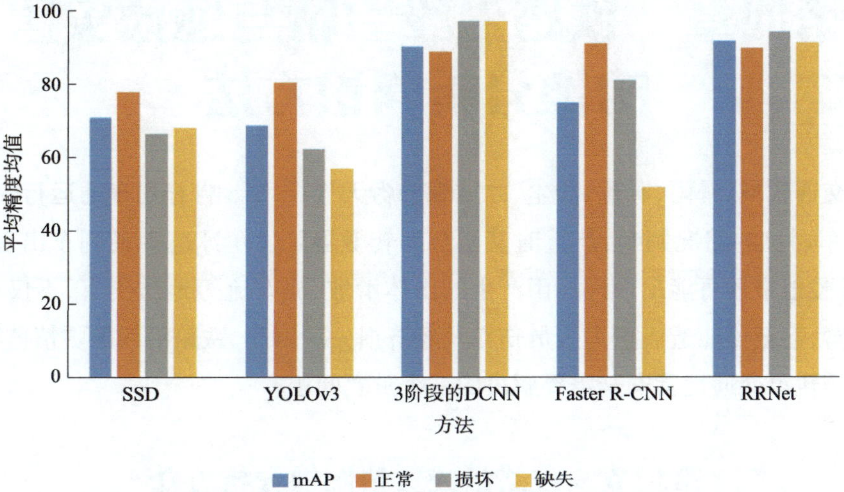

图 3-37　旋转 RetinaNet 和经典方法的平均精度均值比较

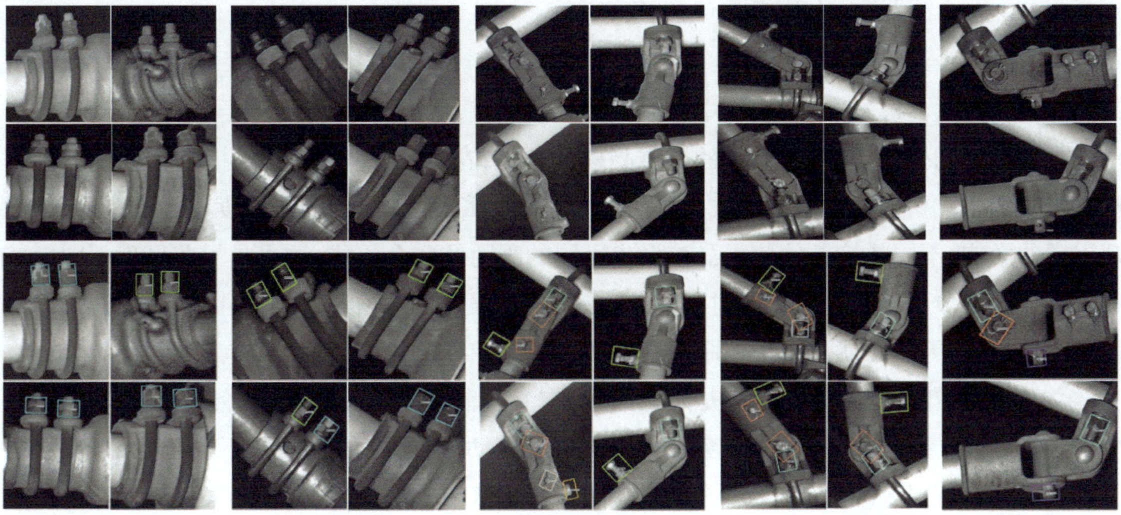

(a) 上铁锚板　(b) 下铁锚板　(c) 上斜撑套管　(d) 下斜撑套管　(e) U形夹

图 3-38　基于旋转 RetinaNet 的缺陷检测结果

第四章　铁路沿线雪情与地质灾害图像分析判识方法

在轨道交通领域，暴雨、雾霾、沙尘、冰雪等恶劣天气严重影响着列车的运行安全，其中雪情会影响列车司机的路况判断，严重时甚至会因转辙器处发生冰冻而使列车出现脱轨事故。而在山地、丘陵地带还可能出现因暴雨产生的山体滑坡、泥石流等地质灾害，不仅影响铁路的正常安全运营，甚至可能造成重大人员伤亡及经济损失。因此，铁路沿线的雪情监测和地质灾害检测一直是轨道交通运营安全需要解决的一个重要问题。

第一节　铁路沿线雪情图像分析方法

一、雪粒子特征分析与检测方法

1. 雪粒子特征分析

降雪在自然界极其常见，大气中包含大部分水蒸气，降雪的形成原理主要在于水蒸气的凝华。在雪粒子的生成中，首先形成的是雪晶核，作为雪花的核心部分，其成核过程主要分为均相成核及异相成核两种不同的形式。其次是雪花的生长，生长过程受到温度、湿度等多方面微观因素的影响，不同环境条件使雪晶核做出不同的吸附及融合方式，这也是雪花呈现不同形状的根本原因。最后是雪花的下降过程，雪花在凝结过程中重量逐渐升高，不同雪花相互碰撞最后降落，出现在天空中就形成了人眼及摄像头所捕捉的降雪。

总体上，雪花的基本几何形态是六边形的，在专业制冷学科中，雪花被定义在了六方晶系中。在雪晶核产生吸附力时，水汽会因受力而向其移动，雪晶核的表面是不完全光滑的，从微观观察其外层有很多的凸出甚至大的棱角部分，当水汽与核心相遇，会根据其棱角形态而迅速生长形成枝杈，随着雪花体积的增长，枝杈部分会越来越突出，雪花的形状也越来越鲜明，这就形成了不同形状的雪花。自然界中几种典型的雪粒子形态如图 4-1 所示。

大部分雪花为六边形，但温度仍会影响一部分雪花的形态，当气温在 0 ~ −3 ℃时，雪花一般为六边形；随着气温降低，气温在 −4 ~ −10 ℃时，部分晶体呈现柱状；−10 ~ −22 ℃时，部分呈现星状；−23 ℃以下时，小部分晶体出现锥形状态。由于不同温度下雪粒子形态大小有所差异，有必要对雪花平均大小进行探讨，从以上描述可知，温度是影响雪花大小的直接条件，通过相关文献，总结雪花直径与温度的关系为

$$D = 0.015 \times |T| - 0.35 \times \mathrm{rand}(\,),\ T \leqslant -0.061 \tag{4-1}$$

图 4-1　雪粒子的不同形态

$$D = 0.04 \times \text{rand}(\,),T > -0.061 \tag{4-2}$$

式中　D——雪花直径，m；

T——温度，℉，1 ℉ = 32 + 1 ℃ × 1.8；

rand( )——随机函数，取值为 0 ~ 1 之间。

故可以总结，在真实降雪场景中，雪粒子成像面积一般较小，在图像中是以不规则形状的白色斑点形式出现的。

普通的雪粒子由冰晶构成。冰本身是无色且透明的，但冰晶是一种多面体，具有极强的反射能力，当不同方向的光线射向冰晶，也会造成不同的反射效果。轨道沿线的雪粒子，大气环境复杂，在雪花飘落过程中，时常沾染空气中的各类杂质，所以摄像机拍摄的降雪图像中雪粒子一般为灰白色，从观感角度考虑，其具有明显的高亮度特点，并且具有干扰视线、模糊背景的能力。

对轨道沿线降雪图像（图 4-2）中的单个雪粒子进行亮度分析，随机框选三处明显的雪粒子颗粒，按图像坐标轴顺序其位置分别为[36,353]、[345,175]、[604,294]，为了比较在相同背景情况下，雪粒子为图像像素亮度值带来的影响，在对应三处雪粒子颗粒的临近位置，挑选另外三处背景像素亮度值进行解析，位置分别是[36,344]、[345,193]、[604,284]。逐一对比三处样本，可发现相较于无雪背景，被雪遮挡住的位置像素亮度值有明显增幅，增长幅度略有不同，但都在背景亮度基础上提升了 R、G、B 三通道的对应数值。

产生这一现象的原因是摄像机的摄像存在一定的曝光时间，雪花本身虽然有透光性，但相比背景拥有更高的辐射亮度。对于一帧带有雪花的视频图像，在用相机拍摄下落的雪花时，如

图 4-2 降雪图像亮度分析

果设雪花经过某像素点的瞬时时间为 λ，将摄像机的曝光时间设为 K，图像上受雪花影响的某像素点实际上是两段辐射亮度的叠加，它们分别是 $0\sim\lambda$ 这段时间内雪花所产生的亮度辐射值 F_s 以及 $\lambda\sim K$ 时间内背景产生的辐射亮度值 F_b 的线性累加，可表示为

$$P_o = \int_0^{\lambda} F_s \mathrm{d}t + \int_{\lambda}^{K} F_b \mathrm{d}t \tag{4-3}$$

式中 P_o——雪天图像中雪花像素亮度；

F_s——曝光时间内雪花所造成的亮度辐射均值；

F_b——曝光时间内背景所造成的亮度辐射均值。

由于曝光时间内摄像头固定，背景辐射亮度不发生改变，定义 P_s 为时间 K 内雪花静止的辐射亮度，定义 P_b 为背景的辐射亮度，则改写式(4-3)为式(4-4)。

$$P_o = \lambda \frac{P_s}{K} + (K-\lambda)\frac{P_s}{K} \tag{4-4}$$

定义 β 为瞬时时间 λ 与曝光时间 K 的比率，即 $\beta=\lambda/K$，则可进一步改写式(4-3)为式(4-5)。

$$P_o = \beta P_s + (1-\beta)P_b \tag{4-5}$$

此时，雪天的图像物理亮度模型就被表示出来了。P_o 表示雪天拍摄的含有雪花的图像，P_s 表示曝光时间内雪花的图像亮度，P_b 表示纯背景的图像。由于 β 的值受曝光度、雪花下降速度等多方面的影响，无法通过这一简单的线性模型来直接区分背景或雪花，为了完成雪花的提取及雪情的判断，还需要进一步进行研究及探讨。

雪花在空中的飘浮状态是毫无规律的，主要原因是雪花的运动受很多微观条件的影响，雪花本身质量也极小，且形状不一，每片雪花的受力也都不相同，所以雪花才出现了四散飞舞的状态。雪花的受力情况如图 4-3 所示。

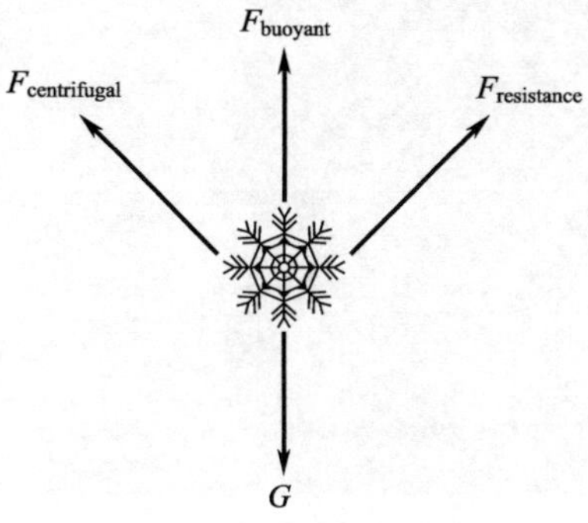

图 4-3　雪花受力分析

雪花本身主要受到重力与风速的影响，一般情况下，雪花运动过程中的受力分为四种，即重力影响 G、空气浮力 $F_{buoyant}$、离心力 $F_{centrifugal}$ 以及空气阻力 $F_{resistance}$。如果在风力相对平衡的条件下，根据牛顿定律，可推算雪粒子运动时的加速度为

$$a = g - F_{bouyant}/m \tag{4-6}$$

式中　g——重力加速度；

m——雪花质量。

在轨道场景中，由于车辆的运动，轨道沿线环境空旷，雪粒子运动一般不会出现上述理想情况，用简单的受力公式推断雪粒子运动速度较为困难，可使用现有的雪粒子运动经验公式来进行概括，其表达式为

$$v = k(-0.2 + 5d - 0.9d^2 + 0.1d^3) \tag{4-7}$$

式中　v——雪花飘落速度；

k——环境阻力系数；

d——雪粒子直径。

雪花在空中的受力较为分散，无法掌握每粒雪花的速度及加速度情况，一般默认为雪花在三维空间中呈现随机分布的状态，但从图像整体角度分析，雪花的出现情况近似服从均匀分布。如果将雪花存在的空间体积表示为 V，则位置 I 处出现雪花的概率可直接表示为 $p(I) = 1/V$。如果在体积为 V 的三维空间中，有 k 片雪花时，雪花出现的概率也可以用泊松分布表示为

$$p(k) = \mathrm{e}^{-\bar{n}}(\bar{n})^k/k! \tag{4-8}$$

式中　$\bar{n}$——体积内的平均降雪量。

生活中一张普通的降雪图像如图 4-4 所示，可以发现雪粒子均匀地分布在整个图像中。

图 4-4 雪粒子的均匀分布特性

2. 雪粒子检测算法

(1)光流法

光流法是指在空间内物体成像的像素瞬时速度,当帧间间隔较小时,也基本上等同于目标点的空间位移。光流法的计算过程中,会在初始给每个像素点都标记成一个矢量,该矢量是以速度形式表现的,接下来的所有运动捕捉与解析都依赖于这个速度矢量。实现光流法有两个基本假设条件前提,第一个是目标的像素亮度值不能发生变化,即在不同帧内,目标的亮度要保持恒定,此假定用于满足算法中的基本方程;第二个是运动目标位移不能过大,物体短时间内不能发生剧烈运动导致过长位移。只有满足以上两个条件,光流法才能得以应用。

从数学角度描述光流法,设在时间点 t,图像中某点灰度值为 $I(x,y,t)$。对于下一帧图像,即时间流逝至 $t+\Delta t$,假设该像素点位移至 $(x+\Delta x,y+\Delta y)$ 位置,此时的灰度值对应表现为 $I(x+\Delta x,y+\Delta y)$。在刚刚的假设条件中,已经假定该运动目标亮度恒定,所以有

$$I(x,y,t)=I(x+\Delta x,y+\Delta y,t+\Delta t) \tag{4-9}$$

对式(4-9)等式右侧进行泰勒级数展开

$$I(x,y,t)=I(x,y,t)+\frac{\partial I}{\partial x}\mathrm{d}x+\frac{\partial I}{\partial y}\mathrm{d}y+\frac{\partial I}{\partial t}\mathrm{d}t+\varepsilon \tag{4-10}$$

其中,ε 表示高阶无穷小,可忽略不计,此时有

$$\frac{\partial I}{\partial x}\mathrm{d}x+\frac{\partial I}{\partial y}\mathrm{d}y+\frac{\partial I}{\partial t}\mathrm{d}t=0 \tag{4-11}$$

式(4-11)两端同时除以 $\mathrm{d}t$,并令 $\boldsymbol{u}=\mathrm{d}x/\mathrm{d}t$,$\boldsymbol{v}=\mathrm{d}y/\mathrm{d}t$,即分别代表沿二维图像 x,y 两方向的速度矢量,令 $I_x=\partial I/\partial x$,$I_y=\partial I/\partial y$,$I_t=\partial I/\partial t$,表示像素灰度值沿 x,y 两方向的偏导数,综上最终可表示为

$$I_x+I_y\boldsymbol{v}+I_t=0 \tag{4-12}$$

此时可根据方程计算 $\boldsymbol{u}$,$\boldsymbol{v}$ 的数值,完成对目标点的运动轨迹分析,实现对于目标的检测。

(2)帧间差分法

帧间差分法原理相较于光流法更为简单,其算法主要抓住了运动目标在相邻帧间会发生较明显位移这一特点,即相邻帧间假定背景没有明显变化,而运动目标会发生明显位移。该方法在对相邻两帧图像做差分操作以后,会设定一个阈值,小于阈值判定为背景,反之则判定为运动目标。设相邻的两帧图像分别为f_n和f_{n-1},对应每幅图像的像素点灰度值记为$f_n(x,y)$和$f_{n-1}(x,y)$,对两幅图像中像素级的差分操作,得到差分图像D_n,即

$$D_n(x,y) = |f_n(x,y) - f_{n-1}(x,y)| \tag{4-13}$$

设定适当的阈值T来进行运动目标的差分选择,大于阈值的像素点灰度值置为255,小于阈值者置为0,最终得到只凸显运动目标的一幅二值图像R_n,表示为

$$R_n(x,y) = \begin{cases} 255, & D_n(x,y) > T \\ 0, & D_n(x,y) \leqslant T \end{cases} \tag{4-14}$$

(3)背景差分法

背景差分法基本思想与帧间差分法类似,其策略都是使用两幅图像的像素级差值来进行目标检测。但背景差分法的差分对象不是相邻帧的图像,而是当前帧图像和一个使用算法构建的背景模型。此时的背景被定义为不包含运动目标的图像。将包含运动目标的图像与背景相减,即从场景抠除了前景从而得到目标物体。相似地,设背景帧为B_n,包含运动目标的图像帧为f_n,二者图像中像素对应灰度值为$B_n(x,y)$和$f_n(x,y)$,直接进行像素级的差分操作,并计算其绝对值,得到差分图像D_n,表示为

$$D_n(x,y) = |f_n(x,y) - B_n(x,y)| \tag{4-15}$$

设定合适的阈值T,得到合适的二值化图像。大于阈值者像素值直接置为255,即运动前景,小于该阈值者灰度值置为0,为背景点,表达式为

$$R_n(x,y) = \begin{cases} 255, & D_n(x,y) > T \\ 0, & D_n(x,y) \leqslant T \end{cases} \tag{4-16}$$

在背景差分法中,背景建模是该算法的核心环节,只有建立清晰、不受运动目标影响的背景图像,才能有效提取前景,从而完成目标检测。

(4)各方法分析对比

对以上算法进行总结,光流法对于像素亮度变换过于敏感,当场景的照明亮度发生变化,可以迅速感知光流从而给检测带来影响。在轨道场景中,如果列车有灯光影响摄像,则会严重影响检测效果,另外雪花虽然拥有高亮度,但随着光照变化可能导致亮度改变,这样就无法满足光流场灰度守恒的方程,加之雪花目标过多,对于雪花光流场的求解相对困难。光流法计算量大,运算程序极其复杂,对于实时监测并不适用。

帧间差分法对光照要求较低,但对快速移动的物体需要进行合理的帧差时间设置。当两帧目标出现重叠时,会使二者的运动轨迹难以判断。另外帧差法需要背景尽量恒定,否则也会影响分割效果。轨道交通场景中,列车往复通行,背景时常改变;无车时场景也较空旷,风力较

大,场景中雪花处于快速而无规律的四散状态,运用帧间差分法判断较为困难。

背景差分法计算量较小,对雪花这类目标,该方法具有更高的适用性。雪花的密度较高,摄影机无法捕捉其细节纹路,故不具有明显特征,移动速度也较快,运动轨迹没有任何规律,在研究中使用其他方法提取此类前景较复杂。对于此类前景很难通过视频的方式捕捉每一个雪花的运动轨迹并进行提取。而背景差分法的原理是构建场景中的背景图像并与原图进行差分操作,通过对于雪粒子特征的分析已经得到其成像面积较小、亮度较高、图像分布不规律等特点,将雪花定义为均匀散落在图像中的小目标,运用背景差分法将其全部提取可获得较好效果。另外,本书算法旨在构建单一图像的背景细节,无论是单独拍摄的轨道沿线图像,或是截取的视频帧,都可以进行快速的检测操作。背景差分法还具有运算快速的特点,适用于工程应用并实时进行目标监测。论文将背景差分法进行了改进,从而实现雪花目标的检测处理。

二、降雪图像雪粒子分割方法与雪情分析系统设计

1. 图像雪粒子分割方法

(1)基于改进引导滤波的雪粒子分割方法

引导滤波是一种与双边滤波相似的滤波方法,核心是滤波算法中构建的局部线性模型。其优势在于针对某些图像细节可以做到选择性的保留或滤除,在保持背景边缘的同时可以滤除其他目标噪声或杂点;另外算法的复杂度与所选窗口尺寸无相关性,使其对不同大小的图像都有很强的适用性。引导滤波除需要定义滤波窗口相关参数之外,还需引入一幅引导图像作为滤波的参考,算法的关键是对该引导图像的运用。

引导滤波方法的核心思想是,对于任意函数,在其上取一点,则靠近这一点的其他点位是和它具有线性关系的,这样一个比较复杂的函数就可以用多个局部的线性函数来表示。同理可认为研究中所需要的图像就是一个二维函数,并希望用一系列的线性函数来对这一复杂的二维函数进行表示。用式(4-17)描述为

$$q_i = a_k P_i + b_k,\ \forall i \in w_k \tag{4-17}$$

式中　q_i——输出图像;

P_i——引导图像;

a_k, b_k——线性表示时所需要用到的系数,研究中需要得到的输出图像q_i是由引导图像P_i在以像素k为中心的窗口中通过线性转换得到的。

另外,研究的目标是去除如雪花、噪声等需要去除的细节纹理,假设输出图像q_i是由输入图像R_i与不需要的噪声细节n_i相减得到的

$$q_i = R_i - n_i \tag{4-18}$$

一般,希望输出图像q_i和引导图像P_i的差异足够小,故在开窗内设定一个代价函数,该函数表示为

$$E(a_k, b_k) = \sum \left[(a_k P_i + b_k - p_i)^2 \right] + \varepsilon a_k^2 \tag{4-19}$$

式中　ε——控制a_k大小的正则化系数。

目标是使该代价函数取得最小值，应用最小二乘法，解出对应系数的表达式为

$$
\begin{aligned}
a_k &= \frac{\dfrac{1}{|w|}\sum_{i\in w_k} P_i R_i - u_k \overline{R_k}}{\sigma_k^2 + \varepsilon} \\
b_k &= \overline{R_k} - a_k u_k
\end{aligned}
\tag{4-20}
$$

式中　$|w|$——窗口内的像素点数；

w_k——窗口；

u_k, σ_k^2——在窗口内引导图的均值与方差；

$\overline{R_k}$——窗口内输入图像的均值。

在窗口的滑动过程中，会出现重叠的情况，即每个像素点都有可能会被很多线性函数所描述，所以计算输出图像时，考虑使用均值手段来处理多个线性函数描述所带来的多输出问题，对输出q_i 的所有可能取值取平均即可得到

$$
q_i = \frac{1}{|w|}\sum_{i\in w_k}(a_k P_i + b_k) \tag{4-21}
$$

如果定义$\overline{a_i}$，$\overline{b_i}$均为重叠窗口内的平均系数，则式(4-21)可进一步简化为

$$
q_i = \overline{a_i} P_i + \overline{b_i} \tag{4-22}
$$

得到输出图像与引导图像的最终表示关系。

另外对于式(4-19)中的ε，当$\varepsilon=0$时，如果使用原图像作为引导图像，则图像不做任何处理，直接输出。当$\varepsilon>0$时，对于图像中的非梯度区域，由于其相对平滑，此时σ_k^2与ε值相比较小，有$a_k\approx0$，$b_k\approx\overline{R_k}$，即在目标区域做了简单的均值滤波。对于图像中的高梯度区域，σ_k^2远大于ε值，此时$a_k\approx1$，$b_k\approx0$，即保持该区域的原有梯度，有助于实现背景细节保持。实验过程中，可设置较小的ε值来保证图像的细节输出，本书将ε值设定为10^{-4}，另外由于雪粒子成像面积一般不高于64 像素，为了达到较好的去雪效果，选用8×8 的滤波窗口对图像进行滤波操作。

改进的引导滤波流程专注于对引导图像的选用，在普通的引导滤波流程中，如果对主线性函数两侧取梯度，可得到$\nabla q = a\,\nabla P$，即输入的引导图像与最终的输出图像拥有同样的梯度细节，这诠释了引导图像的重要性。构建还原度高的引导图像，有助于更好地通过滤波构造全局背景细节。研究的目的在于通过各种不同的图像处理方式，构造尽量受雪花影响小且背景细节翔实的图片，并将其作为引导滤波的导向输入，以完成更好的背景细节输出。改进的引导滤波流程如图4-5 所示。

作为适用于单张图像的方法，直接使用截取的原始雪花图像作为引导图像的构建样本。对于一张轨道沿线降雪图像，设$P_{\text{s-max}}$为雪花信息图像P_{s}三通道的最大值，设$P_{\text{b-max}}$为背景成像P_{b}中三通道的最大值，$P_{\text{o-max}}$为原始画面P_{o}中三通道的最大值，并以相同的方式定义$P_{\text{s-min}}$、$P_{\text{b-min}}$、$P_{\text{o-min}}$，依次为雪花信息图像P_{s}、背景成像P_{b}、原始画面P_{o}中三通道的最小值。由于$0\leqslant 1-\beta\leqslant 1$，根据式(4-5)，有

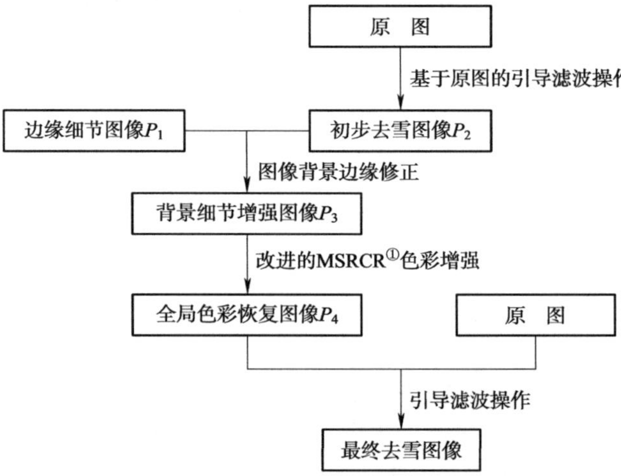

图 4-5 改进的引导滤波流程

注:①指带色彩恢复的多尺度视网膜增强算法。

$$P_{\text{o-max}}=\beta P_{\text{s-max}}+(1-\beta)P_{\text{b-max}} \tag{4-23}$$

$$P_{\text{o-min}}=\beta P_{\text{s-min}}+(1-\beta)P_{\text{b-min}} \tag{4-24}$$

将式(4-23)和式(4-24)相减,在一幅降雪图像中,雪粒子给背景带来的成像增长幅值是固定的,相减的结果为

$$P_1=P_{\text{o-max}}-P_{\text{o-min}}\approx(1-\beta)(P_{\text{b-max}}-P_{\text{b-min}}) \tag{4-25}$$

在雪粒子成像模型板块研究得到$\beta=\lambda/K$,瞬时时间λ远远小于曝光时间K,故β趋于0,这样,便获得了P_1这个仅受到背景图像限制的图像,三通道中降雪像素点的最大及最小值相减,去除了大部分雪花影响,而图像中的主要边缘轮廓被保留下来。这个图像的特点是基本上包含了背景图像的全部细节,并且尽量减少了瞬时雪花降落的影响。

流程中将原图的三个通道作为输入,进行基于原图的引导滤波操作,并将滤波后的图像记为P_2,由于引导滤波对于低梯度边缘的抹除特性,图像P_2此时已经滤除了部分雪花。

至此,已得到了初步的去雪图像P_2,但此图像仍然有细节可以提升。研究主要针对背景图像细节的进一步完善,由于引导滤波局部进行均值优化的特性,导致第一次滤波后的部分背景边缘模糊缺失,但在算法初始,根据图像降雪特性建立了一张不受降雪影响,且保留了绝大部分边缘内容的图像P_1,研究中使用此灰度图像进行初步去雪图像P_2的背景恢复工作,对受损图像的三通道依次进行处理,对边缘位置加以补全,构建背景细节增强图像P_3,其表达式为

$$P_3=cat(P_{2_i}-P_1/2) \tag{4-26}$$

式中 i——图像P_2的通道数;

cat——通道融合。

进行此运算的实质是追溯受第一次滤波影响的边缘形状信息,弥补雪花亮度对图像边缘的辐射影响,恢复了一部分被误判为雪花的背景图像,同时增强了背景图像的其他部分细节。此时的P_3图像,消除了部分雪花影响并进行了背景细节弥补,是在R、G、B三通道分别进行上

述操作的结果,属于彩色图像,但此时图像整体饱和度降低,部分区域缺乏色彩表现力,对于原始背景的还原度仍不够高。为了改善此类情况,使用改进的 MSRCR 进行图像增强与色彩还原,以达到最好的背景恢复效果。

MSRCR 算法是一种基于 retinex 理论的图像增强方法,retinex 作为一个合成词语,是由 retina(视网膜)和 cortex(大脑皮层)两个词语组合而来的。该方法主要观点包括两方面:观察得到的物体颜色是由物体对于光线的反射能力所决定的;物体色彩不受环境光影响。即对于一幅图像可总结出

$$S(x,y)=L(x,y)\cdot R(x,y) \tag{4-27}$$

其中 $S(x,y)$ 表示设备的成像图像,$L(x,y)$ 表示入射光,$R(x,y)$ 表示反射分量,也就是说,拍摄的图像由物体本身的反射能力决定。对式(4-27)两边取对数可得

$$\lg S(x,y)=\lg L(x,y)+\lg R(x,y) \tag{4-28}$$

算法为了还原物体的真实色彩,计算其反射的分量值,故将 $\lg R(x,y)$ 左移至等号一侧

$$\lg R(x,y)=\lg S(x,y)-\lg L(x,y) \tag{4-29}$$

其中,$L(x,y)$ 项可由原始图像进行高斯模糊进行估计,方法是对原图进行高斯滤波

$$L(x,y)=S(x,y)*G(x,y) \tag{4-30}$$

其中 $*$ 代表卷积操作,$G(x,y)$ 被命名为中心围绕函数,研究中使用高斯函数进行原图卷积,$G(x,y)$ 具体表达式为

$$G(x,y)=\lambda\cdot\exp\left(-\frac{x^2+y^2}{\sigma^2}\right) \tag{4-31}$$

式中　λ——归一化常量,使 $\iint G(x,y)\mathrm{d}x\mathrm{d}y=1$;

σ——尺度常量,即高斯函数标准差,在实验中,σ 若取较小值,则可以得到较稳定的动态变化效果,在图像的低亮度区域恢复色彩及边缘细节,缺点是图像整体易失真;σ 取值较大,则全图亮度均衡性较好,输出图像锐度低,观感更柔和。

总结以上算法步骤,首先对原始图像 $S(x,y)$ 进行高斯模糊,得到估计的入射光分量 $L(x,y)$,然后计算物体本身成像值 $\lg R(x,y)$,最后将其转换为 0 ~ 255 像素值作为输出估计图像,主函数为

$$\lg R_i(x,y)=\lg S_i(x,y)-\lg[S_i(x,y)*G(x,y)] \tag{4-32}$$

式中　i——图像中的某个通道。

为了得到更好的增强效果,研究引入通道间线性加权概念进行多尺度增强处理,即选取不同的高斯环绕尺度进行计算,最终的计算结果由加权求和决定,表达式为

$$\lg R_i(x,y)=\sum^{N}W_n\{\lg S_i(x,y)-\lg[S_i(x,y)*G(x,y)]\} \tag{4-33}$$

式中　N——尺度个数;

W——高斯环绕函数的权值,即 W_n 表示在第 n 个尺度上的权值,且运算中 $\sum_{n=1}^{N}W_n=1$。

引入权值后的多尺度处理实现了恢复细节表现的小尺度算法及恢复全局色调的大尺度的算法联合,结合二者特性的输出图像兼顾了细节表现力及色调再现,能够较好描述原始物体的本身色彩,并还原全局环境。为了取得极致的图像表现力,继续对算法进行改进,在原基础上加入色彩恢复因子 C,主函数表达式为

$$\lg R_i(x,y) = C_i(x,y)\sum^{N} W_n\{\lg S_i(x,y) - \lg[S_i(x,y) * G(x,y)]\} \tag{4-34}$$

式中 C_i——第 i 个通道的彩色恢复因子,其作用在于调节整体图像的成像比例,其表达式为

$$C_i(x,y) = \beta\{\lg[aS_i(x,y)] - \lg[\sum^{N} S_i(x,y)]\} \tag{4-35}$$

式中 β——增益系数,

a——非线性强度调节系数。

在轨道沿线降雪图像中,轨道延伸至远方,伴随景深往往有雪雾出现,其颜色较暗,且遮挡部分背景细节,将雪雾消除有助于还原更真实的背景纹理,同时也能够完成更高的雪花分割提取。本书对 MSRCR 方法加以改进,对原图像进行取反操作,进行 MSRCR 处理,可提升当前图片低亮度部分,即原始图片有雾部分的细节表现力,同时提升其亮度。然后再进行一次取反处理,这样原图像有雾区域的亮度降低,而被雾遮挡部分的表现力变强。使用取反处理图像及原始图像分别进行 MSRCR 处理并线性叠加的策略,兼顾了近处及景深背景的细节表现力,最终处理公式为

$$R^{z}_{\mathrm{MSRCR}}(x,y) = \omega \cdot R^{w}_{\mathrm{MSRCR}}(x,y) + (1-\omega)\cdot R^{o}_{\mathrm{MSRCR}}(x,y) \tag{4-36}$$

式中 $R^{z}_{\mathrm{MSRCR}}(x,y)$——输出的去雪雾细节还原图像;

R^{w}_{MSRCR}——经过取反并还原处理后的图像;

R^{o}_{MSRCR}——直接使用 MSRCR 处理的图像;

ω——制定的线性加权系数。

实验中,ω 取值在 0.9 至 0.95 之间时,可以取得较好的还原效果,原因在于距摄像头较远距离位置拍摄出来的雾浓度更高,而近处位置雪雾更稀薄。

将改进的 MSRCR 引入引导滤波的背景还原操作中,把恢复部分误判为雪花的图像P_3继续深化处理,将取反P_3图像及原始P_3图像进行 MSRCR 处理并线性叠加,得到最终引导图像P_4,表达式为

$$P_4 = \omega P_3^{\sim} + (1-\omega)P_3 \tag{4-37}$$

最后用P_4作为引导图像,对原图三通道进行最后一次滤波,本次滤波操作中使用较小的 ε 值,以确保造成不必要的图像模糊,还原轨道沿线的真实背景纹理情况,得到最终的背景还原图像。

梳理整个处理流程:背景还原分别经历了基于降雪模型的雪花成像影响消除操作;而后使用原图进行引导滤波,得到初步去雪图像;根据雪粒子成像特性进行图像背景边缘判别修正,得到背景细节增强图像;随后应用改进的 MSRCR 方法进行色彩增强,获取完成全

局色彩恢复的图像;使用该图像作为引导图像对原图再次进行引导滤波操作得到最终的去雪图像。整个流程经历三种根据图像特征的还原处理工作,并进行两次滤波操作。

滤波流程如图 4-6 所示。图 4-6(a)为降雪天气中采集的轨道沿线降雪图像,即原图。图 4-6(b)为三通道差值图像P_1,该图像作为一幅背景灰度图像,已经基本不受雪花的影响,它作为先验图像被应用于后续的背景细节恢复操作。图 4-6(c)即P_2,经过首次引导滤波操作,维持了背景主体纹理,近处列车及远处楼宇的大部分主体细节被保留下来,同时去除了大部分雪花。图 4-6(d)为P_3,继续进行背景增强工作,观察图像细节,可感知部分边缘位置相比上一步骤产生了类似锐化的效果,突出了更多背景轮廓细节。图 4-6(e)为P_4,进行改进的 MSRCR 处理后,该图像色彩饱和度增加,整体观感更接近原始图像。图 4-6(f)为最终处理结果,图像中的雪花已经被大部分移除了,肉眼可见的雪花基本难以发觉,并且在去除雪花的同时尽可能保留了较多的背景细节,具有良好的去雪效果。

图 4-6　改进的引导滤波流程实验

(2)基于融合卷积神经网络的雪粒子分割方法

卷积神经网络因含有较多的卷积层及卷积模块,能够更好地提取原始图像特征并进行相关处理。近年来,残差和级联模块作为两种新颖的卷积神经网络架构,被广泛应用于图像识别及修复当中,二者在细节特征提取及全局特征保留中都拥有出色的表现力。本书将卷积神经网络应用于图像的去雪处理中,构建残差及级联模块融合的卷积神经网络,该网络的主要思想是对有雪和无雪之间的缺失分量进行学习,训练集需要输入添加雪花图像和对应场景的无雪图像,从而完成降雪场景背景修复任务。

①网络架构

在网络架构方面使用残差和级联模块融合策略,分别进行卷积处理后在末端进行特征总体融合,保障细节特征的流通,模块整体被命名为特征融合处理模块,由三列不同的卷积层级构成,网络架构如图 4-7 所示。

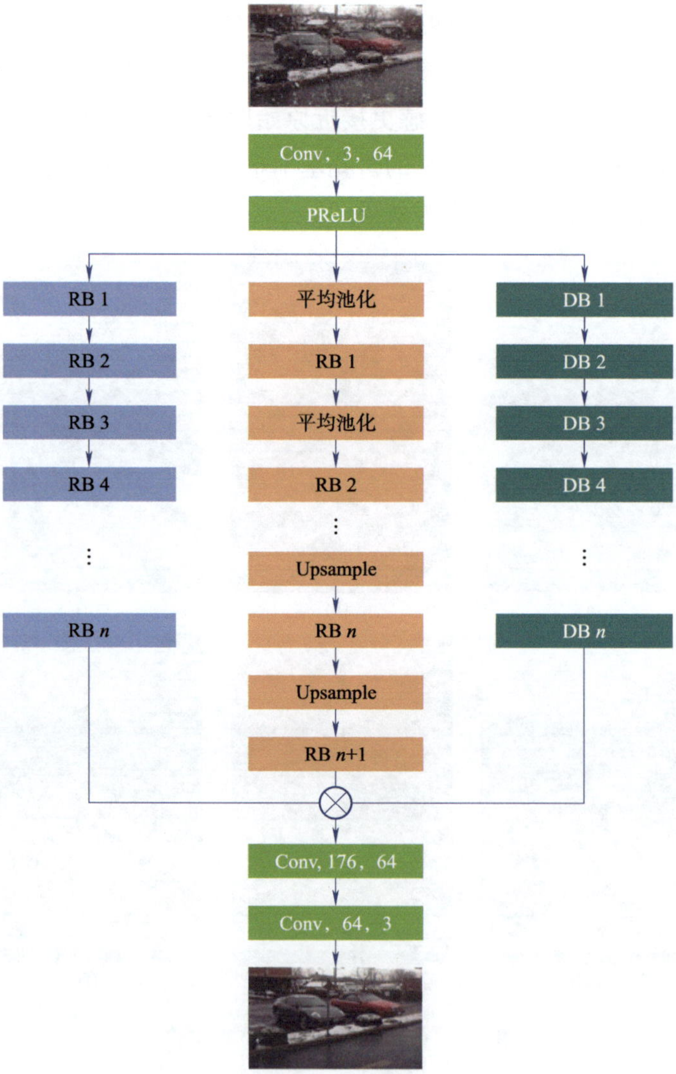

图 4-7　提出的融合卷积网络架构

注:RB 代表残差模块,DB 代表级联模块。

将 $p \times q$ 大小的三通道彩色有雪图像输入融合卷积神经网络中,通过 K 个不同的卷积核对图像进行首次卷积及非线性映射,得到首层的输出 $F^1(I)$,即将有雪图像的局部特征模块映射到 K 维的像素向量中,规定首次映射 $K=64$,卷积模块尺寸 9×9 以获得较大的全局感受野。

接着进入网络架构中的融合处理模块。特征融合处理模块分为三部分，左侧部分被定义为无池化全特征残差映射模块，突出特点是未对接收的信息进行池化处理，最大程度保留原始图像的基本特征信息，该模块由 n 个残差模块构成，研究中 n 设定为 4，其中每个残差模块包括两个卷积层，两个归一化层及激活层，即无池化全特征映射模块包括 8 个卷积层级，在参数设定上，卷积核被全部设定为 3×3 尺寸以获得较好的图像细节特征获取，维度 K 仍然保持 64，本书中使用的残差模块如图 4-8 所示。

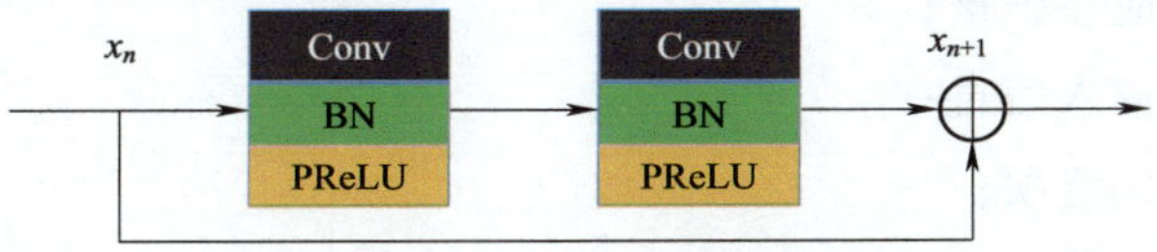

图 4-8 网络中使用的残差模块架构

特征融合处理模块的中间部分引入添加池化的残差模块作为主要特征提取模块，研究中连续使用两层池化操作对图像的核心特征进行提取，减少了数据处理量，池化的加入加深了残差网络的深度，中间卷积层级设置 26 个残差模块进行计算，残差模块设置同图 4-8，整体结果包括 52 个卷积层级，参数设定仍使用 3×3 模块，维度保持 64 层，深度残差网络可以完成较深入的特征提取，以达到更优的细节映射效果。

特征融合处理模块最右侧定义为无池化全特征级联映射层级，级联模块中，之前层级的特征图会成为该层的输入，而该层级处理后的特征图像也将输出至后续其他层级，这种特征传播模式加强了特征的流通，使之前卷积的有用信息重复利用以减少参数数量，并获得更佳的信息提取效果。由于级联模块需要对特征进行重复卷积利用，其计算量相比残差模块有所增多，本书使用双卷积层级联处理策略，并在每个级联模块中间加入 1×1 的降维层级降低维度，以保持输入维度 12，输出维度 48 的恒定输出模式，总体放置 4 个级联模块，包括 8 个卷积映射层级，在级联模块的卷积层，仍使用 3×3 模块以保障最佳特征提取效果，本书中使用的级联模块如图 4-9 所示。

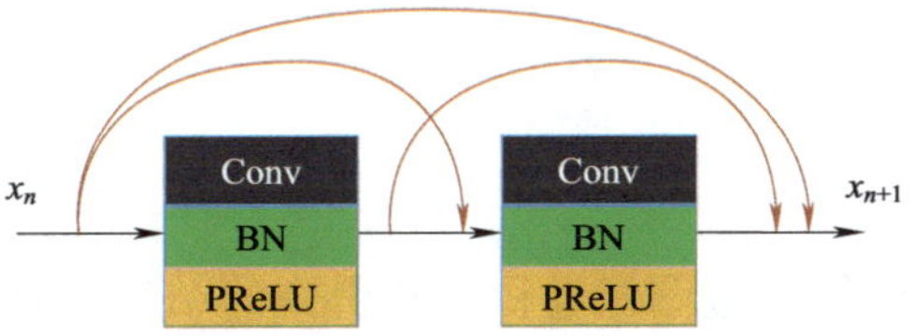

图 4-9 网络中使用的级联模块架构

在特征融合模块末端，将三类处理层级中的特征进行融合并降维，使用 3×3 卷积模块进行卷积，将维度降低到 64 并最后恢复为 3 通道进行输出。整个网络结合了级联模块的高效特征利用及残差模块的原始特征保留等优点，避免网络退化，提升了运行效率并在去雪中取得了较优异的表现。

②去雪学习过程

简化网络架构，学习过程可表示为

$$F_w(P) = W_n * F_{n-1}(P) + b_n \tag{4-38}$$

$$F_n(P) = \sigma[W_n * F_{n-1}(P) + b_n] \tag{4-39}$$

式中　n——层级数目；

F_w——第 n 层的卷积操作设置情况；

W_n——该层对应卷积核；

$F_{n-1}(P)$——该层的输入信息；

b_n——设置的偏置项；

$F_n(P)$——第 n 层的输出；

$\sigma(\cdot)$——激活函数。

在整个网络构架中，池化都使用均值池化进行降采样操作，激活函数均使用 PReLU 函数进行非线性映射，将该函数作为激活函数，可加快网络的收敛速度，防止网络过拟合，并取得更好的激活分类效果，该函数表达式为

$$f(z) = PReLU(z) = f(x) = \begin{cases} az, & z < 0 \\ z, & z \geqslant 0 \end{cases} \tag{4-40}$$

PReLU 函数映射范围如图 4-10 所示。

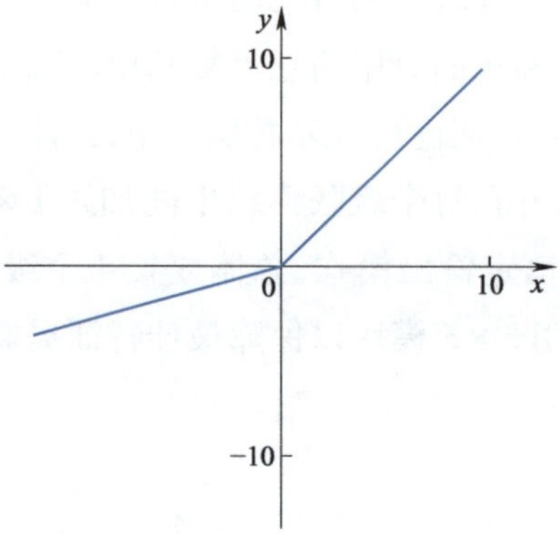

图 4-10　PReLU 激活函数示意

对于网络的训练过程，网络通过图像卷积重建得到的结果和真实图像的代价来不断优化网络参数 $\Theta = \{W_1, W_2, W_3, \cdots, W_D, b_1, b_2, b_3, \cdots, b_n\}$，在前馈传递之前，对所有卷积核及偏置项进行初始化数值设置，采用随机初始化参数策略，将 W 设置为均值为 0 方差为 1 的正态分布，偏置项设置为 0。服从正态分布的随机初始化设置可加速网络训练速度，并防止局部卷积层陷入极值。特征按网络流程从前至后进行传递并首次输出结果，在之前若干次的训练中，输出结果会与预期结果产生较大偏差，需要应用上文介绍的反向传播来更新所有 W_D 及 b_n 数值。

下面定义损失函数，采用经典的均方误差 MSE 作为损失函数，完成对相关参数的估计，具体形式为

$$L(\Theta) = \frac{1}{N}\sum_{t=1}^{N} \| F_t(P) - \widehat{L_t(P)} \|_2 \tag{4-41}$$

式中　$L(\Theta)$——损失函数；

N——样本数量；

$F_t(P)$——前馈处理结果，即网络的训练输出；

$\widehat{L_t(P)}$——输入至网络中的无雪背景图像。

随后根据随机梯度下降法反向重置所有参数，权重更新过程表达式为

$$W_{n+1} = m \cdot W_n - \eta \frac{\partial F_t(P)}{\partial W} \tag{4-42}$$

式中　W_{n+1}——反向传播中下一层的权重更新；

m——冲量单元，对其进行合理设置可帮助模型快速收敛；

η——学习率。

2. 雪情分析系统设计

(1)分析评估

在轨道运输系统中，降雪具有不确定性、变化快等特点，为保障运输安全，应研究一种实时快速的降雪强度判断方法，为调度指挥提供参考依据。本书在研究中提出基于传统图像处理及深度学习的雪粒子分割算法，在完成分割工作后，需制定完善的全局雪情定义方法，从而准确合理地判断当前降雪等级。

通过前文分析，基于深度学习的方法在精度上较传统方法更高，故本节的实验以深度学习方法作为基础进行分析和研究。前文处理后的降雪图像，轨道背景被剔除，只保留雪花前景，基于算法特性并依照观察者的主观感受，算例结果通过二值化图像进行展示，其特点是只有黑(像素值 0)白(像素值 1)两色，其中黑色部分表示原降雪图像中的背景部分，白色斑点表示飘落的雪粒子，如图 4-11 所示。观察分割后的二值化图像，雪粒子形态各异，大小不一，均匀分布在图像中，定义降雪强度需要从图像特征出发。在这样一幅二值图像中，仅能捕捉两项图像特征，首先是根据白色斑点个数所推算出的雪粒子个数，其次是白色斑点所占的整体图像面积。

一般根据认知，雪粒子个数与降雪强度应呈正相关关系，场景中雪粒子数目越多，雪势越大。对雪粒子个数能否精准反映当前降雪状况做出探究，对于一幅分割完成的降雪图像，将二值图像中的每一个雪粒子用红色外接框进行框选，计算每个最小外接矩形内部的白色闭合区域面积，并将其一一展示，绘制雪粒子频数-面积分布直方图，如图 4-12 所示。通过直方图可以发现，大部分雪粒子面积保持在了 10 像素值以内，一些雪花超过了 10 像素值但仍在数值 20 左右浮动，但仍有部分雪花超过了 25 像素值。

图 4-11　分割后的降雪图像特征

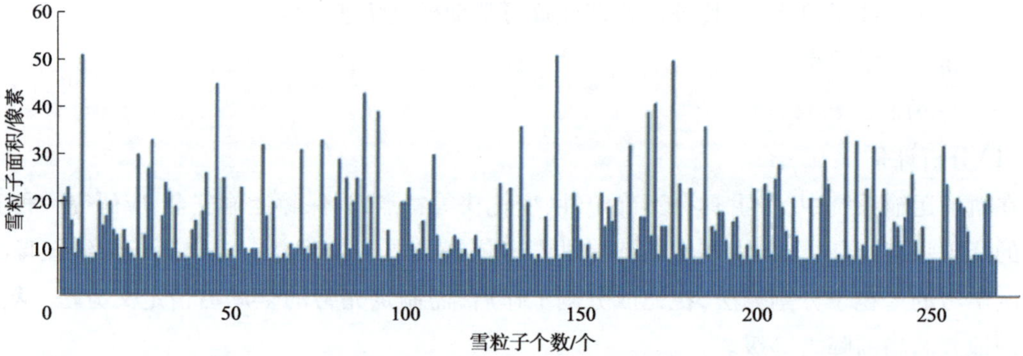

图 4-12　全局雪粒子面积统计

通过上述实验，发现在一幅降雪图像中，会有部分雪粒子在面积上超过平均水平，但在计数上仅被标记为一个雪花增量，过高的面积使其具有特殊性。对上述实验雪粒子面积做统计学分析，选取 20 张分割完成的轨道沿线降雪图像进行分析，针对所有雪粒子成像面积分别计算整体均值、中位数、标准差及面积大于 25 像素雪花占比，见表 4-1，发现超出 25 像素值的雪粒子所占比例超高，达到 20%。

表 4-1　全局雪粒子面积分析

统计类型	均　值	中位数	标准差	面积大于 25 像素雪花占比
参数	14.78	11	8.87	20%

回顾雪粒子形成过程，雪是由大气中的水分凝结而成的，在某些情况下，冷空气延伸速度较快，云层突然遇冷雪晶核迅速集结冰晶，在强冷空气下会凝结更多的水分并降落，此种情况雪势一般较大，但雪粒子个数可能未必达到较高的数值，相反单个雪花面积很大。这种降雪场景如果使用雪粒子个数进行降雪强度估计，可能造成过低的强度评价，以至于监测结果未达到预警数值使现场列车遭遇危险。

从二值图像中总结的第二个指标是白色斑点区域面积占整体图像面积的比值。考虑使用此标准作为降雪强度评价，原因在于不同于雪粒子个数这种相对笼统的计算指标，占屏面积比真实反映了雪粒子占据整个图像面积的具体情况，在各类降雪情况中都有较好的适用性，将这一概念定义为场景降雪强度(scene snowing intensity，SSI)，表达式为

$$SSI = \frac{N_i}{LW} \tag{4-43}$$

式中　N_i——图像中白色像素值的像素个数总和；

L——图像垂直方向的分辨率；

W——图像水平方向的分辨率。

降雪天气一般会伴有雪雾，由于雪花及雪雾的散射作用，随着降雪强度增加，光线释放的能量不足以引起视觉感受，这就大大降低了列车司机对前方路况的辨识能力，增加了列车行驶的风险系数。本节所提出的雪情检测方法，从雪花的视觉成像模型出发，结合 SSI，制定了基于图像的雪情划分方式，根据该标准可制定降雪天气中列车的限速管制方案，从而提升雪天轨道运营的安全性。

挑选近年来多个降雪日内拍摄的轨道沿线视频图像进行处理，以场景降雪强度作为依据，从司机视觉能见度出发，对天气情况进行分级，见表 4-2。其中，SSI 小于 1% 时，雪粒子在视图中的存在位置较零散，对司机感官影响最小，定义为“小雪”；SSI 在 1% ~ 1.5% 之间时，司机对于前方路况已较难分辨，定义为“中雪”；SSI 在 1.5% ~ 2.5% 之间时已严重影响司机视觉，对路况观感模糊不清，定义为“大雪”；SSI 大于 2.5% 时定义为“暴雪”。实际上，由于缺乏轨道沿线对应的降雪天气数据标准，本书从观感角度制定了初步的降雪等级标准，在该标准应用于工程实践之前，应积累更多气象数据，尤其是研究雪花占屏面积比与积雪深度的关系，以得到更精准全面的适用于轨道交通系统的降雪等级判断标准。

表 4-2　基于 SSI 的雪情判断标准

SSI/%	降雪等级
<1	小雪
1 ~ 1.5	中雪
1.5 ~ 2.5	大雪
>2.5	暴雪

在轨道沿线，一般会布设多个监测点进行雪情监测工作，可对邻近多个监测点 SSI 值进行加和求取平均值，从而更精准地描述当前路段的降雪强度。

上述方案仅对算法可能产生的误差提供工程领域解决方案，但总体上，基于视频图像的雪情判断方法能够实时判断当前雪情，为轨道部门提供实时、直接的降雪强度信息，为轨道沿线雪情监测系统提供算法支持。

(2)系统设计

轨道沿线雪情多变,雪情监测系统应具备实时响应能力,并满足智能化、一体化、数字化及网络化需求。融合视频处理技术、图像及数据分析技术以及先进的信息网络传输技术,在列车调度中提供直观的可视化技术支持,以确保在系统运行中做出预警,并对各种突发状况进行快速响应。

不同于普通场景中的天气监测工作,轨道交通具有更特殊的场景特点,首先轨道交通系统一般具有较广的周界延伸面积,并且部分轨道延伸至山脉及较高地势区域,监控环境复杂;其次轨道交通场景大部分处于外界环境中,要经历日夜交替以及各类不同突发状况,需要对各种不同影响雪花摄像的环境做出对应处理以确保监测的准确性及稳定性。这些场景特点增加了监测难度,对系统的统一性及实时性提出了更高要求。

针对以上监测环境特点,雪情监测系统应满足以下五方面需求。

①图像采集需求

在整个运行线路中,应在各个区间场景都设置图像采集设备,可采用分级布置原则,不同级别的场景设置对应的图像采集方案。按场景特点进行摄像头部署,如线路中段及车站处受风力等环境影响,背景及降雪情况不尽相同,应根据现场特点进行设备安放,确保拍摄清晰稳定的降雪图像。图像制式建议全系统统一,便于后续图像的分析与处理。图像传输方面,应设置多接口、高带宽以确保数据传输速度与流畅性。图像数据存储方面,应配备大容量存储设备,以支持各类不同格式文件的写入与读取。设计便捷的数据存储方案,支持大面积高容量的数据访问及移动操作,降低服务器存储压力的同时为系统中的图像处理及识别等工作提供存储支持,为后续轨道沿线降雪信息数据库的建立提供环境基础。

②图像处理需求

系统应具备完善高效的图像处理能力,支持降雪图像的超分辨率、图像降噪、夜间图像增强等图像预处理操作,为后续其他图像处理算法提供更高质量的图像。支持图像去雪、雪粒子分割算法等关键技术,为监测提供更佳的可视化效果,提升后续分析工作效率,完善系统的智能化程度。

③监测与报警需求

系统应具备雪情评估能力,配合图像预处理与雪情分析关键技术,对当前降雪强度进行定义,按图像特征标准划分降雪等级,使相关部门和人员能够做出应急响应。系统应具备报警能力,当雪情达到安全阈值启动报警功能,以便对车速或调度方案进行调整。同时提供全局线路GIS(地理信息系统)信息服务,提供当前路段及行车位置信息,以便监测人员掌握降雪路段具体情况,为监测与报警功能提供地理信息支持。

④应急处置需求

对于监测到的降雪情况及气象情况,结合历史数据信息,系统应实现对应的风险评估功能,对当前线路场景的风险等级进行预估。面对突发事件应具备智能应急处置能力,系统内部预设完整的应急预案,提供历史事件库与当前环境状况比对,并支持与司机、现场人员的语音数据实时交互，提升系统对突发事件的应对能力。

⑤雪情信息管理需求

系统应设置雪情信息管理库，对所有监测的雪情信息进行记录，通过图像处理模块得到的历次典型场景降雪图像以及权威气象部门提供的当日降雪强度标准都应录入信息库，并记录降雪对车速及其他行车情况的影响，记录当前轨道沿线温湿度及风力情况，所有降雪图像、降雪强度、温湿度等标签应一一对应，为今后雪情判断提供更多信息支持。

雪情监测系统需求分析情况如图 4-13 所示。

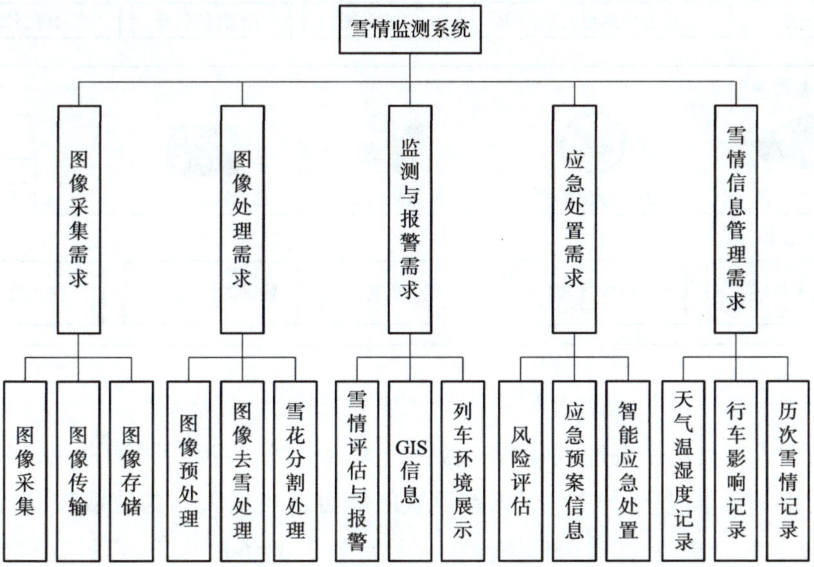

图 4-13　雪情监测系统需求分析

3. 雪情监测系统架构设计

结合监测系统需求分析结果及轨道交通场景特点，提出雪情监测系统的结构设计方案，实现从监测现场到指挥中心的信息无障碍传输。整个系统架构被分为系统安全管理模块、基础监测设备模块、雪情监测与报警模块、应急处置模块及数据统计模块，如图 4-14 所示。

针对需求，一共设置如下五个模块。

(1)系统安全管理模块。系统应进行严密的防火墙设置，对登录系统人员进行身份认证，不同职责人员分配对应权限，设立严格的访问条件。对历史雪情信息数据进行加密，设置大容量存储设备对历史数据进行备份，并定期进行系统维护，关注硬件设施状态，确保系统正常运行。

(2)基础监测设备模块。基于视频的监测系统核心在于摄像头的设置，应配置合理的摄像头设置方案，可根据不同场景进行摄像装置分级配置。对于一级摄像布设点，一般设在线路中段的通车区域，如大中型桥梁隧道两侧、弯曲轨道处及以往降雪频次较高的野外路段，此类路段环境更为复杂，可对摄像头进行特殊加固，以防止瞬时风力或其他外力损坏装置。二级摄

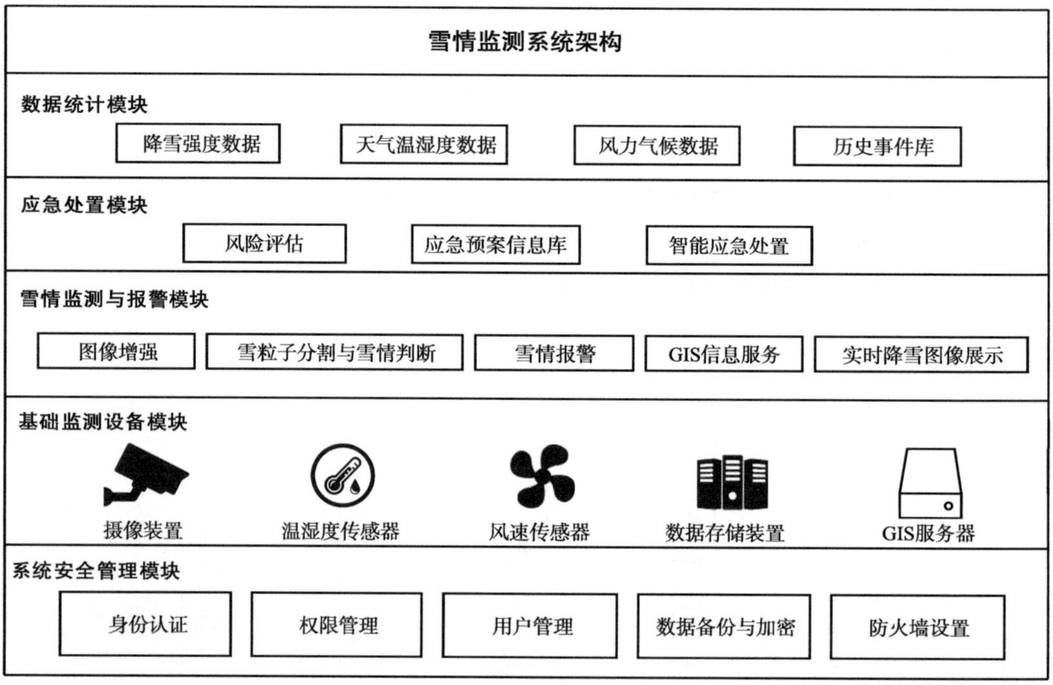

图 4-14　雪情监测系统架构

像布设点可设在人车共同出现地点，如普通站台、大型货场、各种不同调车场、存车场等区域。此类地点环境相对简单，易于维护，摄像点设置间隔可适当增大。为获取较高质量的降雪图像，推荐使用变焦激光摄像，图像分辨率至少应更新至 800 ×600 以上，以提升雪花的检测与分割效率。摄像头安放角度应避免强烈光源及大面积天空，尽量减轻背景与雪粒子的混淆所带来的雪粒子误判。镜头应聚焦于较深颜色墙壁、隧道出口、变电箱或暗色山体区域，以提升检测精度。建议拍摄角度如图 4-15 所示。

图 4-15　摄像装置建议拍摄角度

温度湿度传感器以及风速传感器应考虑集成式架构，三种气象数据可以为雪情判断提供辅助信息；存储设备应支持不同类型数据的写入与读写，配置大容量存储设备，实现高速的大容量数据吞吐，并配置管理接口，对储存系统进行管理及控制。配置相应散热模块，使数据信息安全存储并传输。

(3)雪情监测与报警模块。系统应具备图像增强能力，完成背光补偿、对比度增强、强光抑制、超分辨率等预处理操作。同时具备图像去雪能力，实现雪粒子分割与雪情判断，分等级对降雪强度进行定义，设定精确的雪情阈值标准，超出阈值时系统全局联动报警，使调度指挥部门能够对强降雪做出快速响应。系统应设置地图查询服务，支持地理信息获取，以迅速定位降雪位置提供相关服务。当前降雪图像、雪花分割图像、整体列车运行环境，都应被输出并展示。

(4)应急处置模块。系统应具备风险评估能力，对当前降雪强度、风速、温度湿度等气象信息进行分析，使相关部门能够做出应急准备。系统应内置完整的应急方案，并支持关键词搜索及智能方案推荐，实施方案可视化管理。支持应急处置方案的一键下放，使各部门均能做到快速响应，并对应急方案执行情况进行记录，以完善历史事件库。

(5)数据统计模块。对当日降雪强度数据、温度湿度数据、风力气候数据进行统计并生成统计报表；对于恶劣降雪天气造成的列车行车事故，应将当日综合气象信息、应急方案选择与执行情况、部门及工作人员配合情况、财产损失情况记录在案，构成历史事件库作为系统及应急方案优化参考。

第二节 铁路地质灾害图像检测分析方法

我国铁路网络的覆盖面积广，易受到地质灾害的影响。目前铁路沿线综合视频监控逐步向全覆盖发展，国铁集团的视频接入路数已经近 20 万路。沿线视频已由过去的 480P 标清摄像机向 720P 高清、1 080P 超高清乃至 2K、4K 等高分辨率的摄像机转换，综合视频监控系统功能从传统的浏览查询、事后回放等向智能分析、事件预警等结构化分析处理发展。同时，铁路各业务专业都在充分利用沿线视频支撑业务智能化功能，同样为铁路沿线地质灾害图像检测技术的实现打下了坚实的基础。

一、山体滑坡图像检测方法

传统的目标检测大都采用运动目标检测的方法。此类模型对运动目标比较敏感，主要通过对像素的分类区分出前景目标与背景以达到检测的效果，而在后期处理中往往通过计算前景或连通域的像素面积来对图像或视频中的信息做判断，模型本身并不具有对目标的识别功能。因此，此类算法的缺点较为明显，在实际应用中，当阈值确定后，往往会存在误报率或者漏报率高的情况，对人力资源需求大，一般情况下都需要人工进行再次检测。优点是此类无监督的检测方法不需要数据基础,同时算法的计算量相对较小,对于计算机性能的要求较低。而对于深度学习目标检测方法来说,通过特征提取,对图像中的目标做判断,可以获取图像中目标的类别和位置信息。因此其优点是相对于运动目标检测,深度学习目标检测算法的检测效果更好,可以从图像或视频中提取更多的信息,例如目标类别和位置等,为后期计算机的处理和判断提供了更多条件,一定程度上减少了人的参与和判断,对人力资源的需求更低。缺点是模型检测效果很大程度上受到数据的影响,需要大量数据训练模型,同时卷积神经网络的计算量相对较大,对计算机性能的要求更高,在检测过程中需要占用更多的计算机资源。

1. 模型介绍

山体滑坡图像检测方法从架构上可以分为视频预处理和目标检测两个部分。第一部分为视频预处理,主要基于目前铁路沿线视频检测中常用的运动目标检测方法,背景差分法,进行深度学习前的视频流筛选,这样做的目的是在一定程度上减少检测对于硬件资源的消耗。第二部分为深度学习山体滑坡目标检测,山体滑坡图像检测方法的基础算法采用了 YOLOv3 算法,并在其基础上针对山体滑坡数据集对卷积神经网络进行了参数的调整与模型修改,并重新设计了先验框。

山体滑坡检测的主要流程为:多路铁路沿线视频输入,经过背景模型实时更新的混合高斯背景建模判断视频中是否包含前景,当视频流中包含前景时进行基于深度学习的山体滑坡目标检测,通过 Darknet-53 网络架构提取特征信息,并在多尺度的特征信息上进行滑坡检测。铁路沿线山体滑坡实时检测模型架构如图 4-16 所示。

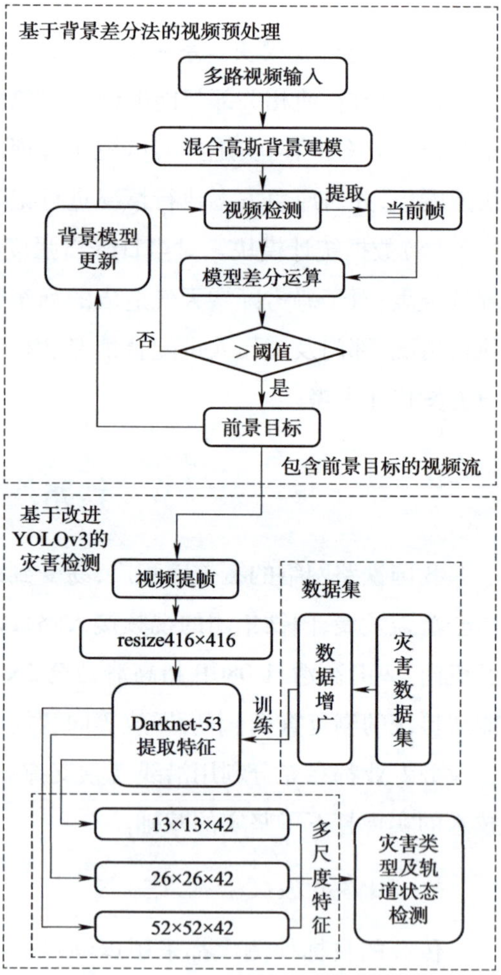

图 4-16　基于视频的铁路沿线灾害实时检测模型总体架构

YOLOv3 借鉴了 ResNet 的思想,在网络中引入了残差块,将 YOLOv2 的 19 层卷积增加到了 53 层卷积。同时学习了 GoogleNet 网络中 1×1 卷积参数优化的思想,使用了大量的 1×1 卷积核减少参数,提升网络训练和检测的速度,并使用了多尺度的特征图做预测,提升了模型对小目标的检测效果。

2. 检测效果

使用基于 YOLOv3 的山体滑坡图像检测模型对山体滑坡图像样本进行检测，部分样本检测结果如图 4-17 所示。

图 4-17　山体滑坡检测效果示例

利用对山体滑坡图像的检测精度分别对本算法和训练后的 YOLOv3，Faster R-CNN，SSD 模型的检测效果进行描述。要想得到平均正确率评价指标，可以通过使用训练后的模型对标注的滑坡测试集进行检测，通过人工标定结果和模型预测结果的对比，使用代码计算得到平均正确率指标，并对计算得到的结果进行对比统计。

具体的模型检测精度对比见表 4-3。可以看到，在山体滑坡检测方面，本方法优于目标检测领域常见的其余三类算法。

表 4-3　山体滑坡检测精度对比

模　型	本方法	YOLOv3	Faster R-CNN	SSD
精　度	75%	67%	71%	52%

背景差分法与深度学习算法对计算机资源的消耗不同。为了更直观地了解这两类算法对计算机的需求，在 NVIDIA GeForce RTX 2080 显卡上使用 YOLOv3 算法与混合高斯背景建模的背景差分法分别代表这两类检测算法进行了对比，测试其检测速度和对计算机内存资源的需求。对比结果见表 4-4。

表 4-4　YOLOv3 与背景差分法对比

指　　标	本方法	YOLOv3
消耗内存/Mb	2 773	146
每张图处理时间/s	0.07	0.01
速度/(帧·s^{-1})	14	100

从表 4-4 中数据可以较为直观地发现，在进行检测时，YOLOv3 算法占用计算机内存大约为背景差分法的 19 倍，而背景差分法对图像的检测速度大约是 YOLOv3 的 7 倍。

综上，从总体架构上看，本方法结合了运动目标检测的混合高斯背景建模的背景差分法和深度学习目标检测的 YOLOv3 算法。通过背景差分法的视频预处理，极大减少了在静止或场景变化较小的情况下算法对计算机资源的消耗，而在铁路沿线视频中，在非常多的时间段内铁路场景都是处于静止或变化细微的情况，而视频预处理可以较好地应对这一情况下算法对于计算机资源的消耗。山体滑坡检测部分则可以对场景发生扰动的视频进行处理，减少误报的情况发生。同时与目前铁路上常用的铁路沿线视频检测方法相比，本方法结合了深度学习目标检测山体滑坡检测方法，可以极大降低对人力资源的需求。

二、泥石流图像检测方法

目前我国铁路沿线泥石流检测主要依靠人工巡检，效率较为低下，也具有一定的危险性。泥石流图像检测方法在 YOLOv4 算法的基础上做出了轻量化改造，提出了基于视频图像的铁路沿线泥石流检测算法，使之更加适合硬件条件受限的移动端和嵌入式设备的应用。

1. 模型介绍

泥石流图像检测算法的基础算法为 YOLOv4_lite 算法。YOLOv4_lite 模型是在 YOLOv4 模型的基础上，将 CSPDarknet-53 主干特征提取网络替换为 MobileNetv1 的主干特征提取网络，并将标准卷积替换为深度可分离卷积而诞生的一款轻量化目标检测算法，该算法将 MobileNetv1 与 YOLOv4 算法进行了较好的结合，可以大幅降低网络的参数量。

YOLOv4 网络结构主要分为三个部分，即主干特征提取网络 CSPDarknet-53、加强特征提取网络 SPP 和 PANet，以及用于预测的 YOLOHead。主干特征提取网络可以对图像进行初步特征提取，从而获得大小为(52,52,256)、(26,26,512)、(13,13,1 024)的有效特征层(其中前两位为图像大小，第三位为通道数)。加强特征提取网络可以对上述三个特征层进行特征融合，构建特征金字塔，获得三个可用于输出到预测网络中的有效特征层。而 MobileNetv1 的主干部分也可以进行特征提取，在输入图像大小为 416×416 的条件下，经过若干次深度可分离卷积块的运算，可以直接提取出三个和 YOLOv4 主干特征提取网络输出特征层大小和通道数相同的有效特征层。这样，就可以用 MobileNetv1 的主干部分替换 CSPDarknet-53，从而实现网络规模的缩减。

YOLOv4_lite 模型网络结构如图 4-18 所示。其中，backbone 部分为 MobileNetv1 的主干特

征提取网络，Conv_dw 为深度可分离卷积块，new_yolo head 为将标准卷积替换为深度可分离卷积后的 YOLOHead 结构。

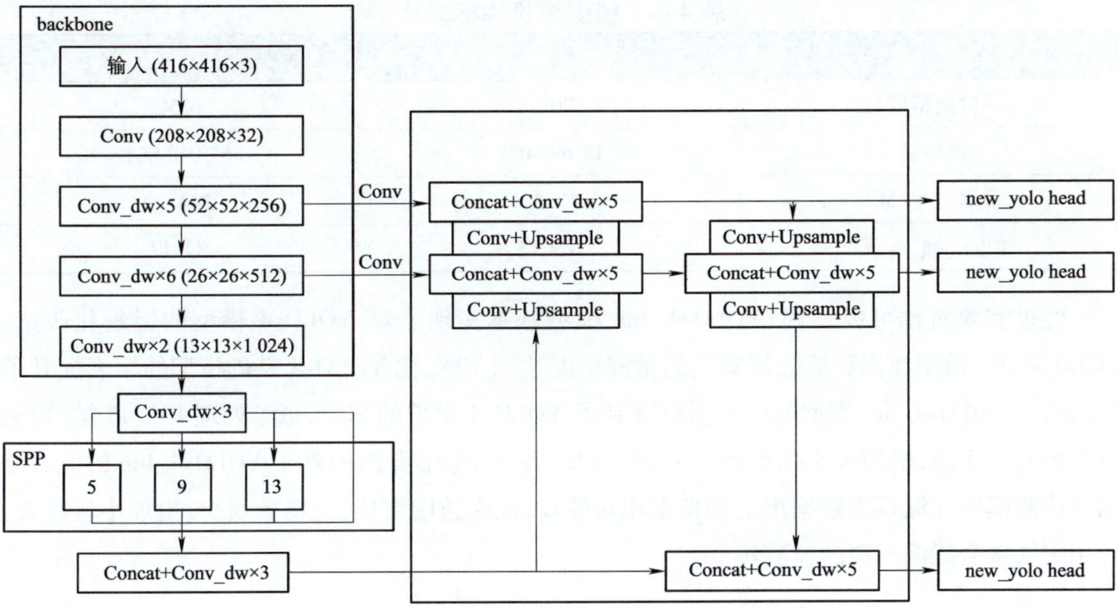

图 4-18　YOLOv4_lite 网络结构示意

2. 检测效果

使用基于 YOLOv4_lite 的泥石流图像检测模型对泥石流图像样本进行检测，部分样本检测结果如图 4-19 所示。可以看到，本算法可以对大部分泥石流图像样本成功检测。

图 4-19　泥石流检测效果示例

将本算法与基础的 YOLOv4 算法进行精度、模型大小、运行速度上的对比，对比结果见表 4-5（数据于 NVIDIA TITAN Xp 显卡测得）。

表 4-5　模型评价指标对比

指　标	YOLOv4_lite	基础 YOLOv4
检测精度	70%	63%
参数量	12 692 029	64 040 001
模型大小/MB	48.42	244.29
速度/（帧·s^{-1}）	109.45	34.17

经过实验对比可以发现，YOLOv4_lite 模型基本实现了对 YOLOv4 模型的轻量化改造。YOLOv4_lite 模型在泥石流数据集上的检测精度达到 70%，比 YOLOv4 基础模型的精度提升了 7%；同时，YOLOv4_lite 模型的参数量缩减到了 YOLOv4 模型的 20%，每秒处理 109.45 帧，检测速度提升了 3 倍，模型大小减小到了 48.42 MB。综上，本节介绍的基于 YOLOv4_lite 的泥石流图像检测模型在泥石流数据集上的精度相对较高，检测速度更快，且参数量少，更加小巧高效，适用于铁路沿线泥石流的监测场景。

第五章　车站客流图像分析统计方法研究

除了设备设施、自然环境给铁路安全运行带来的风险挑战，车站中的乘客客流安全状态逐渐成为影响轨道交通系统正常运行的关键因素，因此需要对车站内部各区域的客流信息进行实时、精准的检测，及时掌握各区域客流安全状态，达到及早发现隐患、快速判别客流安全风险、及时采取客流管控措施的效果。

第一节　车站客流图像分析统计方法

通过对区域客流信息参数进行统计分析，可以使运营者实时准确地掌握车站内部各区域的客流态势变化情况，进而有针对性地对客流进行安全管控和引导，保障乘客的人身安全，提高车站的运行效率和服务水平。

一、客流统计方法

1. 基于深度学习的车站客流信息检测算法

本节介绍的基于深度学习的车站客流信息检测方法，其基础算法是 YOLOv3 算法，算法结构如图 5-1 所示。此算法是一种端到端的模型，只对图片进行一次处理就能实现目标的检测和识别，较好地权衡了检测精度和速度，能够实时处理图像，可以满足车站客流信息检测实时性的要求。

2. 客流量统计

选定区域客流量统计方法。在进行目标检测的基础上，将算法输出的目标检测框数量进行累加计算，即可得到帧图片上的客流统计数量；要实现选定区域的客流量统计，则需要用到检测框与设定区域的四点位置坐标信息，通过比较检测框和设定区域的相交关系来判定区域内是否有人进入，并对进入区域内的客流量进行统计，如图 5-2 和图 5-3 所示。

在确定有人进入设定的区域后，开始统计进入设定区域的人数。累计叠加与设定区域存在相交关系的目标检测框数量即可得到每张帧图片上选定区域的客流量统计数量。

通常，需要统计客流量的区域人数会很多，因此需要根据车站内的实际运营能力和安全需求对选定区域客流量做一个安全限定。设定选定区域客流量上限值 p，当客流人数超过安全值 p 时意味着该区域人数过多，易发生不安全事件。短期的人员聚集在车站内是很正常的现象，随着车辆的到来和离去，会有大批的乘客上下车，此时客流量虽然大但消散得也快，不易引发事故。但长时间的人员聚集就会产生很大的安全隐患，尤其是在早晚高峰的车站内，十分不

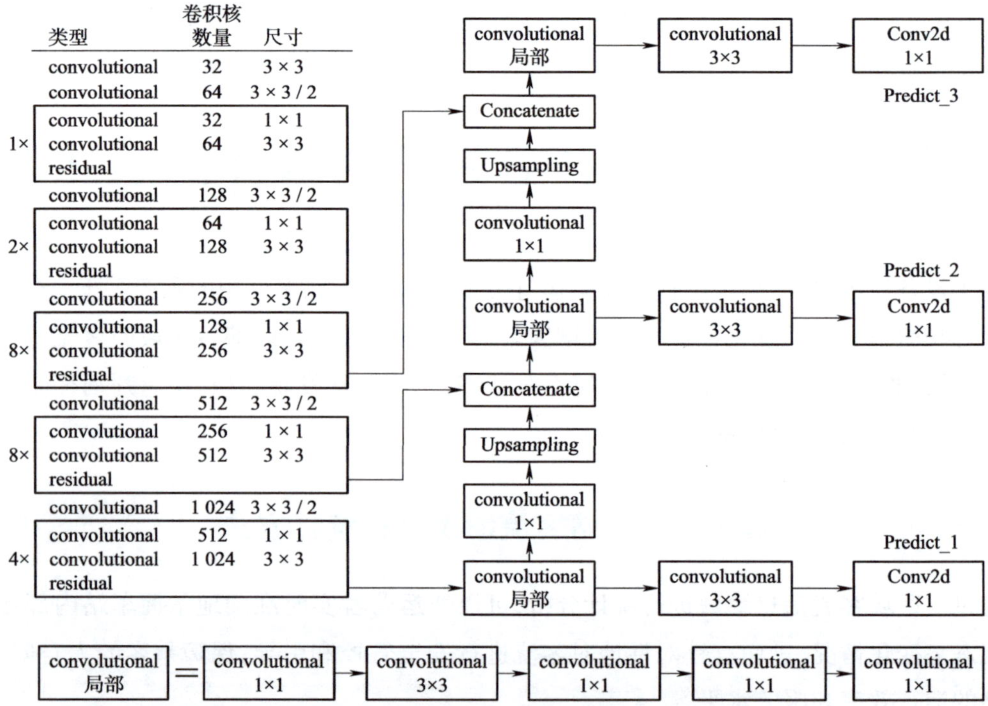

图 5-1　YOLOv3 网络结构

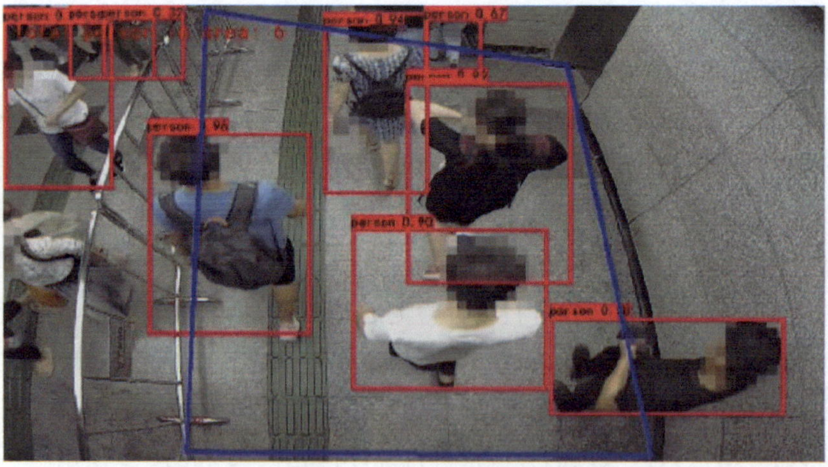

图 5-2　换乘通道的选定区域客流量统计

利于站内运营。因此需要设定选定区域客流量超过安全值 p 的持续时间阈值 t。当选定区域人员聚集超过安全值 p 时不会立即进行报警，只有当选定区域客流量超过安全值 p 且持续时间超过 t 时，系统才会输出“warning”报警，提醒工作人员注意合理疏导人群，避免事故发生。

3. 客流密度统计

区域客流密度统计是通过监控区域内所有乘客数与监控区域实际面积的比值来计算。利

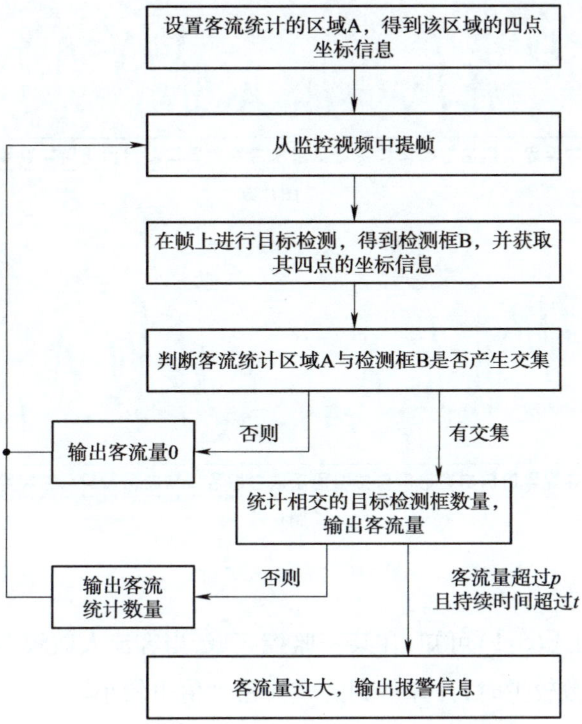

图 5-3　选定区域客流量统计智能感知流程

用基于深度学习的车站客流信息检测算法得到当前帧图像中乘客的检测框数目，即为当前时刻该区域的总客流人数 P，如图 5-4 所示。

图 5-4　某时刻监控区域内的总客流人数

经过实际测量可得知监控区域的面积，设某时刻监控区域的客流人数为 p（单位：人），监控区域面积为 S（单位：m^2），监控区域客流密度为 d（单位：人/m^2），则该区域客流密度估计结果为

$$d = p/S \tag{5-1}$$

对车站场景数据集进行测试，区域客流密度和总人数统计结果如图 5-5 和图 5-6 所示。

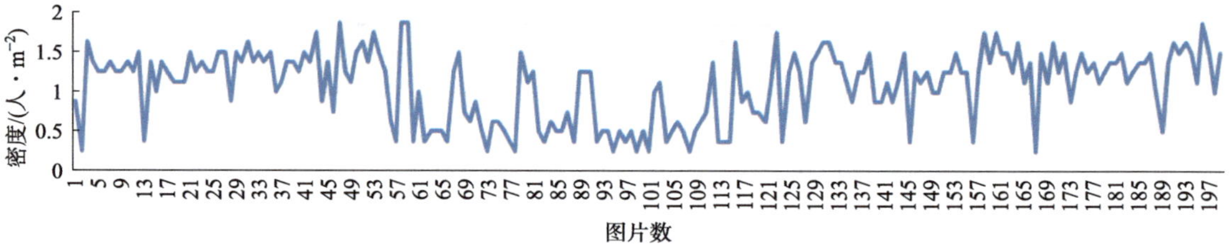

图 5-5　区域客流密度统计

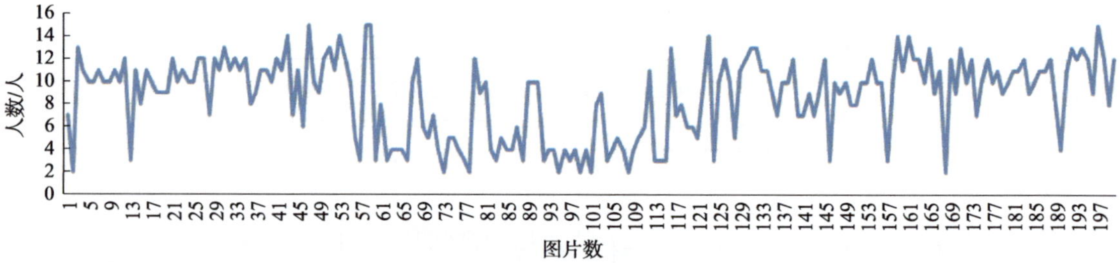

图 5-6　客流人数统计

由图 5-5、图 5-6 和式(5-1)可知,在某一监控区域,当客流人数较多时,计算得到的客流密度值也较大,当客流人数较少时,计算得到的客流密度值也较小。

二、客流分析方法

1. 关键区域入侵报警工作原理

车站站台和扶梯处客流量巨大,容易造成人员堆积,乘客动线混乱。为了更好地规范乘客的行动轨迹,保证大多数乘客安全有序地乘车,需要对这两处区域进行整理规划,设置禁入的关键区域,帮助工作人员更加高效地完成车站运营服务,提高运营服务质量。

基于 YOLOv4 改进算法的车站客流检测模型在车站关键区域入侵报警应用流程如图 5-7 所示。

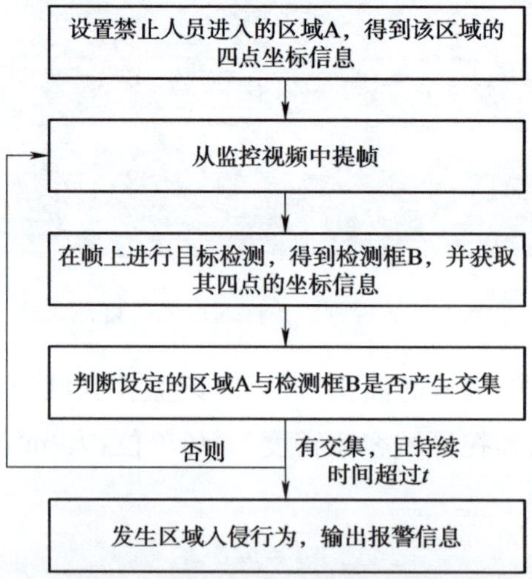

图 5-7　关键区域入侵检测方法流程

首先将视频数据进行提帧操作，获取帧图片后根据实际需要设置禁入区域，随后将图片数据输入神经网络中并进行目标检测，获得目标检测框的四点位置坐标信息后与禁入区域的四点位置坐标信息进行对比，结合一系列的判定条件判断是否发生区域入侵行为。为了避免过度消耗工作人员精力，只有该行为持续时间超过阈值 t 才会进行报警。

下面详细介绍区域入侵的判定条件。

第一步，从监控视频中提取帧。根据实际情况设置一个禁止人员进入的区域 A，得到该区域的四个顶点坐标信息 $(x_{\text{Amin}}, y_{\text{Amin}})$、$(x_{\text{Amin}}, y_{\text{Amax}})$、$(x_{\text{Amax}}, y_{\text{Amin}})$、$(x_{\text{Amax}}, y_{\text{Amax}})$。

第二步，对帧图片上的目标（即“person”）进行目标检测，获得检测框 B，并得到其四个顶点坐标信息 $(x_{\text{Bmin}}, y_{\text{Bmin}})$、$(x_{\text{Bmin}}, y_{\text{Bmax}})$、$(x_{\text{Bmax}}, y_{\text{Bmin}})$、$(x_{\text{Bmax}}, y_{\text{Bmax}})$。

第三步，通过比较设定的区域 A 和检测框 B 之间的位置关系，判断是否发生人员入侵行为。其中，判断设定区域 A 与检测框 B 是否产生交集，包含以下三种情况：检测框 B 的长边小于设定区域 A 的短边；检测框 B 的长边大于设定区域 A 的短边，但小于设定区域 A 的长边；检测框 B 的短边大于设定区域 A 的长边。

(1) 检测框 B 的长边小于设定区域 A 的短边（图 5-8）

①仅检测框 B 的一个顶点在设定区域 A 中

a. $x_{\text{Bmin}} < x_{\text{Amin}} \leqslant x_{\text{Bmax}} \leqslant x_{\text{Amax}}$ 且 $y_{\text{Amin}} < y_{\text{Bmin}} \leqslant y_{\text{Amax}} \leqslant y_{\text{Bmax}}$

b. $x_{\text{Amin}} \leqslant x_{\text{Bmin}} \leqslant x_{\text{Amax}} < x_{\text{Bmax}}$ 且 $y_{\text{Amin}} < y_{\text{Bmin}} \leqslant y_{\text{Amax}} \leqslant y_{\text{Bmax}}$

c. $x_{\text{Bmin}} < x_{\text{Amin}} \leqslant x_{\text{Amax}} < x_{\text{Bmax}}$ 且 $y_{\text{Bmin}} \leqslant y_{\text{Amin}} \leqslant y_{\text{Bmax}} < y_{\text{Amax}}$

d. $x_{\text{Amin}} \leqslant x_{\text{Bmin}} \leqslant x_{\text{Amax}} < x_{\text{Bmax}}$ 且 $y_{\text{Bmin}} \leqslant y_{\text{Amin}} \leqslant y_{\text{Bmax}} < y_{\text{Amax}}$

②检测框 B 的两个顶点在设定区域 A 中

a. $x_{\text{Amin}} \leqslant x_{\text{Bmin}} < x_{\text{Bmax}} \leqslant x_{\text{Amax}}$ 且 $y_{\text{Amin}} < y_{\text{Bmin}} \leqslant y_{\text{Amax}} \leqslant y_{\text{Bmax}}$

b. $x_{\text{Amin}} \leqslant x_{\text{Bmin}} < x_{\text{Bmax}} \leqslant x_{\text{Amax}}$ 且 $y_{\text{Bmin}} \leqslant y_{\text{Amin}} \leqslant y_{\text{Bmax}} < y_{\text{Amax}}$

c. $x_{\text{Bmin}} < x_{\text{Amin}} \leqslant x_{\text{Bmax}} \leqslant x_{\text{Amax}}$ 且 $y_{\text{Bmin}} \leqslant y_{\text{Amin}} < y_{\text{Amax}} \leqslant y_{\text{Bmax}}$

d. $x_{\text{Amin}} \leqslant x_{\text{Bmin}} \leqslant x_{\text{Amax}} < x_{\text{Bmax}}$ 且 $y_{\text{Bmin}} \leqslant y_{\text{Amin}} < y_{\text{Amax}} \leqslant y_{\text{Bmax}}$

③检测框 B 的四个顶点均在设定区域 A 中

$x_{\text{Amin}} \leqslant x_{\text{Bmin}} < x_{\text{Bmax}} \leqslant x_{\text{Amax}}$ 且 $y_{\text{Bmin}} \leqslant y_{\text{Amin}} < y_{\text{Amax}} \leqslant y_{\text{Bmax}}$

(2) 检测框 B 的长边大于设定区域 A 的短边，但小于设定区域 A 的长边（图 5-9）

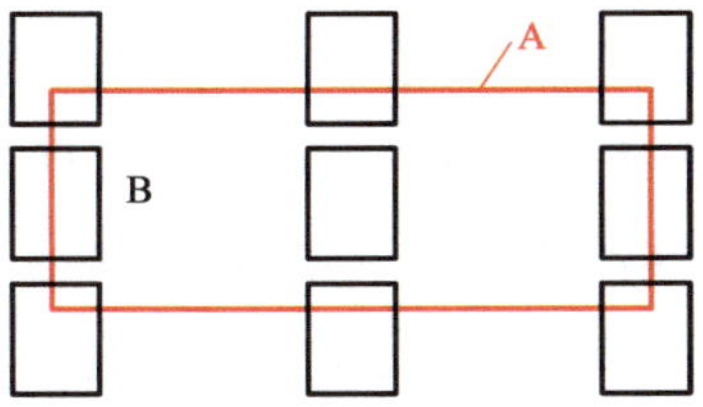

图 5-8　情况 1 示意

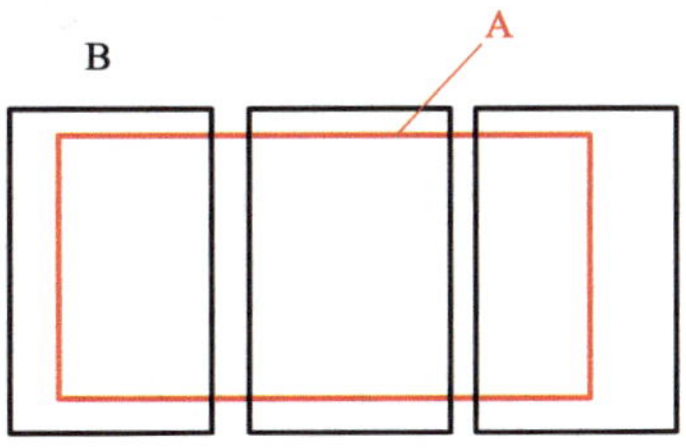

图 5-9　情况 2 示意

检测框 B 没有顶点在设定区域 A 中

①$x_{Bmin} \leqslant x_{Amin} \leqslant x_{Bmax} \leqslant x_{Amax}$ 且 $y_{Amin} \leqslant y_{Bmin} < y_{Bmax} \leqslant y_{Amax}$

②$x_{Amin} \leqslant x_{Bmin} \leqslant x_{Amax} \leqslant x_{Bmax}$ 且 $y_{Amin} \leqslant y_{Bmin} < y_{Bmax} \leqslant y_{Amax}$

③$x_{Amin} \leqslant x_{Bmin} < x_{Bmax} \leqslant x_{Amax}$ 且 $y_{Amin} \leqslant y_{Bmin} < y_{Bmax} \leqslant y_{Amax}$

(3)检测框 B 的短边大于设定区域 A 的长边(图 5-10)

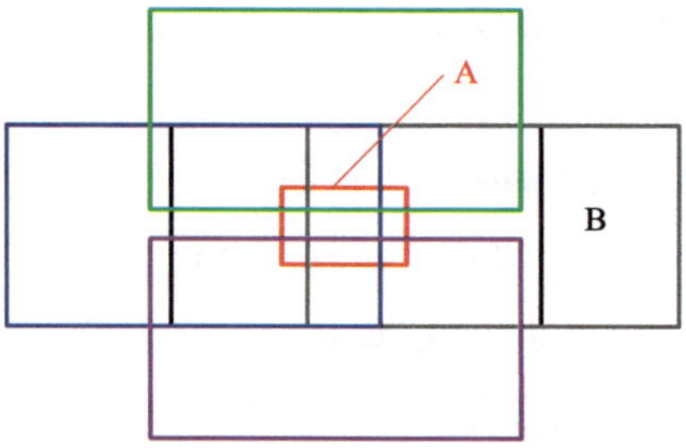

图 5-10　情况 3 示意

①仅设定区域 A 的一个顶点在检测框 B 中

a. $x_{Amin} < x_{Bmin} \leqslant x_{Amax} \leqslant x_{Bmax}$ 且 $y_{Bmin} < y_{Amin} \leqslant y_{Bmax} \leqslant y_{Amax}$

b. $x_{Bmin} \leqslant x_{Amin} \leqslant x_{Bmax} < x_{Amax}$ 且 $y_{Bmin} < y_{Amin} \leqslant y_{Bmax} \leqslant y_{Amax}$

c. $x_{Amin} < x_{Bmin} \leqslant x_{Amax} \leqslant x_{Bmax}$ 且 $y_{Amin} \leqslant y_{Bmin} \leqslant y_{Amax} < y_{Bmax}$

d. $x_{Bmin} \leqslant x_{Amin} \leqslant x_{Bmax} < x_{Amax}$ 且 $y_{Amin} \leqslant y_{Bmin} \leqslant y_{Amax} < y_{Bmax}$

②设定区域 A 的两个顶点在检测框 B 中

a. $x_{Bmin} \leqslant x_{Amin} < x_{Amax} \leqslant x_{Bmax}$ 且 $y_{Bmin} < y_{Amin} \leqslant y_{Bmax} \leqslant y_{Amax}$

b. $x_{Bmin} \leqslant x_{Amin} < x_{Amax} \leqslant x_{Bmax}$ 且 $y_{Amin} \leqslant y_{Bmin} \leqslant y_{Amax} < y_{Bmax}$

c. $x_{Amin} < x_{Bmin} \leqslant x_{Amax} \leqslant x_{Bmax}$ 且 $y_{Amin} \leqslant y_{Bmin} < y_{Bmax} \leqslant y_{Amax}$

d. $x_{Bmin} \leqslant x_{Amin} \leqslant x_{Bmax} < x_{Amax}$ 且 $y_{Amin} \leqslant y_{Bmin} < y_{Bmax} \leqslant y_{Amax}$

③设定区域 A 的四个顶点均在检测框 B 中

$x_{Bmin} \leqslant x_{Amin} < x_{Amax} \leqslant x_{Bmax}$ 且 $y_{Amin} \leqslant y_{Bmin} < y_{Bmax} \leqslant y_{Amax}$

以上任何一种判定条件成立均可认为触发了区域入侵行为,在此基础上,为了防止乘客的意外行为或不小心误入禁区而导致工作人员工作量增加情况的发生,需要设置持续行为时间阈值 t,一旦乘客在禁区内的逗留时间超过阈值 t,则输出“warning”报警信息。

2. 车站通道单侧客流量统计

车站的通道,特别是换乘通道这样的场景,往往只能采集双向客流的信息,利用现行的目标检测技术,很难对存在双向客流的通道统计单向客流量。本节介绍的算法引入了深度学习中的目标跟踪算法,对车站场景中存在双向客流的通道中某一方向进行精确的客流量统计,做到实时检测。

实验使用的数据是某车站通道的客流监控视频。本次实验基于 NVIDIA TITAN Xp, Ubuntu 16.04 LTS 的操作系统,测试算法为 DaSiam-RPN 算法和改进的 DaSiam-RPN 算法。

两种算法实验结果选取部分实验样本进行展示，算法检测图显示跟踪目标轨迹的结果，如图 5-11 所示。

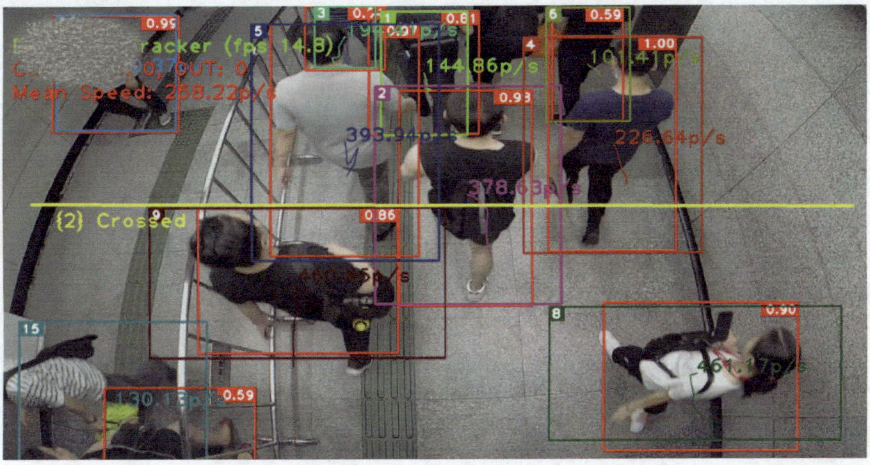

图 5-11　显示目标轨迹的算法检测

图 5-11 中的跟踪框后面会跟随与跟踪框相同颜色的目标轨迹，随着跟踪时间拉长，轨迹就会越来越长，整个检测图就会变得非常杂乱，所以为了避免出现这一现象，本实验在检测结果图上隐藏了跟踪目标的轨迹，实验原图和本案例两种算法检测图如图 5-12～图 5-14 所示。

图 5-12　实验原图

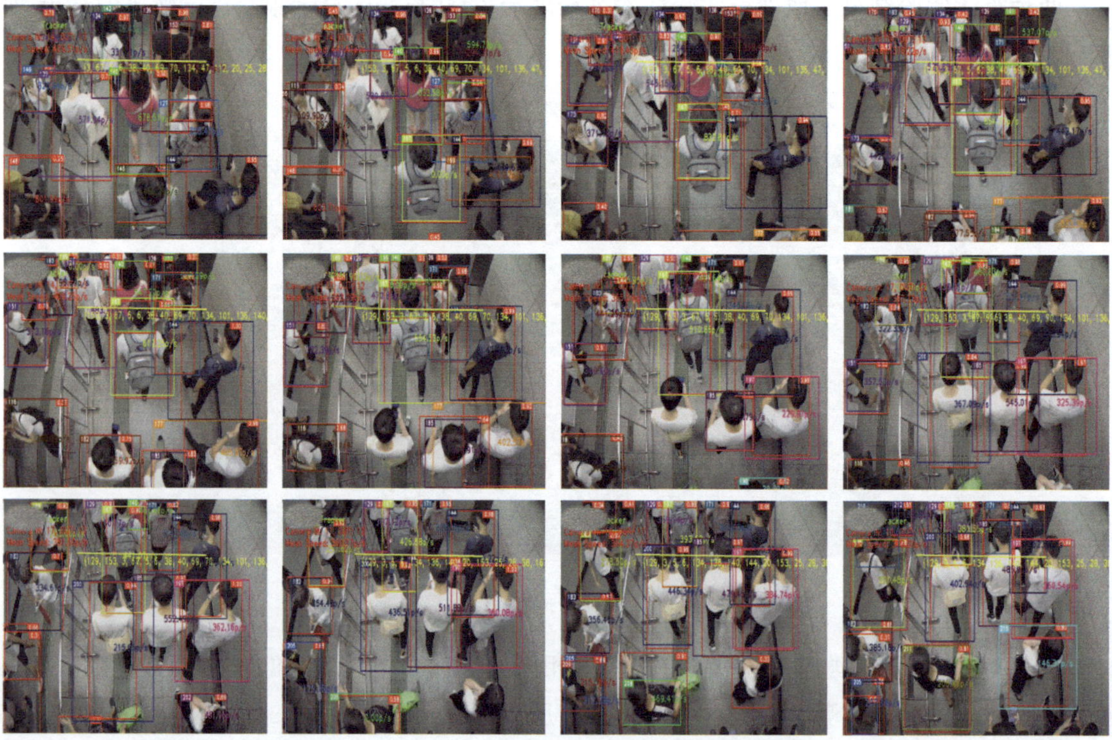

图 5-13　DaSiam-RPN 算法检测图

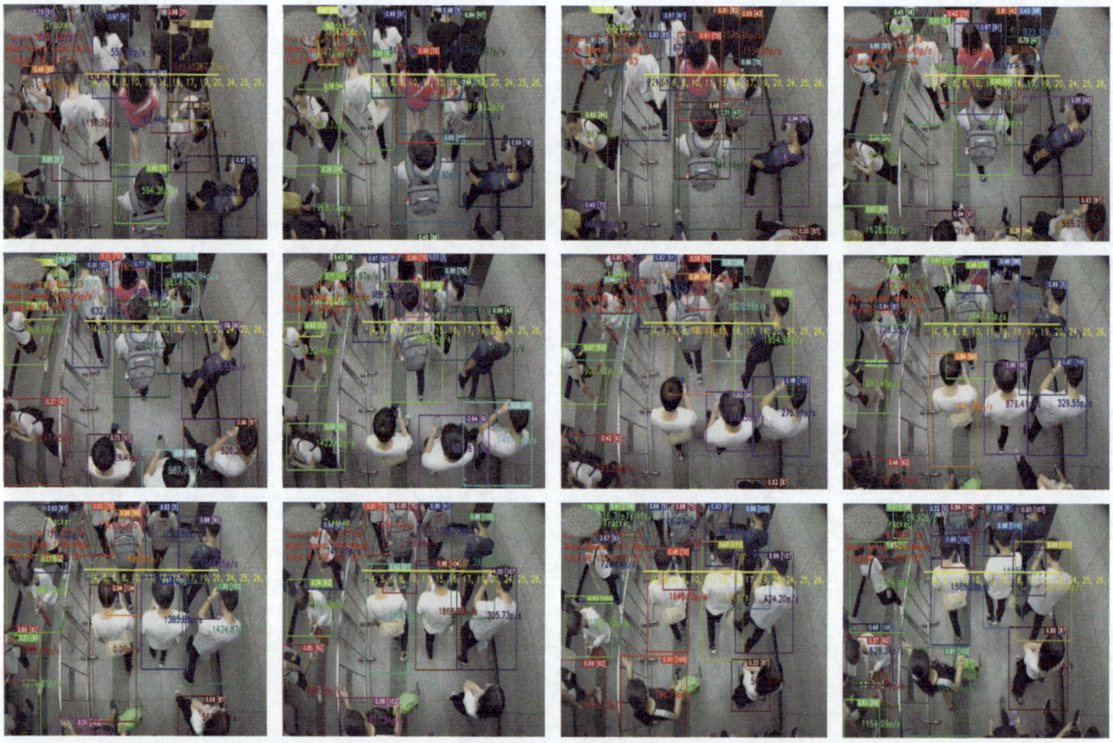

图 5-14　改进的 DaSiam-RPN 算法检测图

(1)精度测试

本次目标跟踪测试检测的客流量精度定义为:设定区域内,检测出越过标识线的单向客流量除以实际越过标识线的单向客流量。这里的标识线指用户自定义的黄色标线,当客流跟踪框的中心与标识线相交,即可判定越过标识线。如图 5-15 中的黄色标线即为用户自定义的标识线,当标识黄线划定,将设定区域分为黄线的上下两侧。用户可根据实际情况将黄线的一侧标记为正方向,另一侧则为负方向,只统计正方向来的客流,客流的轨迹是方向矢量,当轨迹的方向与黄线标定的正方向相同,且跟踪框的中心与标识黄线相交,客流就会被统计。

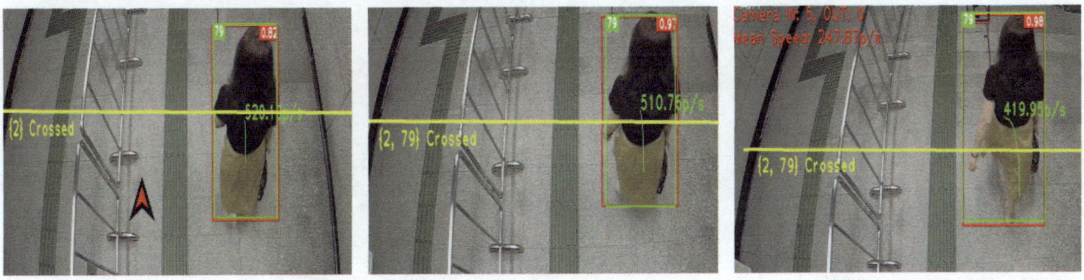

图 5-15　单侧客流统计示意 1

在图 5-15 中,黄色标线为用户自定义的标识线,标定标识线的下方为正方向,用箭头表示正方向,黄线下方来的客流目标的运动方向是正方向,客流目标的轨迹与标定的正方向相同,且跟踪框的中心越过标识线,客流目标就会被统计,即黄线的左下角将会记录越过标识线的跟踪框标号,如图 5-15 中跟踪框 79 被记录。反之,负方向来的客流就不会被统计,如图 5-16 中,正方向的跟踪框 7 被记录,负方向的跟踪框 19 则不被记录。

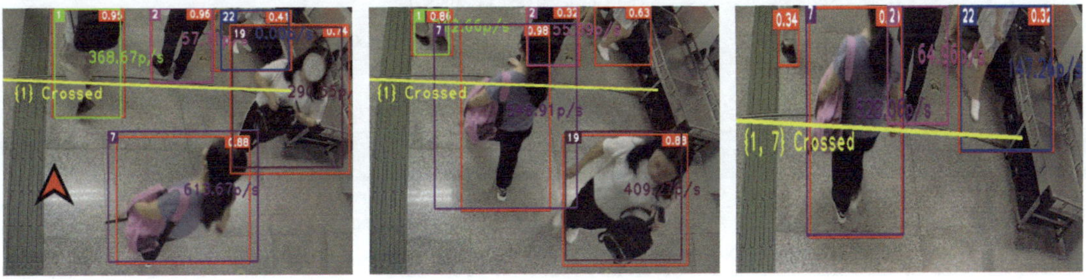

图 5-16　单侧客流统计示意 2

DaSiam-RPN 算法和改进的 DaSiam-RPN 检测的车站通道单向客流人数的部分实验情况如图 5-17 所示。

DaSiam-RPN 算法和改进的 DaSiam-RPN 算法检测精度如图 5-18 所示。

将 DaSiam-RPN 算法和改进的 DaSiam-RPN 算法检测精度实验数据进行统计,得到两种算法的准确率见表 5-1。

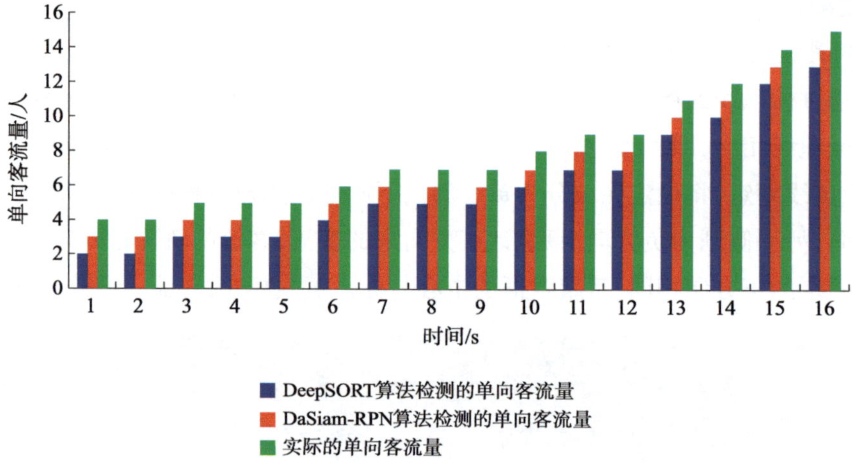

图 5-17　单向客流量检测结果对比

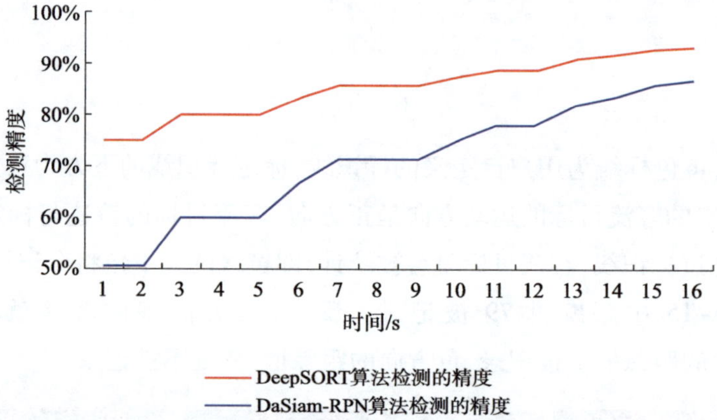

图 5-18　DaSiam-RPN 算法和改进的 DaSiam-RPN 算法检测精度的部分实验数据

表 5-1　两种算法的检测精度比较

算　法	检测精度
DaSiam-RPN	80.6%
改进的 DaSiam-RPN	88.0%

在车站通道场景，由试验结果统计，DaSiam-RPN 算法的准确率可以达到 80.6%，改进的 DaSiam-RPN 算法准确率可以达到 88.0%。

(2)性能测试

性能测试包括算法速度和占用内存情况。

算法速度：算法每检测一张图片需要的时间。通常 1 s 视频中包含 25 帧，当一个算法 1 s 能够检测 25 张图片，即 0.04 s 检测 1 张图片，即可认为算法可以做到实时检测。

占用内存：一张检测图占用的电脑空间内存。

DaSiam-RPN 算法和改进的 DaSiam-RPN 算法在车站通道监控视频数据上测试的具体性能对比见表 5-2。

表 5-2 两种算法的性能指标

算 法	平均速度/s	内存占用/Mb
DaSiam-RPN	0.037	3.34
改进的 DaSiam-RPN	0.039	3.35

通过统计分析，在车站换乘通道场景，DaSiam-RPN 算法检测每张图片平均用时大约 1.2 s，每张实验图占用内存平均为 3.34 Mb；改进的 DaSiam-RPN 算法检测每张图片平均用时大约 1.4 s，每张实验图占用内存平均为 3.35 Mb。

从表 5-2 分析，DaSiam-RPN 算法检测每张图片平均用时大约 0.037 s，改进的 DaSiam-RPN 算法检测每张图片平均用时大约 0.039 s，均未超过 0.04 s，认为这两种算法均可做到实时性。

在车站通道场景下性能测试方面，DaSiam-RPN 算法检测一张样本的速度和改进的 DaSiam-RPN 算法检测一张样本的速度几乎没有差别，基本都能做到实时检测；同样检测完的每张样本占用的内存也差不多。精度方面，改进的 DaSiam-RPN 算法对每张样本的跟踪精度要比 DaSiam-RPN 算法跟踪精度更高。

实验结果表明，改进的 DaSiam-RPN 算法能够达到很好的检测效果，适合作为车站通道场景下的单向客流量统计算法。

第二节 车站客流统计实际案例——车站客流安全状态智能感知系统

基于车站客流安全状态智能感知关键技术开发的车站客流安全状态智能感知系统，系统主要功能如下：根据覆盖出入口、换乘通道、站台、站厅、楼扶梯等设施处的客流信息采集设备，实现各区域客流信息实时采集，并通过实时分析各区域的客流量和客流密度变化，进行客流出入口偏好分析及趋势变化、乘客出行的微观行为特征等分析。

一、车站客流信息采集点分布界面

在车站平面图上显示对应的视频监控采集设备布设位置，如图 5-19 所示。

二、车站客流安全等级展示

根据实际的客流状态，在该界面上显示对应的客流安全等级颜色。绿色、黄色、橙色和红色分别对应该点客流状态畅通、轻度拥堵、中度拥堵和严重拥堵，如图 5-20 所示。车站工作人员可以根据颜色的不同进行对应的客流管控措施。

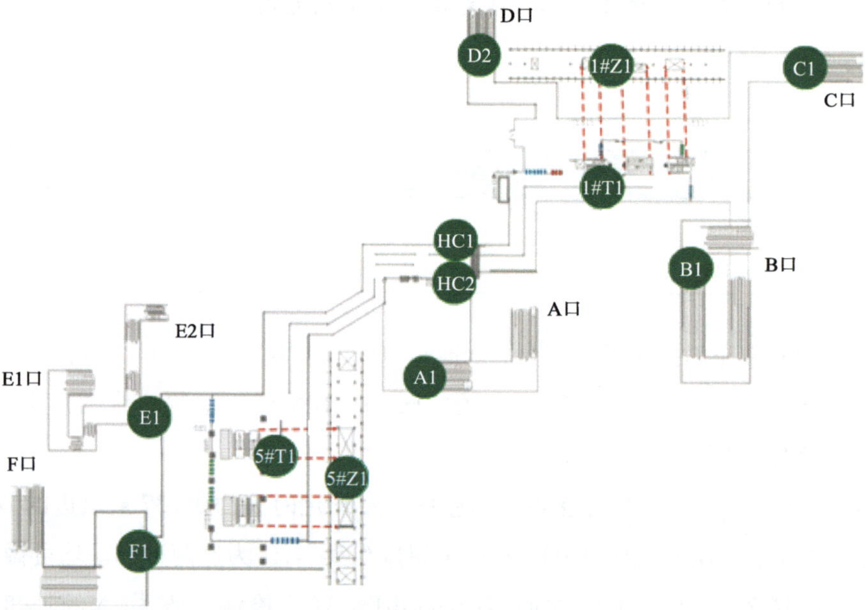

图 5-19　车站客流信息采集点分布界面

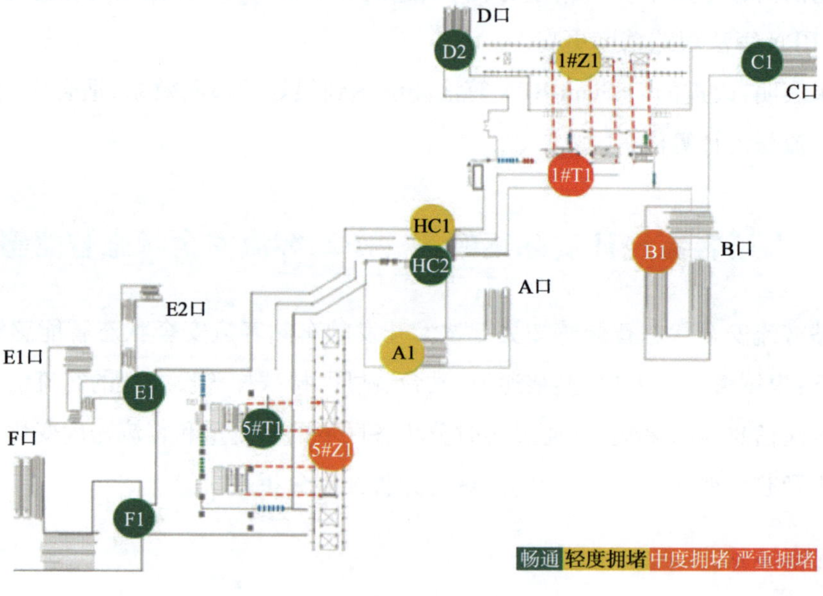

图 5-20　车站客流安全等级展示

三、客流信息实时展示

通过选择车站所有视频监控采集设备中的某一点位，可以查看该监控场景的实时客流量和客流密度信息，如图 5-21 所示。

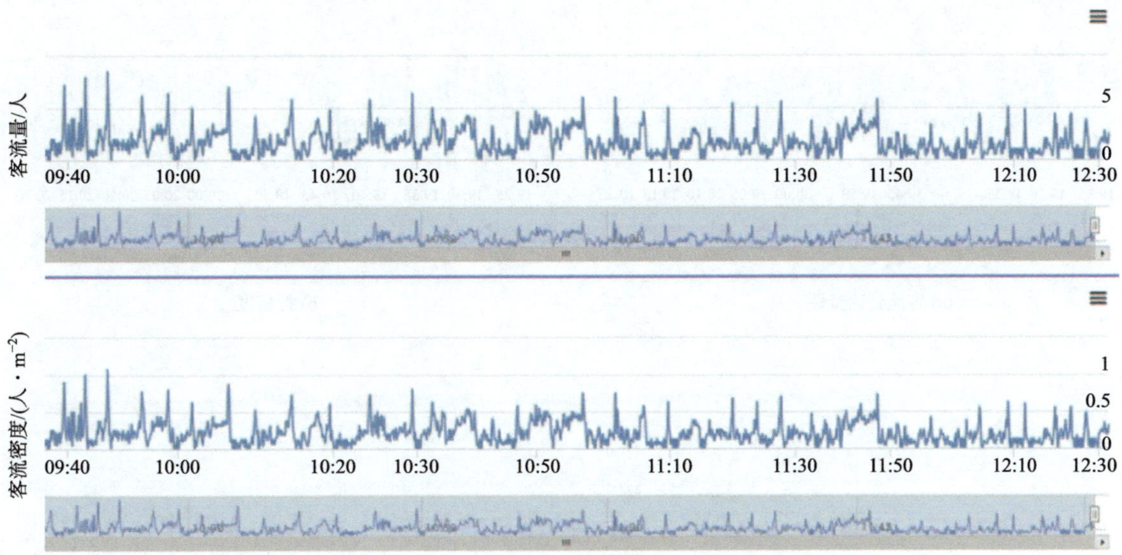

图 5-21　客流信息实时展示

四、客流出行偏好

客流出行偏好界面可查询不同时间段车站所有出入口、换乘车站不同线路的客流量情况，如图 5-22 所示。通过比较各个出入口的客流量，可以了解乘客对不同出入口的偏好选择。通过比较该车站不同线路的客流量，可以了解乘客对不同线路的偏好选择。

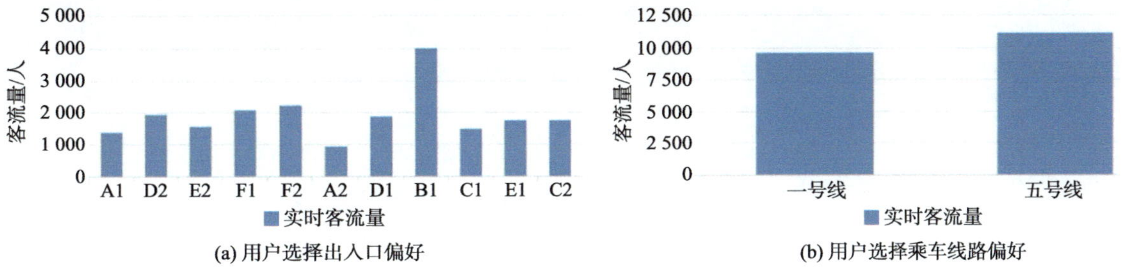

图 5-22　客流出行偏好

五、客流微观行为分析

客流微观行为分析由客流到达特性、客流量规模、拥挤度和行走速度表示，如图 5-23 所示。

客流到达特性展示各时间到达的客流量，客流量规模是到达客流量的累积，拥挤度是通过客流密度与等级阈值比较并输出拥挤度等级，行走速度是指监控区域内乘客的平均行走速度，通过客流量和区域客流密度之比求得。客流信息统计分析为工作人员对车站不同区域、不同线路的管理侧重点提供数据支撑。

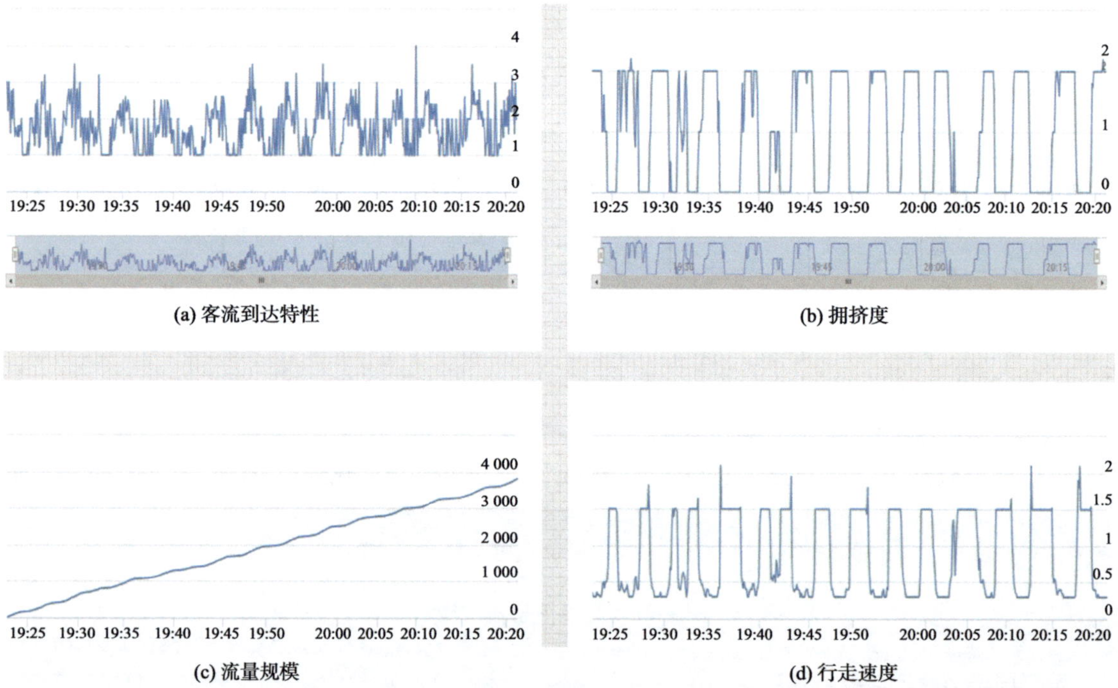
(a) 客流到达特性
(b) 拥挤度
(c) 流量规模
(d) 行走速度
19:25 19:30 19:35 19:40 19:45 19:50 20:00 20:05 20:10 20:15 20:20
0 1 2 3 4
0 1 2
0 1 000 2 000 3 000 4 000
0 0.5 1 1.5 2

图 5-23 客流微观行为

第六章　铁路视频物联网监控平台关键技术与系统应用

随着铁路行车安全监控系统向着数字化、可视化、综合化和智能化发展，传统的安全监控平台技术在全方位状态信息实时获取、视频与状态信息集成智能分析以及平台自动化运维等方面存在明显不足，迫切需要研究适合铁路行车安全监控需求及发展的现代化监控平台技术体系及应用系统。本书在集成铁路视频监控、物联网、人工智能等最新信息技术手段基础上，提出了具有“可测、可视、可知、可控”特点的铁路视频物联网监控平台，形成了符合我国铁路特色并适应未来发展的铁路视频物联网监控平台技术方法体系，研制并部署了具有覆盖全路能力的、多传感器感知融合、可视化数字监控、视频智能分析报警以及系统自动化运维的铁路视频物联网监控系统，提高了以铁路视频为核心的相关行车安全监控管理工作的效率与能力，对形成具有我国特色的基于铁路视频物联网的铁路行车安全监测数字化、智能化与一体化管理建设体制具有重要的现实意义。

本书面向需求提出了铁路视频物联网监控平台总体架构，率先实现了铁路视频物联网多传感器感知与互操作技术，系统研究并突破了恶劣天气条件下铁路图像增强、周界人员及异物识别、滑坡和泥石流识别、钢轨缺陷和接触网紧固件缺陷识别、车站客流统计分析以及铁路视频图像自诊断等关键技术。在此基础上，成功研制并开发铁路视频物联网监控平台系统，构建了多传感器感知、互联互通、智能分析与可视化综合监控、智能运维等核心子平台，具备行车环境状态全息感知(可测)、时空动态监测信息共享、视频相关大数据智能分析(可知)、报警联动与自动化运维(可控)以及基于视频的可视化综合监控(可视)等丰富功能，满足了行车安全监控业务对全方位状态信息获取、视频与状态信息集成分析以及系统高可靠运行的迫切需求，有力地支撑了现代行车安全监控技术体系的发展和实现。

第一节　铁路视频物联网监控平台总体架构

通过分析我国铁路视频与行车安全监控系统建设、管理和应用的特点与问题，结合物联网“感、传、知、用”四层架构，提出了具有多传感器感知融合、监控信息互操作、多场景视频智能分析、平台自诊断等核心平台功能的铁路视频物联网监控平台总体架构，如图 6-1 所示。

多传感器感知融合是指根据应用场景特点和需求选择光纤、电子围栏、光波对射、毫米波雷达、激光雷达、视频监控等其中两种或多种技防手段相结合的方式实现智能分析零漏报、低误报的目的。

多场景智能分析涉及铁路沿线环境状态、基础设施缺陷、车站客流等智能分析。铁路沿线环境状态恶劣天气条件下入侵分析，包含图像增强和智能分析，其中图像增强包含图像去雨、去雾、去雪、去阴影等；智能分析包含铁路周界人员入侵、异物入侵、滑坡、泥石流等识别。基础设施缺陷智能分析包括钢轨缺陷识别和接触网紧固件缺陷识别。车站客流分析包括客流统计和客流分析。

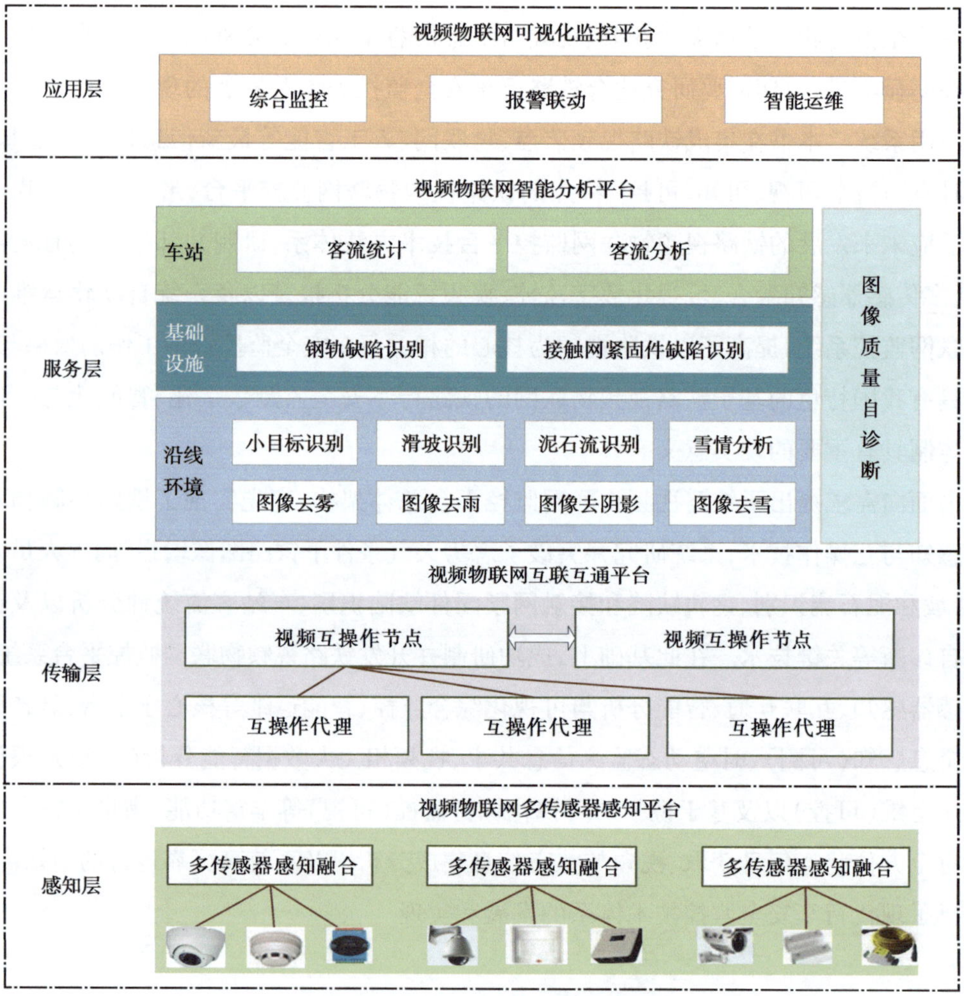

图 6-1　铁路视频物联网监控平台总体架构

第二节　铁路视频物联网多传感器感知与互操作技术

针对分布式异构视频及相关传感信息实时融合与共享处理需求，融合光纤、电子围栏、视频监控、激光雷达、毫米波雷达等技术，率先提出并形成了铁路视频物联网多传感器感知与互操作技术，突破了视频与状态传感信息难以实时匹配应用的技术难题，建立了基于自适应结构的分布式(无线)传感器网络设计与优化模型(图 6-2)，可兼容视频与状态信息的实时融合获取，提出了基于 SOA 架构(面向服务的架构)的分布式异构视频信息互操作模型，研制出满足铁路综合视频监控三级业务应用需要的区域节点互联互通平台设备。

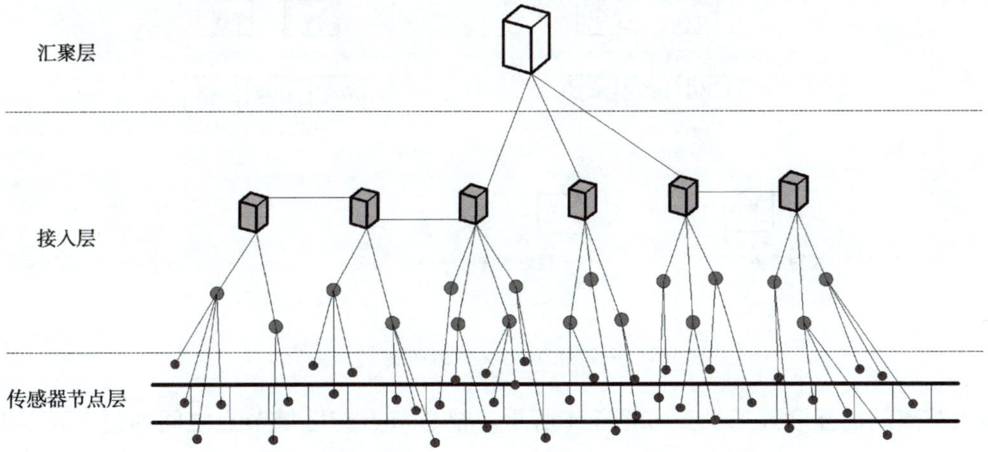

图 6-2　基于自适应结构的传感器网络结构模型

一、互联互通平台的框架结构

铁路综合视频监控系统是一个包括核心节点、区域节点、接入节点的多级视频监控系统，可以进行从上至下的视频监控。视频系统互联互通平台通过对所辖范围的用户和设备进行统一协调管理，提供用户跨区域访问的认证、鉴权，实现视频访问信令的多级交换和视频数据的跨域转发，完成异构视频系统之间互联和视频共享。

视频系统互联互通平台的功能模块包括：认证授权单元(AA)、接入网关单元(AGU)、目录服务单元(DSU)、信令控制单元(SCU)、数据分发单元(DDU)和视频系统代理(SA)，组成如图 6-3 所示。

铁路综合视频监控系统是一个包括核心节点、区域节点、接入节点的多级视频监控系统，可以进行从上至下的视频监控。视频系统互联互通功能是通过区域节点中的 AA、AGU、DSU、DDU 和 SCU 五个功能单元来完成。AA、SCU 和 DDU 交互完成不同视频系统中视频资源访问中的信令和数据交换，通过 AA 和 AGU 来完成系统的管理、维护、注册、认证和鉴权等工作。

SA 设置在视频系统中，用来完成区域节点和视频系统之间的信息交互，实现视频系统的互联互通。SA 向区域节点上报收集到的视频系统内的资源信息，完成区域节点和视频系统的信令交换，向区域节点的 DDU 转发视频系统内的视频相关数据信息。

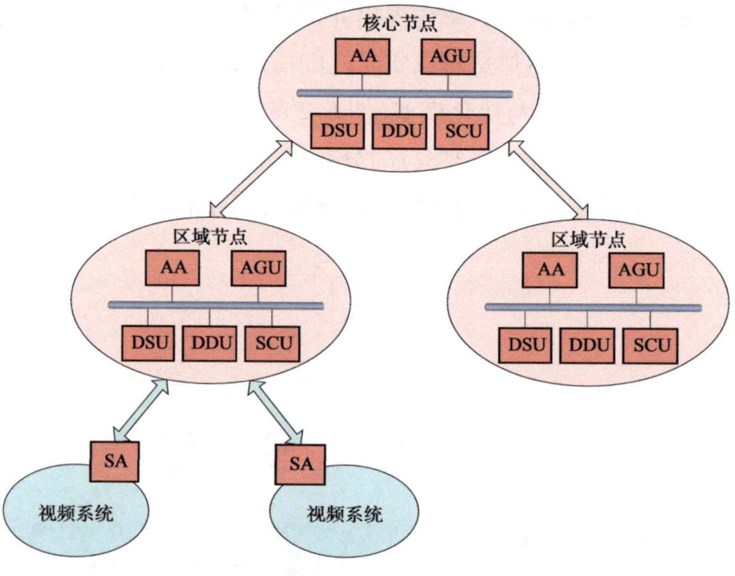

图 6-3　视频系统互联互通功能单元组成

多级节点间的互联互通关系如图 6-4 所示。核心节点与区域节点之间通过 SCU、DDU 和 DSU 完成信令和视频等数据信息的交换，区域节点 SCU、DDU 和 AGU 与接入节点 SA 完成信令和视频等数据信息的交换。

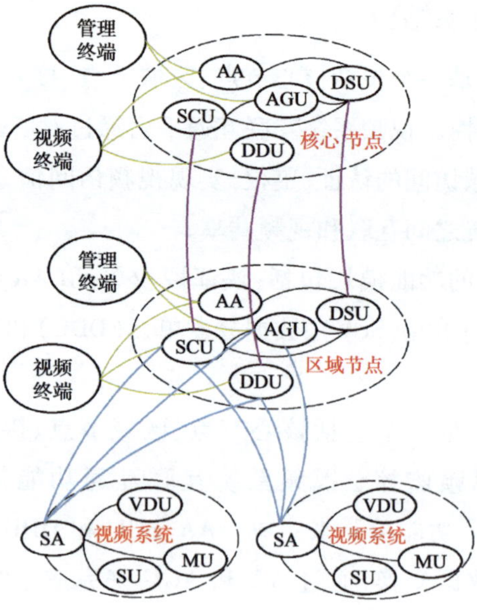

图 6-4　多级层次结构

二、信令交换

视频系统互联互通平台进行视频数据信息传输时，传输过程应遵循 TCP/IP（传输控制协议/网际协议）协议簇标准所规定的通信协议，通信协议的结构如图 6-5 所示。

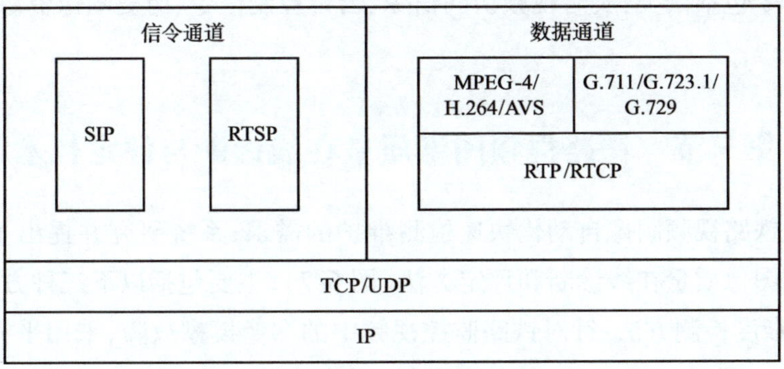

图 6-5　分布式异构视频互操作通信协议结构

系统建立两个逻辑传输通道:信令通道和数据通道。信令通道用于建立会话并传输控制命令;数据通道用于传输视音频数据。

信令通道采用 SIP 协议,主要功能包括:

(1)统一的视频访问信令接入;

(2)实现视频资源的定位与多级结构的信令交换;

(3)资源授权与能力协商;

(4)与视频系统间的信令传递与处理。

SIP 协议中需要承载 SIP 标准之外的内容,采用 XML(可扩展标记语言)来扩展。

通信流程如图 6-6 所示。

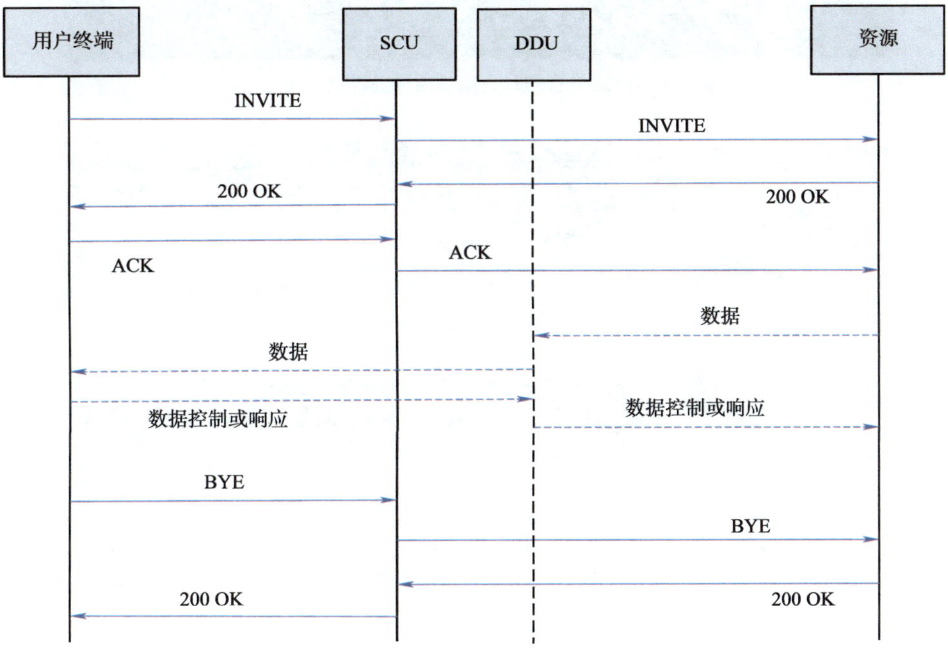

图 6-6　视频互操作信令与数据交互流程

注:INVITE、200 OK、ACK、BYE 为 SIP 协议的标准规范术语。

视频访问信令包括四类：实时视频访问信令、云镜控制信令、历史图像资源调用信令、报警信息获取信令。

第三节　铁路视频图像质量在线诊断与评定技术

针对大规模铁路视频图像自动化快速检测维护的需求，系统研究并提出了覆盖多种异常场景的铁路视频图像质量在线诊断和评定方法（图6-7），主要包括以下三种方法：

（1）图像清晰度检测方法：针对铁路监控视频中的图像模糊故障，采用平方梯度法对画面清晰度作出检测。用$f(x,y)$表示一幅数字图像，图像的平方梯度为

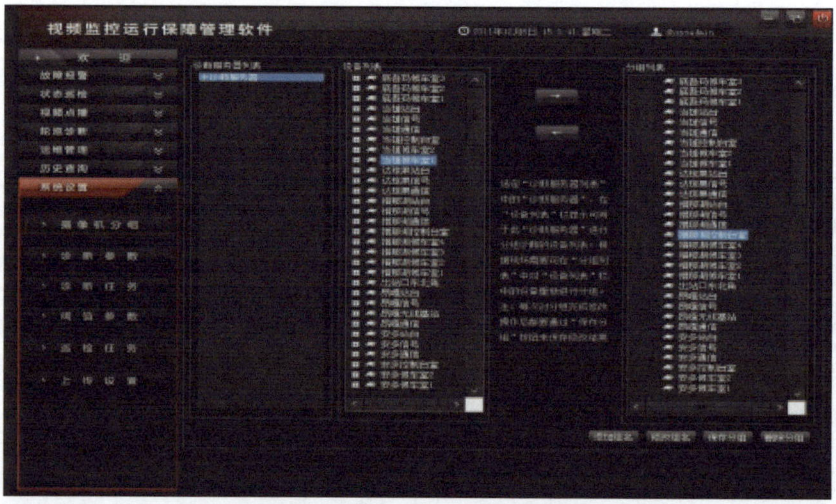

(a) 运维管理：自动诊断任务设定

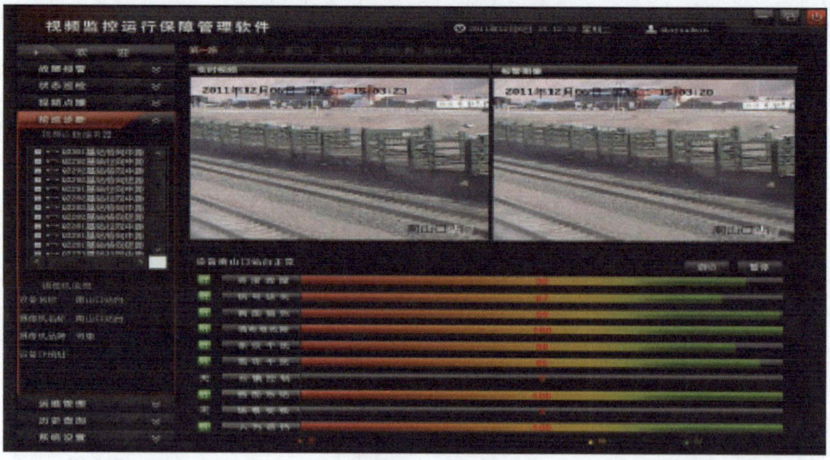

(b) 实时诊断：视频正常

图　6-7

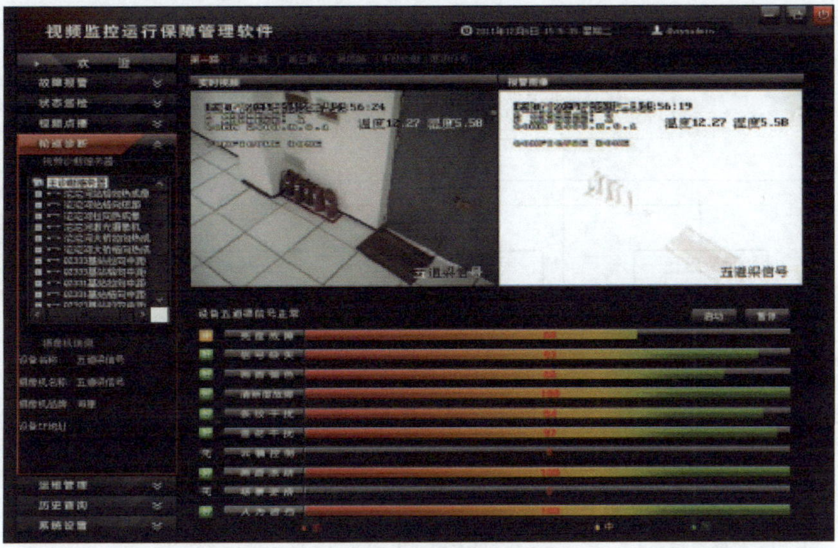

(c) 实时诊断：亮度异常

图 6-7　视频图像质量自动评级

$$F_{\text{sq-grad}} = \sum_{x=1}^{M} \sum_{y=1}^{N} [f(x, y+1) - f(x, y)]^2 \tag{6-1}$$

式中　x, y——图像像素坐标；

M, N——图像的高和宽。

$F_{\text{sq-grad}}$值越大说明其清晰度越好。

(2)图像亮度异常检测方法:针对铁路监控视频中画面过亮或过暗等故障,采用亮度平均值法对图像亮度进行诊断。设一幅 RGB 格式的数字图像$f(x, y)$经过空间转换后得到 HSV 格式的数字图像$F(x, y)$,其中亮度通道的数据以矩阵$\boldsymbol{V}(N, M)$表示,则图像平均亮度值为

$$I = \frac{1}{N \times M} \sum_{x=1}^{N} \sum_{y=1}^{M} \boldsymbol{V}(x, y) \tag{6-2}$$

(3)图像缺失检测方法:针对铁路监控视频中的间发性或持续性图像缺失故障,采用灰度丰富度法对截取的视频帧进行比较并判断它是否属于缺失故障。对于一帧待测图像I,图像大小为$M \times N$,在图像中间位置横向截取N个像素点,纵向截取M个像素点,统计灰度丰富度C_1,则

$$\begin{cases} C = 1, & C_1 \leqslant T_C \\ C = 0, & C_1 > T_C \end{cases} \tag{6-3}$$

式中　C——缺失判别因子,当C值为 1 时,可以判断视频图像存在缺失现象；

T_C——灰度丰富度阈值。

此外，研制出专用的视频图像质量在线诊断设备，系统结构如图 6-8 所示，可在视频物联网系统中进行灵活部署从而支撑整个系统自动化运维功能的实现。

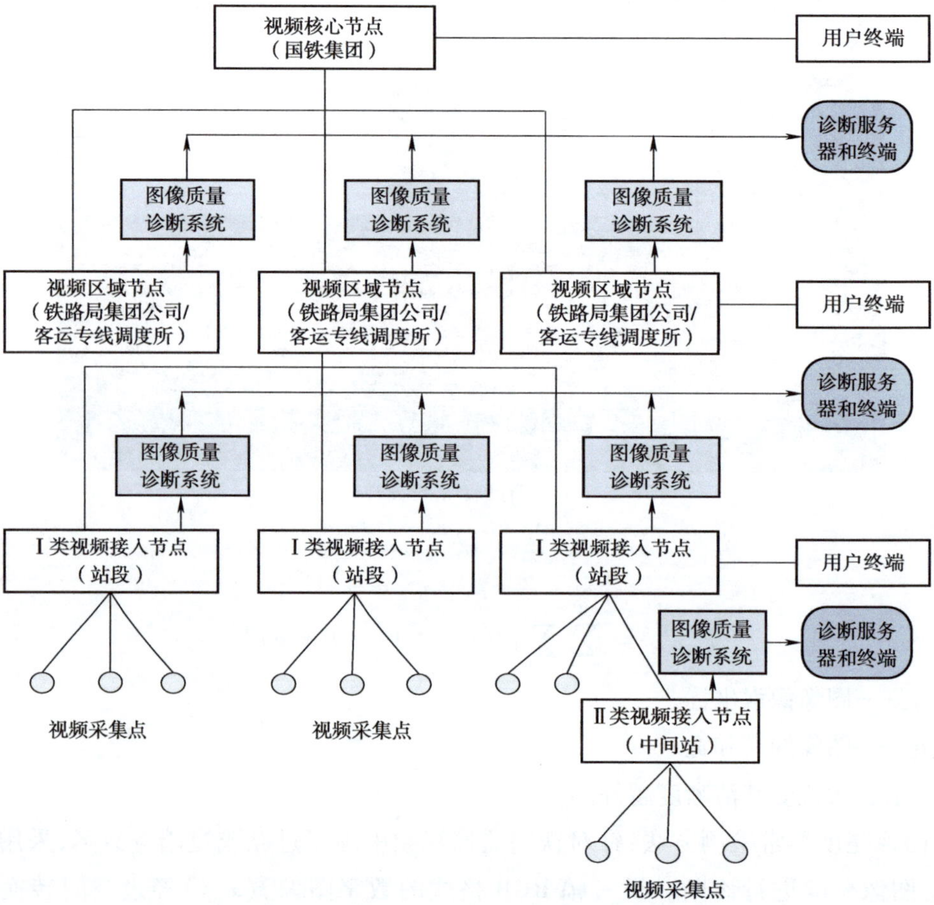

图 6-8　基于图像质量诊断的自动化运维系统结构

注：Ⅰ类视频指铁路站段的视频，Ⅱ类视频指中间站的视频。

第四节　铁路视频物联网监控平台及其应用系统

基于以上核心技术成功研制了具有开放式架构和通用功能的铁路视频物联网监控平台系统，可完整支持可视化综合监控、互联互通、智能分析报警联动和自动化运维等核心通用功能（图 6-9）。基于此平台，面向不同现场用户需求及接入传感类型与规模量身定制了适用于客运专线、高原铁路和普速铁路的不同应用场景软件系统，并在青藏铁路、南广铁路、大西铁路、成灌铁路等现场进行了大规模推广应用（图 6-10 ~ 图 6-13），支撑了铁路公安、行车指挥、供电设备监控、防灾监控和基础设施监控等业务工作的高效实现，促进了行车安全相关信息的深度融合和集成分析，提高了对行车安全的全方位可视化监控能力和智能自动化水平，对加快形成具有我国铁路特色的基于视频物联网的行车安全综合监控技术体系起到了技术支撑作用。

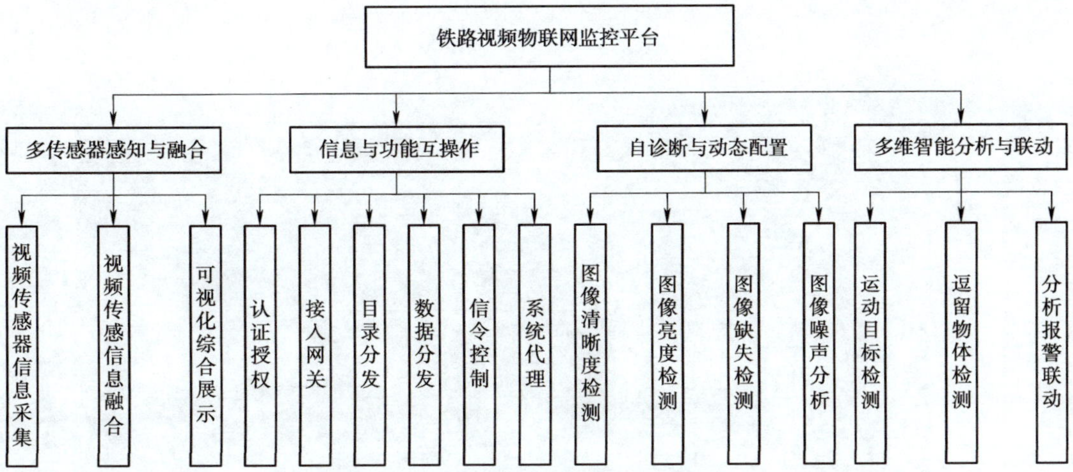

图 6-9　视频物联网监控平台功能结构

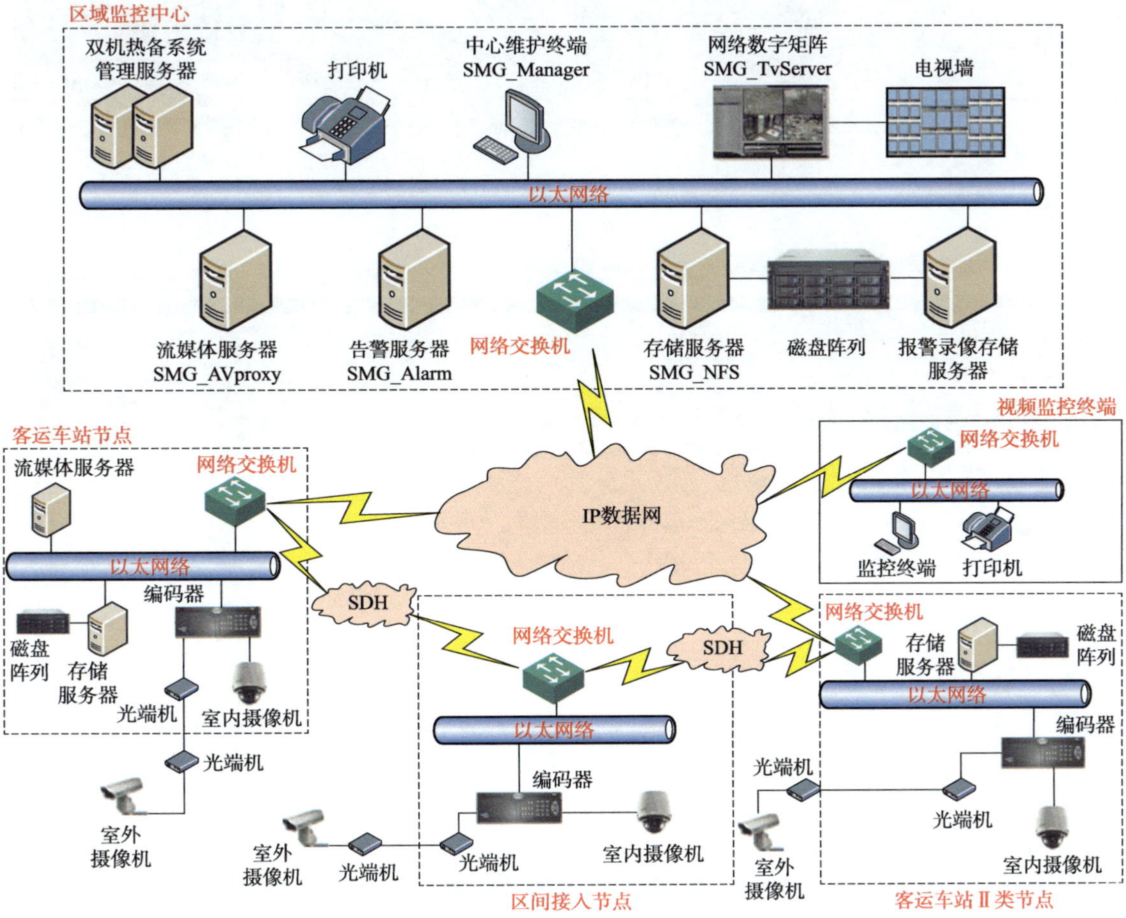

图 6-10　应用系统硬件结构

图 6-11　可视化综合监控界面

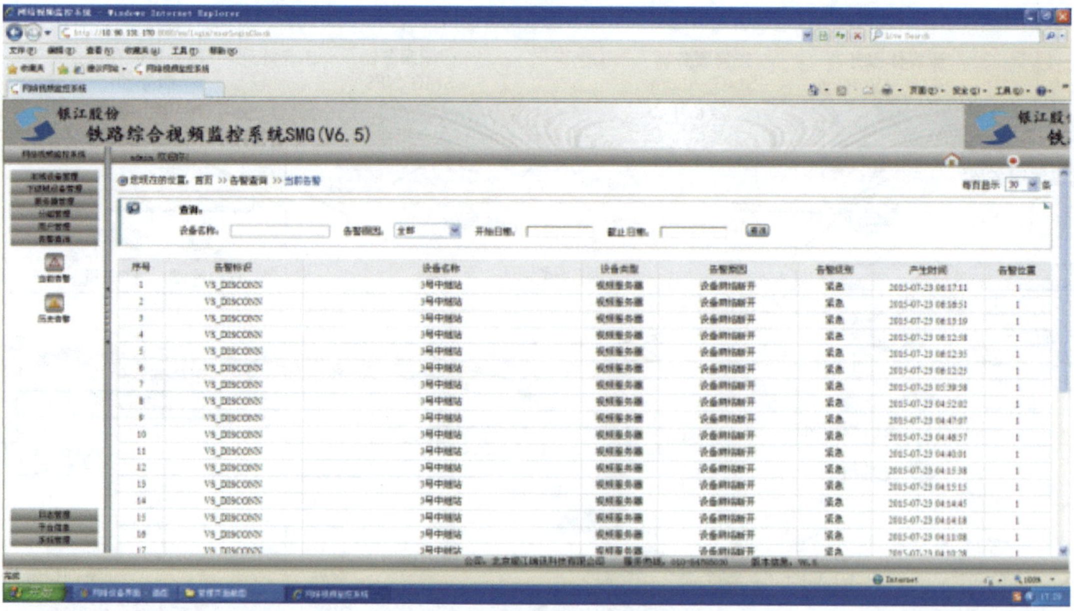

图 6-12　系统报警联动界面

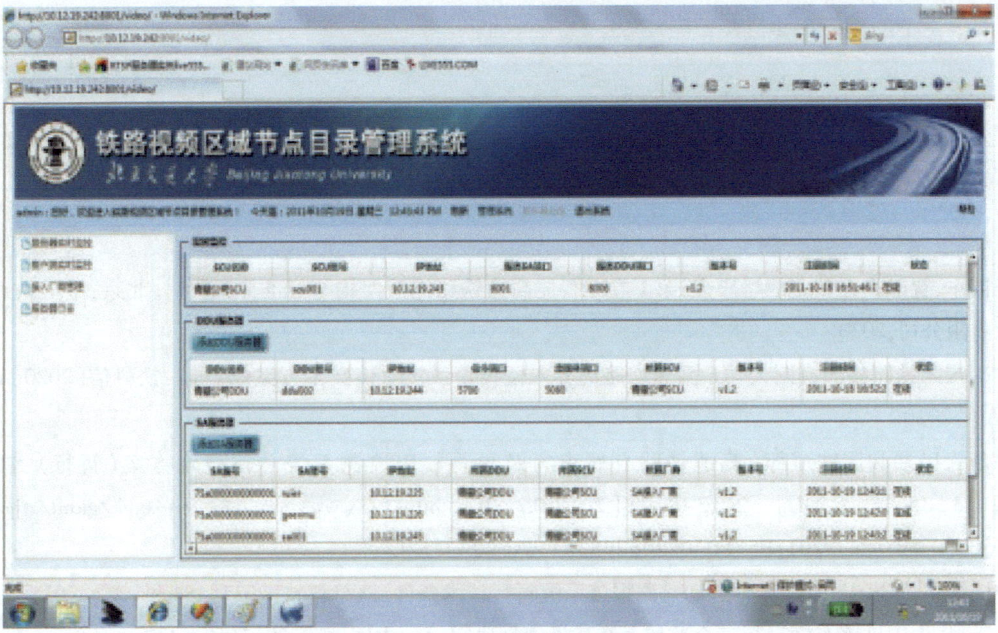

图 6-13　互联互通配置管理界面

参考文献

[1] 王同军. 智能高速铁路战略研究:第 1 卷 智能高速铁路体系架构与标准体系[M]. 北京:中国铁道出版社有限公司,2020.

[2] 中国国家铁路集团有限公司. 高速铁路周界入侵报警系统总体技术方案(暂行):铁科信〔2020〕151 号[A]. 2020.

[3] 中华人民共和国铁道部. 高速铁路自然灾害及异物侵限监测系统总体技术方案(暂行):铁科技〔2013〕35 号[A/OL]. 2013-02-07[2018-05-30]. https://www.nra.gov.cn/xxgk/gkml/ztjg/gfzd/gfxw/bumen/other/201805/P020220629535416472069.pdf.

[4] 中国铁路总公司. 线路障碍自动监测报警系统暂行技术条件:铁总科技〔2015〕184 号[A]. 2015.

[5] 马千里. 中国铁路车辆运行安全监控系统建设规划研究[J]. 中国铁路,2015(10):1-7.

[6] 赵长波,陈雷. 铁路货车安全监测与应用概论[M]. 北京:中国铁道出版社,2010.

[7] 董卓皇. 铁路车辆运行安全监测设备管理系统优化设计及关键技术研究[D]. 北京:中国铁道科学研究院,2020.

[8] 中华人民共和国铁道部. 高速铁路供电安全检测监测系统(6C 系统)总体技术规范:铁运〔2012〕135 号[A/OL]. 2012-06-27[2018-04-26]. https://www.nra.gov.cn/xxgk/gkml/ztjg/gfzd/gfxw/202204/P020230821373165109151.pdf.